安徽师范大学文学院学术文库（第二辑）

张柏青古汉语研究论集

ZHANG BAIQING GU HANYU YANJIU LUN JI

张柏青 著

安徽师范大学出版社

·芜湖·

责任编辑:潘　安
封面设计:丁奕奕　欧阳显根

图书在版编目(CIP)数据

张柏青古汉语研究论集/张柏青著.—芜湖:安徽师范大学出版社,2016.3
(安徽师范大学文学院学术文库.第2辑)
ISBN 978-7-5676-2335-4

Ⅰ.①张… Ⅱ.①张… Ⅲ.①古汉语—文集 Ⅳ.①H109.2-53

中国版本图书馆CIP数据核字(2014)第291165号

本书由安徽高校省级学科重大建设项目资助出版

张柏青古汉语研究论集
张柏青　著

出版发行:安徽师范大学出版社
芜湖市九华南路189号安徽师范大学花津校区　邮政编码:241002
网　　址:http://www.ahnupress.com/
发 行 部:0553-3883578　5910327　5910310(传真)　E-mail:asdcbsfxb@126.com
印　　刷:虎彩印艺股份有限公司
版　　次:2016年3月第1版
印　　次:2016年3月第1次印刷
规　　格:700 mm×1000 mm　1/16
印　　张:15.75
字　　数:248千
书　　号:ISBN 978-7-5676-2335-4
定　　价:45.00元

总　序

安徽师范大学文学院的前身是1928年建立的省立安徽大学中国文学系，是安徽省高校办学历史最悠久的四个院系之一。1945年9月更名为国立安徽大学中文系，1949年12月更名为安徽大学中文系，1954年2月更名为安徽师范学院中文系，1958年更名为合肥师范学院中文系，1972年12月更名为安徽师范大学中文系，1994年10月更名为安徽师范大学文学院。这里人才荟萃，刘文典、陈望道、郁达夫、朱湘、苏雪林、朱光潜、周予同、潘重规、宗志黄、张煦侯、卫仲璠、宛敏灏、张涤华、祖保泉、余恕诚等著名学者都曾在此工作过，他们高尚的师德、杰出的学术成就凝固成了我院的优良传统，培养出了一大批出类拔萃的各类人才。

文学院现设有汉语言文学、汉语言、秘书学、汉语国际教育等4个本科专业，文学研究所、语言研究所、古籍整理研究所、美育与审美文化研究所、艺术文化学研究中心等5个研究所（中心）。拥有中国语言文学博士后科研流动站，中国语言文学一级学科博士点，中国语言文学、艺术学理论两个一级学科硕士学位点；设有中国古代文学等10个硕士学位二级学科授权点和学科教学（语文）、汉语国际教育两个专业学位点；有1个安徽省A类重点学科（中国语言文学），3个安徽省B类重点学科（中国古代文学、汉语言文字学、中国现当代文学）；1个国家级特色专业建设点（汉语言文学专业），1个国家级教学团队（中国古代文学），两门国家级精品课程（文学理论、大学语文），1个省级刊物（《学语文》）。

文学院师资科研力量雄厚，现有在岗专任教师82人，其中教授28人，副教授35人，博士55人。2010年以来，本学科共主持省部级以上科研项目100项，其中国家社科基金项目28项（含重大招标项目1项），获得省部级以上奖励9项。教师中，有国家首届教学名师1

人，享受国务院特殊津贴12人，皖江学者3人，二级教授8人，5人入选省级学术和技术带头人，6人入选省级学术和技术带头人后备人选。

走过八十多年的风雨征程，目前中文学科方向齐全，拥有很多相对稳定、特色鲜明的研究领域。唐诗研究、古代文论研究、儿童语言习得研究、古典文献研究、宋辽金文学研究、词学研究、当代文学现象研究、古典诗歌接受史研究、梵汉对音研究、句法语义接口研究等在全国居于领先地位或在学术界有较大影响。特别是李商隐研究的系列成果已成为传世经典，国务院学位委员会委员、北京大学教授袁行霈先生说，本学科的李商隐研究，直接推动了《中国文学史》的改写。

经过几代人的薪火相传，中文学科养成了严谨扎实的学术传统，培育了开拓创新的学术精神，打造了精诚合作的学术团队，形成了理论研究与服务社会相结合、扎根传统与关注当下相结合、立足本位与学科交融相结合、历代书面文献与当代口传文献并重的学科特色。

21世纪以来，随着老一辈学者相继退休，中文学科逐渐进入了新老交替的时期，如何继承、弘扬老一辈学者的学术传统，如何开启中文学科的新篇章，成了摆在我们面前的迫切任务。基于这一初衷，我们特编选了这套丛书，名之为“安徽师范大学文学院学术文库”，计划做成开放式丛书，一直出版下去。我们认为，对过去的学术成果进行阶段性归纳汇集，很有必要，也很有意义，可以向学界整体推介我院的学术研究，展现学术影响力。

关心文学院发展的朋友常常问我们：“你们自己说师大文学院历史悠久，底蕴深厚，有什么可以证明呢?”是啊，校址几经变迁，由安庆至芜湖至合肥，最终落户芜湖；校园面貌日新月异，载有历史积淀的老建筑也已被悉数推倒重建，物化的记忆只能在发黄的老照片中去追寻。能证明我们悠久历史的，能说明我们深厚底蕴的，唯有前辈学者留下的字字珠玑的精彩华章。为此，我们特别编选了本辑文集，文集作者均是已退休的前辈学者，他们有的已驾鹤仙去；有的虽然年岁已高，但仍笔耕不辍。这些优秀成果，是他们留给我们的宝贵精神财富，是砥砺我们人格的源泉，是指引我们前行的明灯，是督促我们奋进的动力。

我们坚信，承载着八十多年的历史积淀，文学院必将向学界奉献更多的学术精品，文学院的各项事业必将走向更悠远的辉煌！

储泰松

二〇一五年八月

目　　录

第一编　《二十四诗品》作者研究

第二编　项羽垓下南驰乌江研究

第三编　古汉语语法研究

第四编　汉语音韵研究

第　一　编
《二十四诗品》作者研究

20世纪90年代中期，复旦大学中文系陈尚君、汪涌豪二先生认为宋代苏轼称司空图“二十四韵”应解为24联诗，遂对传统认定的司空图著《二十四诗品》产生怀疑。他们在考证“韵”字含义及《二十四诗品》中所写的景物等之后，认定该句中的“韵”系指诗之“联”（即一首诗中相连的出句与对句的合称），断言苏轼所言“二十四韵”是指司空图《与李生论诗书》中的“二十四联诗”，并认定《二十四诗品》(按指二十四首诗)乃明人怀悦所作（见其所刊的《诗家一指》等文）。陈尚君、汪涌豪的三万余言长论《司空图〈二十四诗品〉辨伪》刊于《中国古籍研究》创刊号，并收入《唐代文学丛考》。新说引起古典文学界高度关注，当时北京大学文学博士张健先生（后为香港中文大学教授）潜心研究，从北京图书馆觅得元人虞集《虞侍书诗法》，见其中《诗家一指》有《二十四品》16则，遂认为“《二十四诗品》有可能是元代虞集著”（详见《北京大学学报》1995年第5期《〈诗家一指〉的产生时代与作者——兼论〈二十四诗品〉作者问题》）。其后祖保泉、陶礼天二先生研究认为：“在没有可靠的证据之前，不能轻易否定司空图是《二十四诗品》的作者。”（《〈诗家一指〉与〈二十四诗品〉作者问题》，载《安徽师大学报》1996年第1期）1997年，南京大学《中国诗学》专题讨论《二十四诗品》作者，王运熙、张少康等老一辈学者各抒己见。有鉴于此，笔者对《二十四诗品》的用韵及苏轼语的句法结构进行分析研究，对语义考证等，先后草成数篇论文。为辨明是非，现辑录笔者所撰之文，试图从文献、语法、用韵等方面深入进行探讨，极力避免主观性、片面性、机械唯物论，还其历史真面貌。

从《二十四诗品》用韵看它的作者

古典诗论《二十四诗品》韵文，世传晚唐诗人司空图撰，而陈尚君、汪涌豪二先生提出《二十四诗品》的真正作者应是明代景泰间嘉禾（今浙江嘉兴）人怀悦[1]，张健先生则持不同看法，指出《诗家一指》及《二十四诗品》的作者有可能是元代的虞集[2]；祖保泉教授等反对上述二说，从《二十四诗品》所见的"秘本"、《诗品》的内容、文本的异文、宋人的论述等方面进行论证，认为在没有可靠证据之前，不能轻易否定司空图是《二十四诗品》的作者[3]。

《二十四诗品》是用24首四言古诗写成的。因此从其用韵情况鉴定其产生时代，不失为一种科学的方法。汉语语音的演变、韵部的分合，是有其规律的，不同时代诗歌的用韵情况也随之不相同，各自的特点必然反映到古诗用韵上来，显示出时代的特点。何九盈先生说："《诗经》、楚辞、唐诗、宋词、元曲以及各种体裁的赋，都是有韵的作品，它们的用韵又都有时代的特点……"[4]鲍明炜先生还说："（唐代）也有一些诗文跨摄用韵，或两摄通押，或三摄通押。原因不外作家的特殊习惯，如张说、王梵志、寒山等用韵都较宽；其次是时代风尚，开始是个别人倡导，效法的人多，遂成风气；更重要的是语音起了变化，反映到诗文用韵上来。"[5]我们考察《诗品》的用韵情况，分析其用韵特点，并与晚唐诗、司空图诗、虞集诗的用韵进行比较，希望能对《二十四诗品》这一重要诗论的产生时代和作者的考定有所裨益。

---

① 陈尚君，汪涌豪.《二十四诗品》作者是明代怀悦[N].文汇报，1995-03-16(8).

② 张健.《诗家一指》的产生时代与作者——兼论《二十四诗品》作者问题[J].北京大学学报：哲学社会科学版，1995(5):34-44.

③ 祖保泉，陶礼天.《诗家一指》与《二十四诗品》作者问题[J].安徽师大学报：哲学社会科学版，1996(1):89-97.

④ 何九盈.古汉语音韵学述要[M].杭州：浙江古籍出版社，1980:10.

⑤ 鲍明炜.唐代诗文韵部研究[M].南京：江苏古籍出版社，1990:3-4.

一、《诗品》用韵分析

《诗品》是24首四言组诗,每首皆12句,共146韵字。现据《全唐诗》本(中华书局1960年版),将24则的韵脚按“平水韵”、《切韵》的韵目排列如下(韵目及其后韵谱标“.”或“△”等,以区别其字所属韵部):

东韵(《切韵》东)《雄浑》充、雄、空、风、中、穷

《劲健》虹、风、中、雄、同、终

冬韵(《切韵》冬钟)《高古》蓉、踪、从、钟、封、宗

阳韵(《切韵》阳唐)《豪放》荒、狂、苍、旁、凰、桑

《委曲》肠、香、羌、藏、翔、方

庚韵(《切韵》庚清)《沉着》清、声、行、生、明、横

真韵(《切韵》真,无谆韵)《纤秾》春、人、滨、邻、真、新

《洗炼》银、磷、神、真、人、身

《自然》邻、春、新、贫、蘋、钧

《形容》真、春、神、峋、尘、人

侵韵(《切韵》侵)《绮丽》金、深、林、阴、琴、襟

《实境》深、心、阴、琴、寻、音

支韵(《切韵》支之)《疏野》羁、期、诗、时、为、之

微韵(《切韵》微)《冲淡》微、飞、衣、归、稀、违

《超诣》微、归、非、违、晖、稀

灰韵(《切韵》灰咍)《悲慨》摧、来、灰、才、哀、苔

《精神》来、胎、台、杯、灰、裁

歌韵(《切韵》歌无“戈”韵)《旷达》何、多、萝、过、歌(一作“过”)、峨

虞韵(《切韵》虞模)《流动》珠、愚、枢、符、无、乎

尤韵(《切韵》尤侯幽)《含蓄》流、忧、浮、秋、沤、收

《清奇》流、舟、幽、悠、收、秋

屋韵(《切韵》屋)《典雅》屋、竹、逐、瀑、菊、读

真(欣)、文(《切韵》文、欣韵)《飘逸》群、云、缊、垠、闻、分

支、微(《切韵》支、脂、之、微)《缜密》知、奇、晞、迟、痴、时

从上面的韵谱看出,其中22则韵脚分属于“平水韵”13个韵部:东、冬、阳、庚、真、侵、支、微、灰、歌、虞、尤、屋等,《切韵》21个韵部,也

完全符合《广韵》韵目下所注“独用”“同用”的规定。如:东、侵、屋,皆“独用”;冬钟、阳唐、庚清、灰咍、虞模、尤侯幽等,皆“同用”。需要说明,“同用”(即合并使用)的规定虽然今见于宋代的《广韵》《集韵》,但它始于唐代初年,唐封演《闻见记》云:“隋朝陆法言与颜、魏诸公定南北音,撰为《切韵》,凡一万二千一百五十八字(今人统计为11 558字),以为文楷式;而‘先’‘仙’‘删’‘山’之类分为别韵,属文之士共苦其苛细。国初(按指唐代初年),许敬宗等详议,以其韵窄,奏合而用之,法言所谓‘欲广文路,自可清浊皆通’者也。”

细察《诗品》24则韵谱,它有两个显著特点:其一,用韵较宽。如《飘逸》韵脚的真文通押,《缜密》韵脚的支脂之微通押,显然超出“同用”的押韵规定,与唐人近体诗要求不合。这里需说明,“垠”字在《切韵》归殷韵(或作“欣”韵,因宋宣祖名弘殷,宋《广韵》避讳而改),戴震《声韵考》卷二《考定〈广韵〉独用同用四声表》文、欣均独用;又元泰定本、明本校正的《广韵》亦如是。王力先生认为欣韵(含“垠”字)在隋唐时代已转入真韵。他在《汉语语音史》里说:“为什么《切韵》要把欣韵放在文韵后面,自成一韵呢?这是为了存古,因为文欣两韵古属文部,到了隋唐时代,才转入真部了。”[①]还举了杜甫《别蔡十四著作》等三首诗用韵例证。据此,《诗品·飘逸》韵脚为真文通押。其二,韵字分布较广。《诗品》24则146个韵脚(有二则首句入韵:《劲健》“空”、《委曲》“行”)分布范围较广,属《切韵》23个韵、“水平韵”14个韵。这在古代组诗里也是少见的。可见《诗品》的作者是个遣词用韵的高手,否则,是很难做到的。

二、与唐诗、虞集诗用韵比较

前面说过,有论者依据《诗家一指》认为《诗品》的作者是明人怀悦。但此说已被事实彻底否定。因此,我们把怀悦作《诗品》说排除在外,只将《诗品》用韵特点与初唐、中唐、晚唐、虞集诗的用韵进行比较。下面我们将鲍明炜先生《唐代诗文韵部研究》中真文通押、支脂之微通押的初唐诗韵统计的数字,中唐诗韵的说明,以及我们对晚唐诗

① 王力.汉语语音史[M].北京:中国社会科学出版社,1985:218.

韵(《全唐诗》第19分册,41人的诗作)、虞集诗韵(《道园学古录》798首诗用韵)统计的数据列出,从汉语语音史角度探寻《诗品》的产生时代。

1.真文通押

初唐古体诗25例,近体诗无;中唐古体诗真臻文殷同用,近体诗真殷同用、文独用;晚唐古体诗1例(如顾云《池阳醉歌赠匡庐处士姚岩杰》中"文""垠""云"为韵),近体诗首句入韵通押2例(如李山甫《送蕲州裴员外》"人""群""君""芬""云",罗邺《边将》"勋""频""人""新""身")。而元虞集诗仅有首句入韵通押的近体诗1例(《题明皇按舞图》中"云""频""新"为韵)。

2.支脂之微通押

初唐古体诗48例,近体诗2例(其中首句入韵通押3例,如李峤《鹿》"畿""诗""时""期");中唐古体诗支微同用,近体诗脂之微有通押;晚唐古体诗5例,近体诗5例,另有首句入韵通押的26例。此外还有交韵诗1例(如聂夷中《送别离》"欲别牵郎衣,问郎遨何处。不恨归日迟,莫向邛灵去。"而元虞集诗中仅有首句入韵通押的1例(《次韵张蔡国公淡庵青山寺诗》"期""违""非""薇""微")。

从上面的数字看到,《诗品》的2则通押韵例,与初唐、晚唐、虞集诗的用韵比例是:真文为1:25:3:1,支脂之微为1:51:36:1;若不计近体诗首句入韵通押的,真文为1:25:1:0,支脂之微为1:50:10:0。可见《诗品》用韵宽的特点与晚唐诗用韵悉合,而与元虞集诗韵大相径庭。

《诗品》用韵宽是唐朝语音的反映。据今人研究,《切韵》音系是在隋唐时期共同语的基础上吸收了南北方音和古音一些成分的综合音系。唐代初年,许敬宗等人"以其韵窄","属文之士共苦其苛细",乃创"同用"条例。赵诚先生认为"同用"的创立,恐非由于"韵窄",他说:"比如五支韵,四百字左右,可算一个大韵,然而却和六脂、七之同用;八微才一百多字,是一个小韵,却是独用。细看各韵的同用独用,很可能和当时的实际语音有关系,否则,即使有了同用独用例,而韵部通用与否的定例和实际音读不符,'属文之士'不便于记忆,也还是会'苦其苛细'的。清代举子背诗韵是一桩苦事,原因就在这里。"诚然,初唐的"同用"应当是韵读相近而通用;同样,唐诗及《诗品》里的"通押"亦当是语音起了变化,反映在用韵上。张世禄先生在《唐代诗文韵部研究》

的"序言"里说:"张说《和张监观赦》是一首严格的近体诗,但却用了臻、梗两摄的韵脚。这种超出规定(按:指"同用""独用")的押韵,必有语音上的理由,致使作者竟不能辨别……"①

考察汉语语音发展史,宋、元时期语音起了变化,韵部亦随之而分而合,故《诗品》里两则通押的韵部与宋词、元曲的用韵有所不同。如文韵,王力先生说:"(宋代)文韵分化为二:唇音字并入痕魂,合成闻魂部;喉牙字并入真谆,合成真群部。"②例如《诗品·飘逸》韵脚文韵唇音"分"字,在秦观《满庭芳》里则与《切韵》魂韵的"门""尊""村""魂""存""昏",痕韵的"痕",以及文韵的"纷"等字相押;文韵唇音"闻"字,在李重元《忆王孙·春词》里与魂韵"孙""魂""门"等字为韵。这与《飘逸》韵脚文韵喉牙音字"群""云""缊"与真韵"垠"字押韵不同。又如《切韵》文韵的牙音"裙"字,在高观国《少年游·草》中与真韵的"裀""尘""人"等字相押,属真群部。宋词里也有混用的,如黄孝迈《湘春夜月》就有文韵喉音的"云"字与魂韵的"魂""昏""存""门",痕韵的"根""痕",真韵的"春"(按《切韵》无谆韵)等字相押。但这与按唐代"同用"或"平水韵"的用韵皆不相合。王力《汉语语音史·宋代音系》还分出支齐部(即蟹摄齐祭废韵并入止摄而成)。据查检,宋词里就有这种韵例,如辛弃疾《木兰花慢·席上送张仲固帅兴元》"非""归""衣""肥""师""西""旗""飞""围"等同脂微齐韵相押。这显然与《诗品》中支脂之微通押不同。

元代是古汉语语音变化最大的时期,周德清《中原音韵》分为19部。就《诗品》中真文、支脂之微两则通押的韵部来看,在元代有合有分:真文合流为一部(即宋代的闻魂部与真郡部合并);支脂之韵分化,分别与其他有关韵部组合为支思、齐微二部:支脂之的精照两系(即声母为[ts][ts'][s][tʃ][tʃ'][ʃ]开口字,与日母开口字合并为"支思"部;支脂之的精照两系合口字与日母合口字、知系、喉牙唇音字、齐微等韵合并为"齐微"部。因此,《诗品·缜密》韵脚"知""奇""晞""迟""痴""时",在元曲里则分别为韵,如其中之韵开口"时"字,在张可久《仙吕·太常引》中与"脂""诗""施""丝""差""词"等字相押(支思部);又支韵知系的"知"字,在王实甫《西厢记》第四本第三折《小梁州》中与"垂"(支韵合口)、

① 鲍明炜.唐代诗文韵部研究[M].南京:江苏古籍出版社,1990:"序言"1-2.

② 王力.汉语语音史[M].北京:中国社会科学出版社,1985:304.

"低"(齐韵)、"衣"(微韵)等字相押(齐微部)。

总之,不论是从按《切韵》韵部系统押韵的唐诗、虞集诗(按虞诗用的"平水韵",是合并《切韵》的"同用",与"独用"合成106韵,属于《切韵》系统)来看,还是从随着语音变化而按词韵、曲韵用韵的宋词、元曲等来看,《诗品》用韵特点与唐诗的用韵相合,而与虞集诗的用韵明显不同,与宋元韵部系统格格不入。因此,《诗品》世传唐人所作,从用韵上看是确凿可信的。

三、《诗品》用韵与司空图诗韵如出一辙

如前所述,《诗品》用韵有两个特点:用韵宽,如《飘逸》真文通押,《缜密》支脂之微通押;用韵广,《诗品》24则韵脚分布于《切韵》22个韵、"平水韵"14个韵。下面将《诗品》用韵情况与司空图诗用韵作一比较。

1.用韵宽严。我们通检《全唐诗》收录司空图370多首诗及其文集中的赋,见有支脂之微通押5例,如近体诗《赠圆昉公》"衣""卑""迟""枝""期",《洛阳怀古》"机""时""知",歌行体诗《燕歌行》有一处"飞""追""衣"为韵,《释怨》赋中有两处通押:"违""移""亏""眉""悲","期""追""随""飞""悲""遗"。此外,还有其他韵部通押的,如:真痕1例、文魂2例、庚清1例、庚侵1例、支齐1例、支灰1例、鱼虞2例、萧豪1例、月薛1例。司空图诗里虽然未见真文通押韵例,但从真痕、文魂、痕魂互押可系联相通,如《狂题十八首》(其十一)韵脚魂痕二韵"村""门""恩"为韵,而《杨柳枝》(其一)韵脚则有"门"与文韵"君""闻"通押,又《南北史感遇十首》(其四)韵脚中有"恩"与真韵"春""尘"通押。可见司空图诗文用韵中真文亦可通押,只是诗的内容没有涉及用这两韵中的字词为韵罢了。

2.用韵广狭。据我们考察,司空图诗用韵范围亦很广泛。如《狂题十八首》一组近体诗韵脚,就用了《切韵》阳、唐、登、庚、清、真、痕、魂、山、删、先、仙、侵、支、之、灰、哈、歌、虞、模等20韵中的字。这与《诗品》24首诗用《切韵》23韵部相比较,其比为1.11∶0.96,其广度超过《诗品》。至于他的370多首诗的用韵,那就更广。《诗品》24则所用的韵,在司空图诗里全都见有,而且多次出现,据我们不完全统计,有:东

韵8例，冬例4例（“平水韵”韵目，下同），阳韵19例，庚韵24例，侵韵19例，支韵26例，微韵17例，尤韵11例，灰韵13例，歌韵7例，虞韵4例，真韵38例，文韵4例，屋韵1例（如《秋思》“哭”“覆”“屋”“独”），以上与《诗品》的“平水韵”韵目全同。此外还有：先韵25例，元韵9例，寒韵7例，删韵10例，蒸韵6例，青韵4例，盐韵2例，咸韵1例，麻韵16例，鱼韵6例，齐韵8例，佳韵2例，萧韵15例，肴韵3例，豪韵2例，药韵1例，屑韵1例，曷韵1例，有韵1例，霁韵1例，等等（通押的韵已列上面，不包括在内）。可见司空图是个驾驭诗韵的高手，遣词选韵能够随心所欲，意到笔随，这在晚唐诗人中并不多见。

从上可见，司空图诗用韵宽、广的特点，与《诗品》完全一致。

附带说明，司空图文集里四言韵文亦多见，如《诗赋赞》《共命鸟赋》《李翰林写真赞》等，皆通篇四言，两句一韵。这与《诗品》句式完全相同，也不失为司空图作《诗品》一个旁证。

综上所述，《二十四诗品》世传晚唐大诗人司空图撰，从其诗韵来看是完全可信的。从纵的方面来看，《诗品》用韵不同于宋词、元曲，而与晚唐诗、司空图诗的用韵相合；从同一韵系来看，《诗品》用韵不同于按“平水韵”（属于《切韵》系统）用韵的虞集诗，而与按《切韵》韵部用韵的唐诗、司空图诗完全相合。因此，世传司空图作《诗品》当为定论，毋庸置疑。

［原载《安徽师大学报》（哲学社会科学版）1996年第4期；中国人民大学复印报刊资料《中国古代、近代文学研究》1997年第3期转载］

“二十四韵”语境别义
——《二十四诗品》作者补证

近年来学术界对《二十四诗品》作者问题发生争论，起因之一是对苏轼《书黄子思诗集后》中“二十四韵”一语意义理解分歧。率先提出新解以否定成说的论者说：“我们对《二十四诗品》的怀疑，最初即从‘二十四韵’一语引起的。”引起怀疑的原因，是出于他们对该句语法结构不同于传统的通行的分析，故而由此产生对“二十四韵”的意义不同于古今论诗论文者的理解，他们说：“苏轼云图‘自列其诗之有得于文字之表者二十四韵’，‘有得于文字之表’是‘其诗’的定语，故此句可简作‘自列其诗二十四韵’。‘列’者罗列，‘其诗’显应指司空图本人之诗。……‘自列其诗’云云，仅指图在此书中自举己作诗二十四联而言。”①

细察上述论说，且不说其结构分析与汉语语法规律龃龉，即按其所说的顺序组织成句亦扞格不通（未见古文有“自列有得于文字之表其诗二十四韵”句式）；再就其简作“自列其诗二十四韵”而言，亦与按原句结构关系应简作“自列其诗之二十四韵”（“其诗”后面有个“之”字）有实质性差异，故而陈尚君、汪涌豪二先生对“二十四韵”所作的解释，颇为令人生疑。为辨明苏轼书跋中“二十四韵”的句中义，我们将苏轼诗题中“作诗二十四韵”的结构与之比较，从两句不同的结构关系来看两例“二十四韵”含义的异同，以辨明其所指对象。恳请方家批评、指正。

一、两例“二十四韵”句法比较

陆宗达《训诂简论》一书说：“一个词或一个词组的意义，必须通过

① 陈尚君，汪涌豪．司空图《二十四诗品》辨伪[G]//国家古籍整理出版规划小组．中国古籍研究：第一卷．上海：上海古籍出版社，1996：39-73.

语法组织才能确定下来。只有正确地分析语言结构，才能准确地理解词和词组的意义。"[①]为此，我们通检《苏东坡全集》，考察"韵"与数词结合成词组出现的语境及其意义，见有在句中不同结构关系的"二十四韵"两例。其一，见于苏轼诗的标题：《李公择过高邮见施大夫与孙莘老赏花诗忆与仆去岁会于彭门折花馈笋故事作诗二十四韵见戏依韵奉答亦以戏公择云尔》（着重号系笔者所加，下同）；其二，见于苏轼书跋：《书黄子思诗集后》"盖自列其诗之有得于文字之表者二十四韵，恨当时不识其妙，予三复其言而悲之"。前句中"作诗二十四韵"与后句中"盖自列其诗之有得于文字之表者二十四韵"相比照，其动词谓语后的宾语结构明显不同，简析如下。

例一"作诗二十四韵"中的宾语"诗"与"二十四韵"之关系。汉语语法论著对此类结构有不同分析法：一说后面的数量词组作前面名词的后置定语，如中华书局1996年出版的《古汉语知识详解辞典》"定语后置"条云："有的论者（按指南开大学古代汉语教研室）尚有'数量词作定语后置'一类，如《史记·滑稽列传》'赵王与之精兵十万，革车千乘'之'十万''千乘'。"（按：此说已被摒弃。）一说是同位关系。所谓"同位"，一般认为是指句中相连的两个实词或词组所指事物相同，所处地位亦相等（即同作一个句子成分）。清马建忠《马氏文通》卷十《论句读》（顿）云："（《左传·僖公二十三年》）'狄人伐廧咎如，获其二女叔隗季隗。''叔隗季隗'本名，一顿，与'二女'同次。"马氏释"同次"曰："同次者，同乎前次也，即所指者与前次所指者一也。"[②]《庄子·骈拇》"臧与谷二人相与牧羊而皆亡其羊"，"二人"与"臧""谷"同次，黎锦熙《比较文法·同位》云："此先'分'后'总'者，皆同位之第二种也。"[③]廖序东《文言语法分析·西门豹治邺》"复以弟子一人投河中"，其下【说明】云："'一人'是'弟子'的同位语。"又《冯婉贞》"旋见一白酋督印度卒约百人"，其下【说明】云："'约百人'看作'卒'的同位语。"此外还有人认为这类谓语是兼语式。张拱贵、黄岳洲《文言文的语言分析·唐雎不辱使命》"天子之怒，伏尸百万，流

① 陆宗达.训诂简论[M].北京:北京出版社,1980:44.
② 马建忠.马氏文通[M].北京:商务印书馆,1998:408.
③ 黎锦熙.比较文法[M].北京:科学出版社,1958:163.

血千里”，其下【说明】云：“‘伏尸百万’‘流血千里’都是兼语式。”①上述不同的说法，虽然至今尚未趋于一致，但其中数量结构不受前面的名词修饰，则是共同的认识。有鉴于此，“作诗二十四韵”中之“二十四韵”，亦当是不受“诗”字修饰，故而其意义亦不受“诗”之字义直接制约，当解作“二十四联”。

例二“列”的宾语“其诗之有得于文字之表者二十四韵”，其句法结构与上例明显不同，它是母子(或称“总分”)关系的偏正词组。有两点需作论证。

1.“其诗”与“有得于文字之表者”(下面简称“者”字结构)、“二十四韵”(简称“数量结构”)之关系。汉语语法论著多认为此类结构中最前面的名词或名词性词组是后面“者”字结构与数量结构的共同定语。张拱贵、黄岳洲《文言文的语言分析·愚公移山》“遂率子孙荷担者三夫”，其下【说明】云：“‘子孙’是这个中心词(按指‘者’字结构与数量结构)的定语。”又说：“也可以把‘三夫’看成是‘荷担者’的复指成分(按即同位语)。”可见“子孙”是“荷担者”“三夫”的共同定语。《马氏文通》卷三《实字》(偏次)云：“《平原君列传》：‘约与食客门下有勇力文武备具者二十人偕。’犹云‘与食客中之二十人偕’也……”马氏将此句作“偏次”(按即定语)例证，又于释语中加“中之”，并略去“者”字结构，清楚地表明马氏认为“食客”是后面“有勇力文武备具者”“二十人”的共同定语。上述两例“定·中”之间无“之”字，以“门下”来表明；而古文里常见有用“之”字表明其前后的关系。如《汉书·高帝纪》：“羽使卒三万人从汉王，楚子诸侯人之慕从者数万人从杜南入蚀中。”(文颖注：“‘楚子’犹言楚人也，‘诸侯人’犹言诸侯国人。”)李奇曰：“‘蚀’音力，在杜南。”(按：地名)又如《史记·淮南衡山王传》：“令故美人、才人之得幸者十人从居。”上二例皆以“之”标明前面的名词或由名词构成的联合词组是定语，其后面“者”字结构和数量结构是被修饰语。这种“之”字用于定语与“者”字结构或定语与数量结构之间的较为多见。如《大宛列传》“立宛贵人之故待遇汉使善者名昧蔡”，《马氏文通》卷三《实字》(偏次)释之曰：“犹云‘宛贵人中之善遇汉使者’也，亦加‘之’字以为别也。”②杨伯峻、何乐士《古汉语语法及其发展》亦以此句为例说：“‘宛贵

① 张拱贵，黄岳洲．文言文的语言分析[M]．兰州：甘肃人民出版社，1982：118．

② 马建忠．马氏文通[M]．北京：商务印书馆，1998：97．

人'是定语,'之'为连接成分。"[①]又如定语与数量结构之间用"之"字连接,《马氏文通》卷三《实字》(偏次)云:"《匈奴列传》:'匈奴人众,不能当汉之一郡。'——'汉之一郡'者,汉郡中之一郡也。"(按:杨树达《〈马氏文通〉刊误》认为此解不确,下句同。)《汉书·律历志》中"八十一分日之四十三",《马氏文通》卷三《实字》(偏次)云:"'四十三分'者,数名也,今为子,'日'为母,中间'之'字以别之。"洪诚玉指出:"语法是一个完整而又严密的系统。汉语语法没有出现过定语后置的规律性现象。'之'在定语和中心语之间起连接作用时,都是定语在前,中心语在后,表示顺序连接。"[②]参照上述诸例,苏轼书跋一语中"其诗",当是"有得于文字之表者""二十四韵"的共同定语。因此,陈尚君先生说:"有得于文字之表"是"其诗"的定语,或说"主句为'自列其诗'",是没有理论根据的。再者,将苏轼原句简作"自列其诗二十四韵",其中少了一个"之"字,也不符合原句的结构关系。

2."有得于文字之表者"与"二十四韵"之关系,汉语语法论著多认为此类是同位关系,如《愚公移山》"遂率子孙荷担者三夫",廖序东《文言语法分析》说:"'荷担者''三夫'是'子孙'的同位语。"廖氏把"子孙"看成本位语虽然不稳妥,不符合通行的说法,但"荷担者"与"三夫"是同位关系肯定无疑。前面说过,张拱贵等也认为可以把"三夫"看成"荷担者"的复指成分。洪诚玉说:"'者'在古代汉语中还没有发现有连接定语和中心语的语法作用。"如《孟子·滕文公上》"有为神农之言者许行,自楚至滕。"洪氏说:"'有为神农之言者'和'许行'是同位关系。"[③]诚然,"者"字结构是个名词性词组。杨伯峻等说:"'有'的宾语可以是动词性短语。""有为神农之言"是动宾词组,再和"者"字结合,构成"有……者"结构。它与后面的"许行",所指的是同一个人,同作动作谓语"至"的主语。这种结构与数量结构为同位关系的句子在古文里常见,如《史记·高祖本纪》"汉王之国,项王使卒三万人从,楚人与诸侯之慕从者数万人从杜南入蚀中"。苏轼《代侯公说项羽辞》"(平原君)求其可与从适楚者二十人"("其"等于"名词(食客)+之")。上二例中"者"字结构与数量结构所指对象分别相同,又皆受前面的定语修

① 杨伯峻,何乐士.古汉语语法及其发展[M].北京:语文出版社,1992:772.

② 洪诚玉."n之p者"结构的语义关系和语法关系[J].古汉语研究,1989(4):20-26,19.

③ 洪诚玉."n之p者"结构的语义关系和语法关系[J].古汉语研究,1989(4):20-26,19.

饰,构成名词性偏正词组,分别充当主语、宾语。再从“者”字结构、数量结构与其定语的关系意义看,都是作“分子”。黎锦熙《比较文法》说:“盖‘者’字(结构)最适于分子之用也。”①《马氏文通》卷三《实字》(偏次)解释《汉书·律历志》一句云:“白道一周合当二十九整日,又日之四十三分也。‘四十三分’者,数名也,今为子。”(义即“此为分子”)。类比上例,苏轼书跋中“有得于文字之表者”与“二十四韵”当是同位关系。二者所指的对象同是“诗”之风格,又同作“列”的宾语中的中心语。因此,把“有得于文字之表”说成“其诗”定语,不符合原句结构关系,缺乏周遍性。如“有为神农之言者许行”,其中的“者”字结构前面无名词做定语,如何能说成“定语后置”?

需要说明,同位关系中有本位语与同位语的区别。黎锦熙先生说:“凡同在一位的两个实体词都是同位。但同位的两名也有‘本名’与‘加名’之别,须览全句的意义而定。”②杨树达在《〈马氏文通〉刊误》一书中提出区分的原则,说:“以文句成分言之,加词(按:指同位语)分量较轻,被加之词(按:指本位语)分量较重。”上面所举的例子,该论者认为数量结构为同位语,“者”字结构为本位语。我们考察古文中的原句与省略句,“者”字结构亦可视为同位语,数量结构为本位语。如《史记·平原君虞卿列传》“约与食客门下有勇力文武备具者二十人偕”,其下段则简作“约与食客门下二十人偕”。马建忠解释此句时亦略去其中“者”字结构。可见保留的数量词组无疑是本位语。有鉴于此,苏轼书跋的原句可简作“自列其诗之二十四韵”。这既符合原句结构关系,又切合上下文意。察看苏轼书跋,前面是引录司空图的论诗语,是概论诗的艺术妙境,后面则以《二十四诗品》来说明诗的风格。明郑鄤《题诗品》云:“四言体自三百篇后,独渊明一人耳。此二十四韵,悠远深逸,乃复独步。”强调四言诗体《二十四诗品》是承《诗经》、陶渊明四言诗之后的“独步”。可见句意的重点是“二十四韵”。因此,苏轼《书黄子思诗集后》中“二十四韵”受“其诗”修饰(“之”字表明其结构关系),应解为“二十四首诗”。

① 黎锦熙.比较文法[M].北京:科学出版社,1958:130.

② 黎锦熙.新著国语文法[M].北京:商务印书馆,中华民国三十六年(1947年):66.

二、两例“二十四韵”意义辨析

先师洪诚教授在《训诂学》中说：“同样的字以同样的词序构成的两个句子，由于内部语法关系不一样，意义就完全不同。”苏轼诗文中两例“二十四韵”的结构，如上所析明显不同，那末其意义是如何由其结构关系所确定的呢？有哪些资料旁证呢？下面一一论述。

如前所述，例一“作诗二十四韵”中之“二十四韵”，它的前面没有修饰语，其意义没有前面字词的限制。考察唐宋诗文中这类不受限制的“××韵”的用例，无论是在诗题里或文句中，也无论是作宾语、谓语或是主语，多指一首诗内的韵脚数（或称联数）。如苏轼诗题中“（李公择）作诗二十四韵”，虽然李诗已散佚，但从苏轼“依韵奉答”的和诗可知他共用24个韵字，即二十四联（下同）。又如唐崔璐《览皮先辈盛制因作十韵以寄用伸款仰》，共11个韵字，取其整数而言“十韵”；元稹《春六十韵》，60个韵字。王勃《滕王阁序》云：“一言均赋，四韵俱成”，“四韵”指《滕王阁诗》中对句韵脚“舞、雨”和“秋、流”4个韵字。其出句中“渚”“悠”虽然分别与“舞”“秋”协韵，但传统不计。

必须指出，前面提及有论者把苏轼书跋中一句简作“自列其诗二十四韵”，这在有意或无意之间混同于“作诗二十四韵”的结构。不同诗篇中合在一起的五言与七言，不能如该论者所言称为24联。这是语言的社会性，是不容个人随意改变的。

例二中的宾语“其诗之有得于文字之表者二十四韵”，与上例宾语的结构关系明显不同。今多认为其定语中名词与其后面被修饰成分在意义上是分母与分子（或“总体”与“部分”）的关系。如《史记·大宛列传》“立宛贵人之故待遇汉使善者”，马建忠将此句作为“约分”例证，云：“母数偏次，子数正次”（《马氏文通》卷三《实字》（偏次））。黎锦熙承其说，亦云：“（‘宛贵人’）表此全体之名，即其‘分母’而得居于‘领位’矣”，“盖‘者’字最适于‘分子’之用也”①。又如韩愈《杂说》“马之千里者，一食或尽粟一石。”杨伯峻《文言语法》分析此句中“马之千里者”

① 黎锦熙.比较文法[M].北京:中华书局,1986:122.

的结构说:"'马'似乎是'分母','千里者'似乎是'分子'。马有若干种,其中有一日行千里者。"①解惠全《也谈"马之千里者"的句法》一文,对此句结构做了详尽分析,并与分数结构做比较,指出其定语中名词与中心语"者"字结构之间的"之"字,是"从形式上标明定语和中心语之间是分母和分子的关系"②。洪诚玉也说:"'名'和'有……者'的关系,总的来说,也类似分母和分子的关系。"③既然如此,与"者"字结构为同位关系的数量结构,无疑也是"分子"。如《史记·匈奴列传》中"汉之一郡",《汉书·律历志》中"日之四十三",马建忠皆认为是"约分"(按:即分数结构),并指出"'四十三',数名也,今为子,'日'为母。"今人对此前后两项的关系称为总体与部分关系,但这与上面的称说并无实质性差异。基于此,苏轼书跋一语中定语"诗"与"有得于文字之表者""二十四韵",当为分母、分子关系。

考察古汉语中这类分母和分子关系的结构,人们皆认为其"母""子"的计量单位(量词或名词)相同,如《史记·匈奴列传》"汉之一郡",马建忠释之曰:"犹云'汉郡之一郡'"。又如韩愈《送郑尚书序》"岭之南,其州七十;其二十二隶岭南节度府,其四十余分四府。"《马氏文通》卷三《实字》(静字)释之曰:"'其'字指七十州。犹云'七十州中之二十二州',又'七十州中之四十余州'。"分母、分子共一量词或名词"州"。类比上例,苏轼书跋中作为分母的"诗"以"首"计量,其分子"二十四韵"亦当相同,故其简略句"自列其诗之二十四韵",当是"自列其诗之二十四首",全句义即"司空图自己列举那诗中在文字之外的艺术妙境、风格二十四首诗"。

根据该句内部结构关系所作的这一解释,有外部资料可以证实。如明人毛晋《津逮秘书·诗品二十四则跋》云:"此表圣自列其诗之有得于文字之表者二十四则也。"句中"则"相当于"首"(即"整首"诗),而不指一首诗内的数量的"联"。再者,唐宋诗里有"韵""诗"同义互用例。如吕本中《中秋日沈宗师约游城西泥雨不果因成四十字兼寄赵仲才》诗中有"传杯有新韵",苏轼《汪秀才久留山中见寄次其韵》有"投名入

① 杨伯峻.文言语法[M].北京:北京出版社,1956:85.

② 解惠全.也谈"马之千里者"的句法[G]//南开大学中文系《语言研究论丛》编辑部.语言研究论丛:3.天津:天津人民出版社,1987:256-268.

③ 洪诚玉."n之p者"结构的语义关系和语法关系[J].古汉语研究,1989(4):20-26,19.

社有新诗”；黄庭坚《子瞻诗句妙一世乃云效庭坚体盖退之戏效孟郊樊宗师之比以文滑稽耳恐后生不解故次韵道之子瞻送杨孟容诗云我家峨眉阴与子同一邦即此韵》，苏轼《闻正辅表兄将至以诗迎之》；韩愈《斗鸡联句》“君看斗鸡篇，短韵亦可采”，苏轼《夜坐与迈联句》“短诗膝下成，聊以慰怀祖”。苏轼《书寄韵》：“已将镜钵投诸地，喜见苍颜白发新。历数三朝轩冕客，色声谁是独完人？”《苏轼诗集》注：“王（文诰）本题载述怀类而诗缺。”可见苏轼《书黄子思诗集后》中的“二十四韵”解为“二十四首诗”，揆之本文而协，验之他卷亦通。

三、几个问题辨惑

上面比较了两例“二十四韵”句法，辨析了各由其结构关系所确定的意义，这里还须对有关问题作一申述。

其一，从上下文确定“二十四韵”意义的问题。有论者说：“‘自列其诗’一句……如仅指《与李生论诗书》中自引诸诗而言，则‘恨当时不识其妙，吾（按苏轼原文为“予”）三复其言而悲之’，必指前所摘录‘梅止于酸’一段论诗语自唐末五代至宋初，一直不为世所重而言。称‘三复其言’而不称‘三复其诗’，语意本十分清楚。”①我们认为以句末的“言”字来论断“不识其妙”是指最前面的“论诗语”，把“二十四韵”句排除在外，是无说服力的。因为“言”字除了有“言论”的常用义，还有训为“诗”的。如宋陆游《老学庵笔记》卷三云：“汤岐公自行宫留守出守会稽，朝士以诗送行甚众。周子充在馆中，亦有诗而亡之，岐公以书再求曰：‘顷蒙赠言，乃为或者藏去。’”前后对照，“赠言”当指周子充所作之“诗”。又，宋人诗题中亦有“言”指“诗”，如吕本中《寄李忿去言》、梅尧臣《四禽言》、苏轼《五禽言》等。因而“三复其言”可解为“三复其诗”。细察苏轼书跋一段话，我们认为从句首“盖”字、后句中“其”字，以及上下文义的连贯性等，可推知“二十四韵”所指对象。大家知道，此句首“盖”是表示推测语气的副词，义即“大概”。这里表明“二十四韵”是苏轼举出司空图所作《二十四诗品》来说明诗的风格，而不是指司空图《与李生论诗书》中列举不同诗篇中的五言、七言的“联”。否则

① 陈尚君.《二十四诗品》辨伪追记答疑[G]//蒋寅，张伯伟.中国诗学：第五辑.南京：南京大学出版社，1997:48-56.

当用“即”字，而不应用“盖”字。这样理解苏轼用“盖”的本意，有明人郑鄤《题诗品》的一段引文可证实。郑氏一字不差地照录苏轼书跋中“唐末司空图崎岖兵乱之间……”，其后接着说：“四言体自三百篇后，独渊明一人耳。此二十四韵，悠远深逸，乃复独步。”句中“四言体”清楚地表明苏轼书跋中“二十四韵”是指司空图作的四言诗《二十四诗品》，而不是司空图《与李生论诗书》中的五言、七言“联”句诗例。再说“其”字，代词“其”在此类句中是指示代词，苏轼书跋中“不识其妙”等亦当承上句，解作“不识其中二十四则诗之妙”；“其言”即“三复二十四则之诗”。再从上下文意的连贯性来看，前面是言“味外味”的“论诗语”，接着列举“有得于文字之表”的诗之风格；接下去便说“恨当时不识二十四韵之妙”，故而“三复其诗”（两句为因果关系），这是一个“句群”，文意显豁，前后相承，一线贯通。至于“二十四韵”究竟指什么，张少康教授有透彻分析，他说：“司空图所列举的二十四联诗之味外味，他自己也已经分析得很清楚，苏轼在上引题跋中也曾指出过……应该说不存在‘不识其妙’的问题，而《二十四诗品》则只是描绘诗境，并未说明其艺术特征，所以不容易‘识其妙’，可是它的妙处却正在象外有象，景外有景，故而具有味在咸酸之外的‘醇美’特征。所以，从苏轼原文来看，似乎以‘二十四韵’指《二十四诗品》较为自然。”张先生所言极是，毋庸置疑。

其二，同一个词语在不同的结构关系、词语组合中的意义问题。有论者说：“苏轼说‘作小诗十四首’‘作五首’，而不称‘十四韵’‘五韵’。这是稍知古典诗词常识的人就能理解的常识。”[①]其意思很明显，苏轼诗文里凡是称“××韵”的，一律指诗的联数，“自列其诗之二十四韵”亦不例外。这种说法显然否定语言结构对词或词组意义的制约关系。我们知道，一个句子的意思，是由语法结构和词语意义关系两个方面决定的。同为“××韵”，在同一类型的语法结构中，其意义是相同的，如“作诗十四韵”与前举“作诗二十四韵”的语法结构完全相同，“韵”皆指一首诗内的韵脚（或指“联”），而不能彼指韵脚此指诗之篇首。如果以同样的语法结构表达作诗的首数，则应更换其中相关的词语，如“作诗十四首”“五首”。所以，以某一种结构关系中“××韵”的习

① 陈尚君.《二十四诗品》辨伪追记答疑[G]//蒋寅，张伯伟.中国诗学：第五辑.南京：南京大学出版社，1997:48-56.

用义来否定另一种不同结构关系赋予“××韵”的特定含义，显然是以偏概全，混淆是非。当然，语言的运用是灵活的，同一个意思可以有多种表达形式，但其句法结构关系或词义组合都能显示出其特定的意义。如苏轼对诗之数量的表述就有好几种形式，如：《岐亭五首》，其‘叙’又云：“通为五篇”；《孤山二咏》，其‘引’又云：“属作二诗以记之”。还有于数词后不用名量词的，如《范文正公文集叙》云：“为诗赋二百六十八”。虽然它与“作诗二十四韵”结构相同，但由于“诗赋”连文，只能解为“二百六十八篇”，不能解为“二百六十八联”。又如明清人对司空图《诗品》的称说亦不相同，清翁方纲《石洲诗话》称作《二十四品》，清薛雪《一瓢诗话》谓《诗品》二十四则，清孙联奎《诗品臆说·自序》称作《诗品》二十四首，杨廷芝谓司空表圣《诗品》二十四。据此，苏轼在表述诗之首数时，可以说“作诗十四首”“五首”，也可说成“作十四诗”“五诗”，也可以说成“作诗之十四韵”“诗之五韵”。至于用何种结构方式或词语表述，完全取决于作者自己，我们不能据其某一句式中“××韵”的语义来否定其他不同结构中“韵”字意义。

其三，苏轼书跋中“二十四韵”意义的由来问题。有论者说：“‘韵’字在唐宋人诗中极多见，一般均指近体诗之一联，即二句押一韵之意。……而谓一篇为一韵，则鲜有此例。”诚然，“韵脚”是“韵”的常用义，唐宋古、近体诗中常见其用例，但这不是唯一的。考察文献中“韵”字意义，刘勰《文心雕龙·声律篇》云：“异音相从谓之和，同声相应谓之韵。”句中“韵”字，王力说：“‘韵’就是韵脚。”但亦有说是“协韵”。从上下对文来看，上句讲平仄交替以成和声，下句当是讲同韵字相押以成协韵。随着诗歌创作的发展，为方便赋诗选韵，魏、晋的文人遂汇集押韵之字分别部居以成韵书，谓其同韵同调之字归成的部类为韵部，如隋颜之推《颜氏家训·音辞篇》云：“《韵集》以‘成仍宏登’合成两韵，‘为奇益石’分作四章。”指出晋人吕静《韵集》分韵列字与隋陆法言《切韵》有出入，《韵集》将“成仍”二字并入一个韵部（《切韵》分属两个韵部：“成”，清韵；“仍”，蒸韵），“宏登”二字并入一个韵部（《切韵》“宏”，耕韵；“登”，登韵）；“为”“奇”“益”“石”四字分属四个韵部（《切韵》“为奇”二字同属支韵，“益石”二字同属昔韵）。其中，“韵”“章”皆指韵部。唐人乃有谓一首诗内以一韵部中的字相押为一韵，以两韵部中的字相押为二韵等，如元结《乱风诗》“序”有“二章二韵”“二章四韵”“二章六韵”

云云。由于“诗”以协韵为其特征，唐宋人于是遂“韵”“诗”互用，如上所举“有新韵”“次韵道之”等。再由“一首诗内一韵部中字相押为一韵”，“韵”与“诗”同义等进而引申为“一首诗为一韵”。这在特定的句法结构中，与以上诸义相区别，古今论诗论文者皆不曾有过混淆，没有提出过异议。

有论者还说：“‘韵’字并不作量词解。”这也是囿于偏见。杨伯峻、何乐士《古汉语语法及其发展》说：“量词是表示事物的计量单位的，它本质上是名词，有时就以名词作量词。”诚然，自先秦至明清历代古文里皆有其用例。如《小盂鼎》“孚（俘）牛三百五十五牛”，《论语·雍也》“一箪食，一瓢饮”，《史记·货殖列传》“马二百蹄”“千树枣”，清林嗣环《口技》中“一人”“一桌”“一扇”等。因此书跋中“二十四韵”之“韵”亦可看成以名词作量词，与其诗题“二诗”文例相同。

综上所述，苏轼《书黄子思诗集后》“二十四韵”，与诗题中“作诗二十四韵”之“二十四韵”的意义明显不同，后者解为一首诗内“二十四个韵脚”或“二十四联”；前者当解作“二十四首诗”。这个释义，“揆之本文而协，验之他卷亦通”。从其语言内部看，这个由其分母分子性结构关系所确定的意义，与其前后几句语意相贯通；从其外部看，与宋人“韵”“诗”互用例相合，与明人毛晋作“二十四则”的异文一致；从“韵”字意义演变看，它与“韵脚”“韵部”“一诗内一韵部中字相押为一韵”，“韵”用同“诗”，有密切联系，是由上义而派生并由特定的语法结构所限定的意义。虽然苏轼诗文里仅此一例，但其义显豁。犹如前引《颜氏家训》中“为奇益石，分作四章”中“章”指韵部一样，在特定语境里与他义不相混。

[原载《安徽师范大学学报》(人文社会科学版)2000年第1期]

从《二十四诗品》用韵看它的产生时代与作者

古典诗论《二十四诗品》，世传晚唐司空图撰，而最近有人提出新论，陈尚君、汪涌豪二先生依据明人黄省曾编次的《诗家一指》，断言《二十四诗品》的真正作者应为明代景泰间嘉禾（按：今浙江省嘉兴）人怀悦[①]；张健先生考证，明人史潜校刊的《虞侍书诗法》中已见《二十四诗品》残文，据以认为《二十四诗品》的作者有可能是元代虞集[②]；祖保泉教授等不苟同新说，以《诗家一指》与《虞侍书诗法》对照辨别其真伪，又据宋人论述推本溯源，强调在没有可靠证据之前，不能轻易否定司空图是《二十四诗品》的作者[③]。

《二十四诗品》（以下简称《诗品》）究竟产生于何时？出自何人之手？在未觅得其原本之前，只能从多面深入考证。鉴于它是有韵之文，我们另辟蹊径，从其用韵来考求其产生时代与作者。因为古代诗文用韵与语音有密切联系；不同时期音系不同，韵部分合不一，它必然反映到诗文用韵上，显示出它的时代的特点，同时也显示出它的个性特征。

一、《诗品》用韵分析

《诗品》是24则四言组诗，每则皆12句6韵（另有二则首句入韵，传统不计）。为了找出它的用韵特征，先对每则韵脚逐一归韵。因《诗品》传世文本文字多有出入，现据中华书局1960年版《全唐诗》（第19

① 陈尚君，汪涌豪．司空图《二十四诗品》辨伪[G]//国家古籍整理出版规划小组．中国古籍研究：第一卷．上海：上海古籍出版社，1996:39-73.

② 张健．《诗家一指》的产生时代与作者——兼论《二十四诗品》作者问题[J]．北京大学学报：哲学社会科学版，1995(5):34-44.

③ 祖保泉，陶礼天．《诗家一指》与《二十四诗品》作者问题[J]，安徽师大学报：哲学社会科学版，1996(1):89-97.

册）本将24则韵脚按《平水韵》《切韵》韵目对照排列如下（韵目及其后韵字标“×”“。”“△”等，表明其隶属关系）：

东韵（《切韵》东）《雄浑》充、雄、空、风、中、穷
《劲健》虹、风、中、雄、同、终
冬韵（《切韵》冬钟）《高古》蓉、踪、从、钟、封、宗
阳韵（《切韵》阳唐）《豪放》荒、狂、苍、旁、凰、桑
《委曲》肠、香、羌、藏、翔、方
庚韵（《切韵》庚清）《沉着》清、声、行、生、明、横
真韵（《切韵》真）《纤秾》春、人、滨、邻、真、新
《洗炼》银、磷、神、真、人、身
《自然》邻、春、新、贫、蘋、钧
《形容》真、春、神、峋、尘、人
侵韵（《切韵》侵）《绮丽》金、深、林、阴、琴、襟
《实境》深、心、阴、琴、寻、音
支韵（《切韵》支之）《疏野》羁、期、诗、时、为、之
微韵（《切韵》微）《冲淡》微、飞、衣、归、稀、违
《超诣》微、归、非、违、晖、稀
歌韵（《切韵》歌）《旷达》何、多、萝、过、歌、峨
虞韵（《切韵》虞模）《流动》珠、愚、枢、符、无、乎
尤韵（《切韵》尤侯幽）《含蓄》流、忧、浮、秋、沤、收
《清奇》流、舟、幽、悠、收、秋
灰韵（《切韵》灰咍）《悲慨》摧、来、灰、才、哀、苔
《精神》来、胎、台、杯、灰、裁
屋韵（《切韵》屋）《典雅》屋、竹、逐、瀑、菊、读
真文（《切韵》文殷）《飘逸》群、云、缊、垠、闻、分
支微（《切韵》支脂之微）《缜密》知、奇、晞、迟、痴、时

从上面的韵谱看到，《诗品》24则用韵有三种情况：(1)一韵“独用”。如《雄浑》《劲健》《纤秾》《冲淡》《典雅》等12则，每则只用《切韵》一个韵中的字押韵，分别属于东、真、侵、微、歌、屋。(2)两韵“同用”。如《高古》《豪放》《沉着》《疏野》《流动》《含蓄》《悲慨》等10则，每则同用《切韵》两个韵中的字押韵，分别属于《切韵》冬钟、阳唐、庚清、支之、虞模、尤侯幽、灰咍。(3)数韵通押。如《飘逸》《缜密》2则韵脚皆超出

官韵的押韵规定，分别属于《切韵》真(欣)文、《平水韵》真文，《切韵》支脂之微、《平水韵》支微。

从上述分析可以窥见《诗品》用韵有两大特点：其一，用韵较宽。如上所述，《诗品》中22则用韵完全符合"独用""同用"的押韵规定（王应麟《玉海》说"独用""同用"是宋景德年间邱雍所定，唐《封演闻见记》说唐代初年许敬宗等"以其韵窄"乃"奏(请)合而用之"），无特殊之处，王力认为"同用的两韵或三韵，实际上是同一韵部"①。赵诚指出"同用"的创立，很可能和当时的实际语音有关系。然而另外两则(即《飘逸》真文通押、《缜密》支脂之微通押)则有些特殊，既不符合唐人功令，也不合《平水韵》的分韵，古人谓之"用韵宽缓"，今人谓之"通押"。其二，韵脚分布范围广。《诗品》24则146韵字，分布《切韵》23韵，《广韵》25韵（比《切韵》多出戈韵，如《旷达》韵脚"过"，谆韵，如《形容》等韵脚"峋""春"），《平水韵》14韵。一组诗里用了如此之多韵中的字，在古代是不多见的。这反映《诗品》的作者是个善于遣词用韵的高手。否则，是难能做到的。

这里得补充说明事关韵例分析的《飘逸》韵脚"垠"字归韵和"缊"字的音读。"垠"：《切韵》属殷（《广韵》作"欣"，因宋宣祖名宏殷避讳而改）韵，《广韵》兼属真韵(语巾切)、欣韵(语斤切)，《平水韵》归真韵（按《切韵》，殷韵在《平水韵》分化为二，极少数入真韵，多数入文韵）。唐代及其后诗文里，"垠"多与真韵字相押，如：卢照邻《五悲文·悲穷道》"人""邻""垠""新"，许景先《征君宅》"尘""垠""伦""亲""欣""春""蘋""人""人""津""因""邻""宸""泯"，宋之问《嵩山天门歌》"峋""垠""鳞""神""人"，杜甫《别蔡十四著作》"人""伦""尘""辛""臣""新""伸""秦""滨""春""陈""亲""勤""民""津""身""辰""贫""因""垠"，明代王宠《入消夏湾》"峋""民""匀""垠""新""津""真""人"，等等（以上加"△"字属《广韵》谆韵，打"×"字属殷韵）。王力认为《切韵》殷韵在唐代已转入真韵，他说："为什么《切韵》把欣韵放在文韵后面，自成一韵呢？这是为了存古，因为文欣两韵古属文部，到了隋唐时代，就转入真部了。"②又，"缊"字在古代有几种读音：(1)乌浑切，属魂韵，今读"wēn"，古义为"赤黄色"；(2)於

① 王力.汉语语音史[M].北京:中国社会科学出版社,1985:215.

② 王力.汉语语音史[M].北京:中国社会科学出版社,1985:218.

问切，属问韵，今读“yùn”，见于联绵词“细缊”（亦作“氤氲”）。《诗品·飘逸》“令色细缊”，当读此音。基于上面所述，《飘逸》韵脚为真文通押。有人对此有疑问，故顺便作如上说明。

二、与唐诗、虞集诗、明诗的用韵比较

本文开头说过，当前对《诗品》的产生时代与作者有三种说法，那末《诗品》用韵宽（即其中的2则通押）这一特点是与明诗用韵相合，还是与虞集诗用韵相同，抑或与晚唐诗用韵一致呢？分别比较一下，即可一目了然。顺便说明，明怀悦诗作甚少，其中又无支微通押、真文通押。为全面起见，我们以《明诗别裁集》1010首诗的用韵数据来代表；又，唐诗按鲍明炜先生分为初唐（618—712）、中唐（766—835，中隔盛唐）、晚唐（836—960）三个时期。比较的数据或说明来自两个方面：初唐、中唐取自鲍明炜《唐代诗文韵部研究》，其他的是我们通检《明诗别裁集》1010首诗、虞集《道园学古录》798首诗、《全唐诗》第19册1983首诗（晚唐诗一部分）、司空图《一鸣集》中25篇有韵之文而作的统计。具体情况如下：

（一）支脂之微通押

初唐古体诗51例（含微韵分别与支或脂、之韵通押），近体诗3例；中唐古体诗支脂之微通押，近体诗支脂之微有通押（按数量极少）；晚唐古体诗7例（含司空图《释怨》赋2例），近体诗5例（另有首句入韵通押26例，交韵诗1例，如聂夷中《送别离》“欲别牵郎衣，问郎游何处？不恨归日迟，莫向临邛去”）；元虞集仅有首句入韵通押1例（《次韵张蔡国公淡庵青山寺诗》“期”“违”“非”“薇”“微”）；明诗3例。

（二）真文通押

初唐古体诗25例，近体诗无；中唐古体诗真谆臻文殷魂痕同用，近体诗真谆殷同用，文独用（按：我们见有1例，详后）；晚唐古体诗2例（顾云《池阳醉歌赠匡庐处士姚严杰》中“文”“垠”“云”，司空图《释怨》赋中“津”“云”“春”），近体诗2例：罗隐《寄窦泽处士二首》（其一）“闻”“云”“身”，郑损《星精亭》“邻”（一作“群”）“云”“闻”“人”。另有首句入韵通押2例：李山甫《送蕲州裴员外》“人”“群”“云”“分”“云”，罗邺《边将》“勋”“频”“人”“身”“新”；元虞集诗仅有首句通押1例（《题明皇按

舞图》"云""频""新");明诗无一例。

需要说明,传统的计算用韵原则是不计首句入韵的,王力先生《汉语诗律学·近体诗的用韵》说,原来诗的首句本可不用韵,其首句入韵是多余的。所以古人称五七律诗为四韵诗,排律则有十韵、二十韵等,即使首句入韵也不把它算在韵数之内。据此,《诗品》中2则通押韵例与初唐、晚唐、虞集、明代的诗韵比例是:支脂之微通押为1:54:12:0:3;真文通押为1:25:4:0:0。从上述比例的大体上看,《诗品》用韵宽的特点与初唐、晚唐相合,与虞集诗大相径庭,与明诗微殊(无真文通押);再深入考察,初唐、晚唐诗的用韵也大同小异,初唐近体诗无一例真文通押,而晚唐则有2例(我们所检查的只是晚唐诗的一部分)。这一不同点客观地反映这两个时期实际韵系的不同。因为近体诗用韵是严守官韵而不敢越雷池半步的(晚唐近体诗里出现真文通押现象当是语音起了变化的反映)。《诗品》用韵宽这一特点与晚唐诗文用韵最为吻合。

当然,晚唐古体诗、近体诗里这种"支脂之微通押"与"真文通押"不是突然而起的,而是由盛唐中唐诗文里个别韵例逐渐发展而来。据我们不全面的考察,在盛唐中唐诗里就见到这种最能反映语音实际的近体诗二例。如王维(701—761)《椒园》:"桂尊迎弟子,杜若赠佳人。椒浆奠瑶席,欲下云中君。"贾岛(779—843)《题兴化寺园亭》:"破却千家作一池,不栽桃李种蔷薇。蔷薇花落秋风起,荆棘满亭君自知。"应当说,最初的这类个别韵例乃是晚唐时期较为多见的源头、端绪,是诗人的方音混入诗文的用韵,这正如张世禄先生所说的那样:"张说《和张监观赦》是一首严格的近体诗,但却用了臻、梗两摄的韵脚(按:指谆韵'春'字,真韵'人'字,清韵'声'字)。这种超出规定的押韵,必有语音上的理由,致使作者竟不能辨别。"[①]

三、《诗品》用韵宽语音探源

鲍明炜先生说:"(诗文)韵脚系统,在很大程度上反映韵母系统(按:疑是韵部系统)。"[②]那末《诗品》24则韵脚究竟是反映哪个时期的

① 鲍明炜.唐代诗文韵部研究[M].南京:江苏古籍出版社,1990:"序言"1-2.

② 鲍明炜.唐代诗文韵部研究[M].南京:江苏古籍出版社,1990:396.

韵部系统呢？或者它是哪个时期韵部系统在用韵上的反映呢？前面说过，《诗品》中22则韵脚完全符合唐人诗韵，亦与宋金时期的《平水韵》分韵相合，而另外2则通押韵例则与之龃龉。因此，我们将《诗品》中2则韵例与唐、宋、元时期这几部的分合作一比照，从汉语语音史来考察它出现的时代。

如前所述，初唐古体诗皆有真文通押、支脂之微通押，近体诗里只有支脂之微通押，而无真文通押。那末这个时期韵部是否就是支脂之微合一，真文分立呢？王力《汉语语音史·隋—中唐的韵部》是脂（与支之合并，王力标目为“脂”。下同）、微、真（与臻谆欣合并，王力标目为“真”。下同）、文四部分立。我们考察陆德明《经典释文》反切，亦是本韵字相切（即代表韵调的反切下字与被切字同部）。脂部如：期，居宜反；弥，亡移反；怡，以之反；微部如：挥，许归反；沂，鱼依反；妃，芳非反。真部如：彬，彼贫反；珉，武巾反；膑，符人反。文部如：楚，扶云反；蚡，扶分反；缊，纡云反，又纡粉反。此外，初唐诗文里这四部独用多见，计有脂独用190例，微独用122例，真独用345例，文独用107例。由此可见，《诗品》用韵宽与初、中唐四部分立不相合，不是这个时期的产物。

晚唐韵系与前略有不同，王力先生说：“隋—中唐的真文两部，到晚唐合并为一部……隋—中唐的脂微两部，到晚唐合并为一部。”[①]南唐徐锴《说文系传》所用同代人朱翱的反切亦是两两互切。真文互切如：靳，居郡反；摧，已郡反；闰，耳蕴反；辑，愚蕴反；脂微互切如：饥，居郡反；蕴，近离反；玑，几离反；等等。此外，还有晚唐人视姓“龟”（属脂韵）、“归”（属微韵）为同音字特例，宋洪迈《容斋续笔》卷十一“唐人避讳”条云：“晚唐人避家讳甚严。……《语林》载崔殷梦知府，吏部尚书归仁晦托弟仁泽，殷梦唯唯而已。无何，仁晦复诣托之，至于三四。殷梦敛色端笏曰：“某见进表让此官矣。仁晦始悟己姓，殷梦讳也。按宰相世系表，其父名龟从。……父名龟从，子不列姓归人于科籍。”按崔殷梦系晚唐人，曾在咸通年间（860—872）为官，认为“龟脂”音同“归微”，正反映其时二字同韵（声母亦皆见纽）。否则，岂不要阴错阳差，闹出笑话来！由此可见，晚唐古、近体诗里悉同《诗品》里的真文通押、脂微

① 王力．汉语语音史［M］．北京：中国社会科学出版社，1985：257.

通押，当是这个时期实际韵部在用韵上的反映。

再考察宋、元时期的韵系，《诗品》“用韵宽”这一时代特点更是昭然若揭。

王力先生分宋代韵部为32部，他在《(宋代)韵部的分合与转移》中说：“从朱熹反切中，我们发现许多韵部分合和转移的新情况。”[①]指出《切韵》“文韵分化为二：唇音字并入痕魂，合成闻魂部；喉牙字并入真谆，合成真群部”[②]。朱熹《诗集传》和《楚辞集注》的反切(叶音)有此分化例，如：芬，叶丰匀反，韵熏；焚，叶符匀反，闻，叶微匀反，皆韵熏。王力解释说：“芬”“焚”“闻”读叶音然后“熏”叶，反映宋代“熏”与“芬”“焚”“闻”不同韵部。“熏”属真群部，“芬”“焚”“闻”属闻魂部。宋词用韵亦如是，如苏轼《浣溪纱·徐门石潭谢雨道上作》真韵“新”“尘”“人”与文韵喉音字“薰”相押，秦观《满庭芳》文韵唇音字“纷”“分”“闻”与痕韵“痕”，魂韵“门”“村”“昏”“存”“孙”等字相押。王力先生还说：“齐祭废并入脂微，合成支齐部。”[③]朱熹反切如：回，叶乎为反，韵喈(叶居奚)，火，叶虎委反，韵衣(上声)，分别是以支叶齐，以支叶微。宋词用韵如晏几道《鹧鸪天》“归”“诗”“回”“衣”“西”相押。可见宋代韵部分部与《诗品》2则通押不合。

元代周德清《中原音韵》分为19部，《诗品》中2则通押的数韵在元代有分有合：真文合并为一部，与《诗品·飘逸》用韵相合；然而《诗品·缜密》用韵则与《中原音韵》分部龃龉。《切韵》支脂之三韵分为二：支脂之的精照两系开口字，与日母开口字及部分入声字，合成支思部；支脂之的精照两系合口字，与日母合口字、知系喉牙唇音字，齐微灰祭废韵字、泰韵合口字，以及质职陌昔缉韵字，合成齐微部。王力《汉语语音史·(元代)韵部的分合和转移》说：“宋代的资思，到元代扩大为支思。宋代支齐韵里的一部分照庄系字转入元代的支思。”又说：“宋代的灰堆、支齐和资思三个韵部，到元代合并为齐微(支齐一部分照庄系字则转入元代的支思)。”[④]《中原音韵》反切音反映出这种分化。因此，《诗品·缜密》韵脚支脂之韵字在元曲里是分开押韵的，如其中韵脚“时”

① 王力.汉语语音史[M].北京:中国社会科学出版社,1985:303.

② 王力.汉语语音史[M].北京:中国社会科学出版社,1985:304.

③ 王力.汉语语音史[M].北京:中国社会科学出版社,1985:303.

④ 王力.汉语语音史[M].北京:中国社会科学出版社,1985:385.

(之韵照系禅母开口三等)在张可久《仙品·太常引》中与“脂”“诗”“施”“丝”“差”“词”相押。另外,韵脚“知”字(支韵知母开口三等)在王实甫《西厢记》第四本第三折《小梁州》中与“垂”“低”“衣”相押。足见《诗品》用韵有时代特征。

从上可见,《诗品》中2则通押与晚唐真文部、脂微部甚合,而与宋、元时期的分韵则参差不齐。这里也许有人要提出,《诗品》用的是诗韵,应当与唐人功令或《平水韵》、宋、元诗文用韵作比较。是的,我们曾对此作过考察,《平水韵》是真、文、支(含脂之韵)、微四部分立,宋、元时期的近体诗皆兢兢守之而不敢越出,如宋代欧阳修用韵较宽,南宋胡柯《庐陵欧阳文忠公年谱》说他初次科举应试“坐赋逸官韵,黜”,然而他的全部近体诗句(约200首,见《欧阳修全集》,中国书店出版社1986年版)无一例支脂之微通押;真文通押虽见1例[《巡居述怀寄北京韩侍中二首》(其一)“滨”“耘”“分”“群”],但独用则多见,计有真韵独用15例,文韵独用6例;元虞集诗798首里无一例支微通押、真文通押,而独用则多见,支韵独用45例,微韵独用35例,真韵独用45例,文韵独用29例;明诗里虽有支微通押3例,但独用远远超过它,计有支韵独用42例,微韵独用29例。可见《诗品》用韵宽这一特点与《平水韵》或宋、元、明一些诗文用韵皆不完全相合。究其原因,是它用韵的时代特点(晚唐时期)所决定的。

四、《诗品》与司空图诗文用韵如出一辙

如上所述,《诗品》用韵既与晚唐分韵相合,又与其时诗文用韵一致,那末世传司空图作《诗品》,其诗文用韵是否与之相同呢?我们通检《全唐诗》第19册中司空图383首诗、《一鸣集》里28篇有韵之文,见《诗品》的用韵特点、韵例韵目、文体格式尽在其中,且绝大多数韵字亦皆出现。现分别据实录下:

(一)用韵较宽。《诗品》中2则通押韵例,司空图诗文里皆见。支脂之微通押共3例。《释怨》赋中有2例:“期”“追”“随”“姬”“飞”“悲”“遗”,“违”“移”“亏”“眉”“悲”;《冯燕歌》中“飞”“追”“衣”。此外,还有支脂之微的去声韵“寘至志未”(分别同属一部)通押4例。如:《王公追述碑》“嗣”(志韵)“瑞”(寘韵)“气”(未韵),“被”(纸韵)“魏”(未韵)

“坠”（至韵）；《春愁赋》“悴”“地”“醉”（皆至韵）“慰”（未韵）；《共命鸟赋》“避”（寘韵）“视”（寘韵）“类”（志韵）“畏”（未韵）。真文通押1例，如《释怨》赋中“津”“云”“春”。另外，诗中有可系联的韵脚1例，如《狂题十八首》（其十一）有痕韵的“恩”字与魂韵“门”“村”相押，而《杨柳枝二首》（其一）中“村”与文韵“君”“闻”相押，《南北史感遇十首》（其四）“恩”与真韵“尘”“春”相押，故“君”“闻”“尘”“春”相通。除此之外，《诗品》里还有其他两韵或三韵通押的，如东冬钟1例（《三贤赞》“同风忠宗容雄”），东冬2例（《卢公神道碑》“风忠宗”等），东清1例（《释怨》“雄名倾”），庚青1例［《退居漫题七首》（其七）惊形］，耕侵1例（《虞乡北原》耕金），等等。

（二）韵脚分布广。《诗品》24则144个韵脚（首句押韵不计）分布《切韵》23韵，司空图诗里10则以上的组诗共5首，其中3首韵脚分布广度的比例大于《诗品》。如《狂题十八首》18则36个韵脚分布《切韵》20个韵：其一歌韵（何磨），其二和十一痕魂（门痕/门恩），其三侵韵（金心），其四和其九阳唐（狂光/墙皇），其五和十六灰咍（材回/猜咍），其六登韵（朋灯），其七和十七真韵（频人/身人），其八删山（关山），其十支之（时池），其十二、十三、十五先仙（篇钱/川笺/天鞭），其十四庚清（声行），其十八虞模（枯无）；二者相比 $\frac{23}{24}:\frac{20}{18}$（即0.96:1.11）。又如《歌者十二首》12则24个韵脚分布《切韵》14个韵：其一先仙（筵天），其二齐韵（栖低凄），其三寒桓（难盘），其四和十一真韵（春人/身人），其五和其七侵韵（琴心/深琴），其六微韵（挥机），其八东韵（风聋），其九麻韵（花家），其十山删（攀山），其十二支之（时枝）；二者相比 $\frac{23}{24}:\frac{14}{12}$（即0.96:1.16）。又如《南北史感遇十首》10则20个韵脚分布《切韵》10个韵：其一和其九支脂之（碑眉/旗时），其二尤韵（流休），其三和其八庚清（兵城/情营），其四真韵（春尘），其五灰韵（推徊），其六和其八东韵（风功/终风），其七歌韵（多歌）；二者相比 $\frac{23}{24}:\frac{10}{10}$（即0.96:1）。此外，《力疾山下吴村看杏花十九首》19则38个韵脚分布《切韵》17个韵（除2则首句入韵的2个韵），《杨柳枝寿杯词十八首》18则36个韵脚分布《切韵》12个韵，其广度的比例小于《诗品》。不过应该看到《诗品》共有144个韵脚，而上面两首组诗分别有38个、36个韵脚，若从实质上看问题，比例并不小。

（三）韵例韵目全同。《诗品》24则用韵，其中12则独用有6个韵，10则同用有15个韵，2则通押有6个韵，司空图诗里应有尽有。现按前面《诗品》韵谱的顺序一一列举如下：

东韵8例（如《寄郑仁规》“笼风公”，等等），冬钟（同用）1例（如《率题》浓冬），阳唐11例（如《春中》“香塘”，等等），庚清5例（如《河上二首》（其二）“明声”，等等），真韵24例（含《广韵》谆韵字。如《新岁对写真》“巡春人真”，等等），侵韵19例（如《即事二首》（其一）“心林”，等等），支之8例［如《即事二首》（其二）“时危”，等等］，微韵17例，（如《独望》“稀飞”，等等），歌韵7例（含《广韵》戈韵。如《白菊杂书四首》（其四）“过多”，等等），虞模3例［如《狂题十八首》（其十八）“枯无”，等等］，尤侯幽8例（如《寄永嘉崔道融》“游秋幽留”，《休休亭》“忧侯”，等等），灰咍7例（如《次韵和秀上人游南五台》“苔台来回”，等等），屋韵1例（《秋思》“哭覆屋独”）。另外，2则通押韵例如前所述。凡23韵，与《诗品》韵例韵目悉合。

（四）体例相同。《诗品》是四言韵文，司空图《一鸣集》中亦有四言韵文16篇，如：《共命鸟赋》、《诗赋赞》、《三贤赞》、《王贞公赞》、《今相国地藏赞》、《李翰林写真赞》、《香严长老赞》、《相国老君赞》、《观音赞》、《卢公神道碑》（指其中铭文部分，下同）、《王公生祠碑》、《王公追述碑》、《复安南碑》、《华帅许国公碑》、《解县新城碑》、《文中子碑》等，其中《观音赞》尤侯幽三韵同用，《文中子碑》支脂之三韵同用，分别与《诗品》的《含蓄》《清奇》《疏野》用韵相同。

（五）韵字多见。《诗品》144韵字（另有首句入韵二字），见于司空图诗文韵脚113字，见于诗文韵脚。现按《诗品》韵谱顺序一一录下：

《雄浑》《劲健》用东韵13字，其中“风”“中”“空”“雄”四字重出，实则9字，有7字见于司空图诗文韵脚。如：《南北史感遇十首》（其七）“终”“风”，《偶题三首》“雄”“空”，《春愁赋》“中”“同”“穷”；“虹”字见于《华下送文浦》“川明虹照雨”句中；“充”字未见。

《高古》用冬钟二韵6字。3字见于司空图诗文韵脚，如：《送道者二首》“蓉”（复音词“芙蓉”同《诗品》。与“逢”“峰”相押），《即事九首》（其七）“钟”（与“慵”字相押），《三贤赞》“宗”（与“容”“雄”相押）；其余3字“从”“踪”“封”见于句中，如《淅上》“从他烟棹更南去”，《成均讽》“踪”，《感时上卢相》“封岳始鸣銮。”

《委曲》《豪放》用阳唐二韵13字。7字见于司空图诗韵脚，如：《漫题》“肠”（与“乡”相押），《牡丹》“香”（与“霜”相押），《华下》“方”（与“塘”“长”“阳”“乡”相押），《乐府》“旁”（与“光”“杨”相押），《杨柳枝寿杯词十八首》（其七）“行”字，《重阳四首》（其一）“荒”（与“芳”“凉”相押），《狂题十八首》（其四）“狂”（与“唐”“光”相押）。另有3字见于句中，如《山中》“踏得苍苔一径深”，《寄王十四舍人》“今日凤凰池畔客”（“凤凰”复音词与《诗品》同），《力疾山下吴村看杏花十九首》（其三）“移取扶桑阶下种”（“扶桑”复音词与《诗品》同）。“羌”“藏”“翔”3字未见。

《沉着》用庚清二韵6字，皆见于司空图诗韵脚。如：《河上二首》（其二）“明”“声”，《偶书五首》（其四）“行”“生”，《偶诗五首》（其二）“横”（与“情”相押），《力疾山下吴村看杏花十九首》（其十五）“清”（与“嵘”相押）。

《纤秾》《洗炼》《自然》《形容》四则共用真（含“谆”韵）韵24字，其中“人”“真”“春”各重复2次，“神”“新”“邻”各重复1次，实则15字。有10字见司空图诗文韵脚。如：《杨柳枝寿杯词十八首》（其九）“滨”“人”“春”，《冯燕歌》“身”“尘”，《修史亭二首》（其二）“新”“邻”，《下方》“真”“神”，《王公追述碑》“钧”（与“亲”“茵”相押）。另有3字见于句中，如《贺翰林侍郎二首》（其一）“今朝忽见银台事”，《九月八日》“解怜寂寞傍贫家”，《春愁赋》“历蘋州兮衣馥馥”。“磷”“峋”2字未见。

《绮丽》《实境》用侵韵12字，其中“阴”“琴”“深”3字重出，实则9字。8字见司空图诗文韵脚。如：《送道者二首》（其一）“金”“心”“林”，《山下》“深”（与“林”“心”相押），《寄赠诗僧秀公》“寻”（与“深”“林”相押），《释怨》赋“音”“襟”，《白菊杂书四首》（其一）亦有“襟”与“衾”“心”相押；仅“阴”字见于句中，如《杨柳枝寿杯词十八首》（其十六）“缘阴相间两三家”。

《疏野》用支之二韵6字。5字见司空图诗文韵脚，如：《山中》“时”“诗”，《赠圆昉公》“期”（与“施”“时”“私”相押），《王公生祠碑》“之”（与“移”相押），《香严长老赞》“为”（与“施”相押）。仅“羁”字见《江行二首》（其一）“羁愁甚往年”句首。

《冲淡》《超诣》用微韵12字，其中“微”“归”“稀”“违”4字重出，实则8字。皆见于司空图诗文的韵脚。如：《月下留丹灶》“飞”“衣”

“稀”,《涔阳渡》“晖”“微”“归”,《有感二首》(其一)“非”(与“机”“归”相押),《释怨》赋“违”(与“移”相押)。

《旷达》用歌韵(含《广韵》戈韵)6字。5字见司空图诗韵脚:《陈疾》“歌”“何”“多”“过”“萝”。1字见《复安南碑》铭文“迭懿峨山,连师禺裔”句中。

《流动》用虞模二韵6字。3字见司空图诗文韵脚,如:《释怨》赋“珠”“愚”,《淮西》“无”(与“都”相押)。另3字见于句中,如:《解县新城碑》“蒲乃国枢”,《王公追述碑》“式赞鸿钧,乃符玄威”,《香严长老赞》“谁之咎乎”。

《含蓄》《清奇》用尤侯幽三韵12字,其中“流”“收”“秋”3字重出,实则9字。8字见司空图诗文韵脚,如:《戊午三月晦二首》(其二)“流”“舟”,《秋景》“秋”“收”,《休休亭》“忧”(与“侯”相押),《偶书五首》(其四)“幽”(与“休”相押),《携仙箓九首》“悠”(与“舟”相押),《释怨》赋“浮”(与“尤”“讴”相押)。仅“沤”字未见。

《悲慨》《精神》用灰咍二韵12字,其中“灰”“来”2字重出,实则10字。有7字见司空图诗韵脚,如:《次韵和秀上人游南五台》“苔”“台”“来”,《故乡杏花》“杯”(与“来”相押),《南北史感遇十首》(其四)“摧”(与“徊”相押),《少仪》“才”(与“来”相押),《酬张芬赦后见寄》“已将心变塞灰后”,《狂题十八首》(共十六)“胎”。三字见于句中,如《力疾山下吴村看杏花十九首》(其十二)“裁红剪翠为新春”,《观音赞》“临鼎盛镬以求哀”。

《典雅》用屋韵6字。3字见司空图诗文韵脚,如:《秋思》“屋”(与“哭”“覆”“独”相押),《春愁》赋“逐”(与“渌”“目”相押),《石氏墓志碑》“菊”(与“淑”“福”相押)。其余3字见于句中,如《赠步寄李员外》“幽瀑下仙果”,《春中》“繁花隔竹香”,《华帅许国公德政碑》“臣(常)跪读《贞观政要》”。

《飘逸》用真文二韵6字。2字见司空图诗文韵脚:《携仙箓九首》(其二)“云”“闻”。4字见于句中,如:《王公追述碑》“恒运絪缊之化”(“絪缊”联绵词与《诗品》同;另3处作“氤氲”),《复安南碑》“垠”(与伦相押),《漫题》“乐退安贫知是分”,《复安南碑》“守迷崇乱,更宣蚁蚋之群”。

《缜密》用支脂之微四韵6字。4字见于司空图诗文韵脚,如《争名》“奇”“知”“时”,《自河西归山》“迟”(与“危”“期”相押)。“晞”“痴”二字未见为韵脚。

《诗品》中有33押韵字在唐诗里常作韵脚。如：李百药《赞道赋》“充”与“冲功风融终”相押，苏颋《长乐花赋》“翔藏”与“常章望煌尝强光方”相押，崔融《从军行》“羌”与“方堂杨荒羊桑郎”相押，宋之问《嵩山天门歌》“峋”与“垠鳞神人”相押，又《始安秋日》“磷”与“春人沦身”相押，许敬宗《奉和守岁应制》“晞”与“闱归微晖”相押，拾得《男女》“痴”与“仪施”相押，许敬宗《奉和咏雨应召》“沤”与“秋流旒”相押。又如：苏颋《唐河南龙门天竺寺碑》“虹”与“东蒙空宫雄”相押，王绩《自撰墓志铭》“从封”与“痈公”相押，王勃《寒山怀友杂体二首》(其一)“苍”与“茫”相押，唐太宗《春日望海》“桑”与“芳潢荒光行长皇王”相押，杨炯《同詹事官寮祭郝少保文》“凰”与“昌光锵”相押，骆宾王《在江南赠宋五之问》(按即宋之问。因排行第五，故名)“蘋”与“亲津辛滨”相押，王梵志《我见》“贫”与“人尘津亲”相押，又《世有》“银”与“人辛因亲”相押，卢照邻《悲穷道》“垠”与“人邻新”相押，杜甫《登高》“哀”与“回来台杯”相押，王绩《在京思故园见乡人问》“裁”与“来杯孩台栽梅苔”相押，寒山《昨日》“灰”与“岩开唉”相押，宋之问《桂州二月三日》“阴”与“深林今”相押，唐太宗《威风赋》“羁”与“枝奇仪”相押，许敬宗《掖庭山赋应诏》“峨”与“过和罗波河”相押，徐彦伯《中宗孝和皇帝哀册文》“符枢”与“诬厨”相押，王绩《游北山赋》“乎”与“夫娱”相押，杨炯《广溪峡》“瀑”与“陆腹谷”相押，寒山《我见》“读”与“秃狱福”相押，陈子昂《望荆门》“竹”与“目宿绿欲束曲续”相押，徐彦伯《南郊赋》“群缊”与“醺云”相押，张九龄《荆州作二首》(其一)“分”与“文君云勋闻纷群”等字相押。可见《诗品》146韵字，在晚唐以前的诗文里就常作韵脚，而且绝大多数见于司空图诗文。

综上所述，《诗品》用韵特别是《飘逸》《缜密》2则的通押，与晚唐古、近体诗用韵，韵系的分部，反切字音正相契合，而与宋、元时期韵系分部、《平水韵》的分韵、宋、元时期的诗、词、曲用韵皆有出入；《诗品》的用韵特点、韵例、体例，与司空图诗文亦皆相合，而且绝大多数韵字皆出于其中。因此，世传晚唐诗人司空图作《诗品》在用韵上亦足以证实。如若有人认为是后人伪托，希望也能从用韵上加以证明。

［原载《文学遗产》2001年第1期］

关于《二十四诗品》用韵的答疑

近读徐朝东先生《从用韵再论〈二十四诗品〉的产生时代与作者——代答张柏青教授》(以下简称《再论》)[①]受益匪浅。《再论》征引文献甚广,列举韵例繁富,读后大开眼界。我们四处寻觅徐先生的"一论",然而至今尚未觅得。据悉徐氏未作过"一论",无端"再论",明显有误。现仅就《再论》中对拙作《从〈二十四诗品〉用韵看它的产生时代与作者》一文提出的批评作一申述,再证《二十四诗品》(以下简称《诗品》)系晚唐司空图所作。敬请批评指正。

一

《再论》强调说:"用文献本身的证据作为主证材料,诗文用韵的特点仅作为一种辅助证据,可能对于古籍年代的断定更妥当些。"[②]徐先生所言极是,拙作正是在"用文献本身的证据作为主证材料"基础上,以及考求《诗品》作者的论文问世后草拟的。拙文的开头曾作过简单交待,因论题所限而不能详言。现补述如下:

1994年后,古典文学界对《诗品》的作者发生激烈争论,主要说法有三种:最先是复旦大学陈尚君、汪涌豪二先生提出《诗品》是明人怀悦所作。他们考察明人黄省曾编次的《诗家一指》,见有《诗品》全文及"明十科,达四则,该二十四品("着重号"系笔者所加,下同)"等语,遂从《诗品》的内容、语言、艺术风格等方面进行分析、论证,撰成三万余言巨论——《司空图〈二十四诗品〉辨伪》,断言《二十四诗品》的真正作

① 徐朝东.从用韵再论《二十四诗品》的产生时代与作者——代答张柏青教授[J].古籍研究,2002(2):94-97.

② 徐朝东.从用韵再论《二十四诗品》的产生时代与作者——代答张柏青教授[J].古籍研究,2002(2):94-97.

者应为明代景泰间嘉禾人怀悦。"新说"轰动古典文学界,一些专家学者相继深入探讨。当时北京大学文学博士张健先生,深入检讨明代古籍,见明人史潜校刊的《新编名贤诗法》卷下《虞侍书诗法》中亦有《诗品》16则,以及"明十科,达四则,读(按当为"该"字)二十四品"等语,遂撰《〈诗家一指〉的产生时代与作者——兼论〈二十四诗品〉作者问题》,认为"《二十四诗品》的作者有可能是元代虞集"①。张健先生以铁的事实推翻了《二十四诗品》作者是明人怀悦的新说。其后,早期就从事《诗品》研究的安徽师大祖保泉教授(1964年曾出版过《司空图〈诗品〉解说》),又复博览宋元明有关古籍,对上述说法细加辨正,先后发表《〈诗家一指〉与〈二十四诗品〉作者问题》《再论〈二十四诗品〉的作者》《〈菊涧集原序〉〈林湖遗稿序〉考释》等论文,又相继出版《司空图诗文研究》《司空表圣诗文集笺校》两本专著,认定"《二十四诗品》的作者应是司空图"②。祖老的研究得到北京大学张少康教授的赞赏,张教授说:"我对祖先生这种严谨、扎实的学风是非常钦佩的。""我认为祖先生的看法是很值得我们重视的,也是很有根据的。"③

据查检,虽然迄今尚未见有宋刻本或唐写本的《诗品》全文或残文,但据今人考证,宋代文献中确有系指《二十四品》的词语。如《林湖遗稿》的南宋王晞《序》云:"予阅南仲(按:南仲系高鹏飞之字)诗,词体浑厚,风调情深,脱弃凡近……其始其终,绝无蔬笋气味,无斧凿痕迹,可见其能参高妙之格,极豪逸之气,包冲淡之趣,兼峻洁之姿,得藻丽之妙,诚能全十体、备四则、该二十四品、具一十九格,非浅陋粗疏者所能窃也。"(按:对此"序"有真伪之争。)按:其中的"二十四品"与《诗家一指》《虞侍书诗法》中"二十四品",皆指《二十四诗品》。又,苏轼《书黄子思诗集后》云:"唐末司空图崎岖兵乱之间,而诗文高雅,犹有承平之遗风。其论诗曰:'梅止于酸,盐止于咸。饮食不可无盐梅,而其美常在咸酸之外。'盖自列其诗之有得于文字之表者二十四韵,恨当时不识其妙。"按其中"二十四韵",明人毛晋《津逮秘书》之《诗品二十四则跋》引录上述苏轼语时易作"此表圣自列

① 张健.《诗家一指》的产生时代与作者——兼论《二十四诗品》作者问题[J].北京大学学报:哲学社会科学版,1995(5):34-44.

② 祖保泉.司空图诗文研究[J].合肥:安徽教育出版社,1998:89.

③ 祖保泉,陶礼天.司空表圣诗文集笺校[M].合肥:安徽大学出版社,2002:"序"1-3.

其诗之有得文字之表者二十四则也”。又，南宋陈振孙《直斋书录解题》卷十六有《一鸣集》十卷，其下云：“唐兵部侍郎虞卿（按：‘卿’为‘乡’之误）司空图表圣撰。图见卓行传，唐末高人胜士也。蜀本但有杂著，无诗，自有诗十卷别行。《诗格》尤非晚唐诸子所可望出。其论诗以梅止于酸，盐止于咸。……东坡尝以为名言。”日本金泽大学李庆先生《也谈〈二十四诗品〉——文献学的考察》一文说：“我认为，陈振孙所说的‘诗格’当是指‘诗格’类的著作，并可以推断，他是见到过司空图所撰的‘诗格’类的著作的。那么，这一类的作品是什么呢？有没有是指《二十四诗品》的可能性呢？至少我认为是有这样的可能性的。”①按“诗格”一语，明清有指《诗家一指》（含《二十四品》）。如明魏骥在怀悦刊本《诗家一指》序中云：“嘉禾人怀氏用和（按：怀悦之字）号铁松以书抵余，自言近得《诗法》一卷，乃盛唐诸贤之作。择其精粹，订为诗格，名之曰《诗家一指》。”又，《四库全书总目提要》（文渊阁本卷五第219页）云：《诗品》一卷，唐司空图撰。唐人诗格传于世者……惟此一篇，真出图手。

基于上述于宋、元、明、清文献中有司空图著《诗品》的论说，我们遂考察《诗品》的用韵，找出其特点，分别与元人虞集、晚唐诗文用韵、司空图的诗文用韵逐一比较，看它跟上述三说中哪一说相合。经反复分析、对照，《诗品》二十四首诗韵脚所属的韵部及用韵方式皆见于司空图诗赋；其《飘逸》真（欣）文通押、《缜密》支脂之微通押，亦与王力《汉语语音史》中晚唐分韵（真文、脂微）吻合，而与元人虞集的诗文用韵以及晚唐以外的诗文用韵系统相比较，多参差龃龉。

二

《再论》还说：“仅仅从诗文的某一两个或几个特殊用韵现象，便可以推断某篇作品属于某个人或不属于某个人。这种方法虽然是独辟蹊径，但是似乎并不是很有效的论据。因为诗文的用韵只是一种没有必然规律的东西。”②首先说明，拙作《从〈二十四诗品〉用韵看它的产生

① 李庆.也谈《二十四诗品》——文献学的考察[J].中国文学研究，2001(1)：86-119.

② 徐朝东.从用韵再论《二十四诗品》的产生时代与作者——代答张柏青教授[J].古籍研究，2002(2)：94-97.

时代与作者》,并非"仅仅从诗文的某一两个或几个特殊用韵现象"来推断《诗品》系司空图所作。拙文的第四部分(即"《诗品》与司空图诗文用韵如出一辙")从《诗品》中二则通押韵例、《诗品》24首诗韵分布范围、四言格式、所用的韵字等,跟司空图诗文逐一比较,约5000字,占全文的五分之二。再者,对"几个特殊用韵现象"也不能一概而论,须作具体分析。唯物辩证法告诉我们,各种物质运动形式中的矛盾,都带特殊性,这种特殊的矛盾构成了一事物区别于他事物的特殊的本质,只有注意了这一点才有可能区别事物。这对如何看待古代诗文用韵具有一定的指导意义。20世纪60年代前后曾有人运用这一原理分析《胡笳十八拍》的用韵,取得了积极效果。

20世纪50年代末,古典文学界发生过一场关于《胡笳十八拍》作者的争论。当时以郭沫若为首的一派,认为《胡笳十八拍》是汉末蔡琰(蔡文姬)所作,而另一派则认为系后人的伪托。两种意见,相持不下。有人鉴于《胡笳十八拍》是十八首组诗,便分析其用韵特点,推断其所属时代。杨道经先生《〈胡笳十八拍〉的用韵》说,细读《胡笳十八拍》,发现它的用韵跟汉代诗韵有些不同。文中列举了其诗中支、脂、之三部同用的例子,指出上古音支、脂、之的分部起于段玉裁,已是"证据确凿,铁案难移"。这个界限在东汉时也还是很分明的。(按:王力《汉语语音史·汉代音系》也是支、脂、之三部分立。)由此而得出结论:从音韵学方面看,《胡笳十八拍》好像并非汉代人的作品。

谢纪峰先生《音韵学概要》也说:"有时可以通过诗文韵脚来判定作品产生的时代。"①书中举了刘盼遂先生考证《胡笳十八拍》用韵,证明它用的是平水韵,平息了这场争论,他说:"几百字的短文,一锤定音,《十八拍》是隋唐以后的作品无疑。从此《十八拍》作者真伪问题的争论宣告终结。"②

《诗品》也是组诗,由二十四首四言古诗组成。我们考察其用韵,见其中"真(欣)文"通押、"支脂之微"通押比较特殊,便分别与虞集、司空图(明人怀悦作《诗品》一说已被张健彻底否定)的诗文用韵比较,发现与虞集诗韵不同。通检虞集《道园学古录》(共798首诗),未见有真文通押、支脂之微通押例。徐先生抽查《新编翰林珠玉》,只见有支与

① 谢纪峰.音韵学概要[M].桂林:广西师范大学出版社,1992:6.

② 谢纪峰.音韵学概要[M].桂林:广西师范大学出版社,1992:6.

微合韵1例:《记子昂画》前四句:“春风动兰叶,庭户光陆离支。言收竹上露,石角挂彩衣微。”这首诗韵脚“离”“衣”,虽然是《广韵》支微通押,但细析之与《诗品·缜密》韵脚“知、奇、晞、迟、痴、时”的支脂之微通押有区别。因为“离”是端组来母支韵开口三等字,“衣”是喉音影母微韵三等字,同属于《中原音韵》齐微部,在元代是本韵字相押。而《缜密》韵脚中“时”是照组禅母之韵三等字,属《中原音韵》支思部,“晞”是喉音晓母微韵开口三等字,属《中原音韵》齐微部,按元代韵系则是支思部与齐微部通押。因此,虞集这首古诗,不能证明与《诗品·缜密》的用韵相同,而恰恰证明元代虞集诗是按当时实际语音而押韵的。

我们通检《全唐诗》第19分册中司空图诗383首,《一鸣集》中赋、铭有四言韵语,《诗品》韵脚所属的韵部及用韵方式尽在其中。如《诗品》中22则用韵属“平水韵”的东、冬、阳、庚、真、侵、支、微、歌、虞、尤、灰、屋等13个韵部(属《广韵》26个韵部,其中有2个韵部或3个韵部在“平水韵”中合为一部),皆见于司空图诗韵;《飘逸》真(欣)文通押、《缜密》支脂之微通押,亦见于司空图赋文用韵。如《释怨》赋韵脚有“津真、云文、春谆”;又,有“期之、追脂、随支、姬之、飞微、悲脂、遗脂”;还有支脂之微的去声韵“寘至志未”四韵通押的4例,如《共命鸟赋》“避寘、视至、类志、畏未”。非但二者用韵如此相合,而且《诗品》146个韵脚见于司空图诗文韵字的有113个。这究竟是偶然巧合呢?还是出自一人之手呢?人们自会作出公允的裁定。

需要强调指出,徐文说:“诗文的用韵只是一种没有必然规律的东西。”我们不明其所指。如果是指诗人随情自由挑选韵脚,无疑是正确的;若是指古人写作古体诗时用韵可以完全不受其时的语音(或方音)影响,那就值得商榷了。业师鲍明炜教授说:“(唐代)也有一些诗文跨摄用韵,或两摄通押,或三摄通押。原因不外作家的特殊习惯,如张说、王梵志、寒山等用韵都较宽;其次是时代风尚,开始是个别人倡导,效法的人多,遂成风气;更重要的是语音起了变化,反映到诗文用韵上来。”[①]马重奇《杜甫古诗韵读》也说:“杜甫古诗的用韵,在一定程度上反映了盛唐时期的语音特点。”[②]可见古体诗(包括赋等)的用韵与当时实际语音具有依存关系,应该说这也是一种

① 鲍明炜.唐代诗文韵部研究[M].南京:江苏古籍出版社,1990:3-4.

② 马重奇.杜甫古诗韵读[M].北京:中国展望出版社,1985:2.

“必然规律”。

三

《再论》又说：“这一两个或几个特殊用韵现象是否就是某个时代或某个人的用韵特点，还需要进行周详的考察。”①诚然，我们将真（欣）文通押、支脂之微通押确认为晚唐时期诗文用韵特点之一，是经过对晚唐至元代的反切音、古近体诗用韵、韵书分韵及汉语语音史韵部系统等深入考察而得出的，并从隋唐至元明的语音发展史来观察、论证的。

晚唐时期韵系，从南唐徐锴《说文系传》所用同代人朱翱的反切音可以得到了解。如“微”与“支”“脂”“之”互切的：“祈$_{\text{微}}$近离$_{\text{支}}$切”，“饥$_{\text{脂}}$居希$_{\text{微}}$切”，“珥$_{\text{志(之韵去声)}}$耳既$_{\text{未}}$（微韵去声）切”等。我们通检《全唐诗》第19分册1983首诗，支脂之微通押的古体诗4例（另有赋2例）、近体诗6例；真（欣）文通押的古体诗2例（另有赋1例）、近体诗3例。据储泰松博士论文《唐五代关中方音研究》统计，支脂之微通押的古体诗22例、文19例、近体诗5例，真文通押的古体诗7例、文5例、近体诗9例、词1例、诔1例。更值得注意的是：晚唐崔殷梦知府认为“龟$_{\text{脂}}$”“归$_{\text{微}}$”二姓同音（声纽皆见母），正说明二韵确实合而为一。

元代韵部，周德清《中原音韵》分为19部，其中真文合为一部，与晚唐相同。而支脂之在《中原音韵》里为二：精照两系开口字，与日母开口字，知系二等字及部分入声字，合成支思部；支脂之韵的精照两系合口字、与日母合口字、知系喉牙唇音字、齐微灰祭废韵字、泰韵合口字部分入声字，合成齐微部。卓从之《中州音韵》所用的反切也反映出这种分化：支思部中“雌$_{\text{支}}$增思$_{\text{之}}$切”“脂争时$_{\text{之}}$切”等；齐微韵中“稽$_{\text{齐}}$经移$_{\text{支}}$切”，“机$_{\text{微}}$经移$_{\text{支}}$切”，“灰$_{\text{灰}}$呼归$_{\text{微}}$切”等。元人杂剧的用韵亦如是，如《诗品·缜密》韵脚“时$_{\text{照系禅母开口}}$”在元代属支思部，在关汉卿《蝴蝶梦》第一折中与“紫尸私死事肢纸”相押；其余的“奇晞知迟痴”等字属齐微部，如“知$_{\text{知系开口三等}}$”在王实甫《西厢记》第四本第三折《小梁州》中与“垂$_{\text{支(合)}}$低$_{\text{齐}}$衣$_{\text{微}}$”相押。

---

① 徐朝东.从用韵再论《二十四诗品》的产生时代与作者——代答张柏青教授[J].古籍研究，2002(2):94-97.

《再论》说："但是在实际用韵中，支思韵像'意、你、庇、耻、基'，与齐微韵，尤其是齐微的开口细音字，经常混押。"[①]徐文把"意、你、庇、耻、基"五字归入支思韵，不知何本？我们检查，周德清《中原音韵》(《四库全书》第1496分册第665-667页)"齐微"下：阴声(平)有"基"字，上声有"耻""你"二字，去声有"意""庇"二字。王力主编《古代汉语》第四册《曲韵常用字表》亦如是。从卓从之《中州音韵》这五个字的反切看，亦不属支思部。如"基经移切""你宁已切""耻敕里切""庇邦谜切""意应计切"。其五字声纽，分别是牙音见母("基")、喉音影母("意")、端系泥母("你")、唇音帮母("庇")、知系三等彻母("耻")，皆不属于精照系和知系二等，故不可能使韵母变为支思韵。考察元人杂剧用韵也是齐微、支思不混押。如："你"字在乔孟符《鸳鸯被》第四折里，与"衣微、席昔(清韵入声韵，在曲韵里变为齐微韵阴平)、提齐、被纸(支韵上声)、蹊齐"相押。

从上述可见，真文、支脂之微分别合为一韵应当是晚唐诗文用韵的一个显著特点。至于徐文引用王力《汉语诗律学》中"古体诗押通韵"来解释，也是说不通的。王力《汉语诗律学·古体诗的用韵》"押通韵""支"部下括号内说："(唐代)平声支微极少通韵；上去声因字较少，故通韵处较多。"据我们不完全统计，晚唐平声韵支脂之微通押合计：古体诗共25例，文21例，近体诗共12例，为数不是"极少"，而是较多；又，真(欣)文通押合计：古体诗9例，文6例，近体诗12例。二者通押的总数均符合"例不十，不立法"的规定。下面从汉语语音史来鉴定。

四

徐先生用力甚勤，纵向考察了先秦至明清诗文用韵中真与文、微与支脂之的分合情况，据以得出结论说："总的看来，确实很难确定，支微、真文便是某个时代或者是某个人的用韵特征。"我们则不然，却能从徐文所引的诗韵中看出它所具有的时代特征。隋以前的历代诗韵，可以存而不论，这正如徐文所说，上古音的韵部不等于《广韵》的韵部，韵字的归属也不一致。因此，我们不妨从刘宋时期切入，看哪个时代诗韵既有真与文通押，又有微与支脂之通押，且与当时的反切音相合，

① 徐朝东.从用韵再论《二十四诗品》的产生时代与作者——代答张柏青教授[J].古籍研究，2002(2)：94-97.

跟其时某个诗人用韵相同。

徐文说:“齐、梁、陈、隋的情况,基本沿用(刘宋时期)脂微合用、真文分用的习惯。”再看徐文所举“例外”中“真文”同用例,也只有虞世南、侯夫人等(其他则是“魂、文、真”同押);而这几人诗韵中都未见有“微与支脂之”同用一例。可见不合这个时期文人用韵的特点。详审徐文所举的初唐诗韵,连用韵较宽的寒山,也找不到纯粹真文通押例(只有真文魂痕通押例),至于其他的诗人用韵,更是参差不齐,如陈子昂有“真文”通押,而无“微与脂之”通押(有支微通押)。中唐时期亦然,鲍明炜教授在《唐代诗文韵部研究·初唐韵系与隋及中唐韵系比较》说:中唐古体诗有支脂之微同用,真谆臻文殷魂同用;近体诗支脂之同用,微独用(按有个别脂之微同用,无支与微同用);真谆殷同用,文独用。徐文也认为是这样。再者,陆德明《经典释文》反切,也无真与文、微与支脂之互切的例字。由此可见,刘宋至中唐的诗人用韵,都不兼具真与文、微与支脂通押的韵例。

晚唐时期诗文用韵,除了我们在上面列举的诗韵数据,徐文也说晚唐关中地区文人诗文用韵、敦煌曲子词与变文的用韵,都是支微(按:含脂之)为一部、真文为一部。储泰松博士论文《唐五代关中方音研究》有精确统计:微与支脂之通押的古体诗22例,文19例,近体诗5例;微与支之通押的古体诗4例,文2例,近体诗42例;微与脂之通押的古体诗8例、文8例、近体诗1例、词1例;支微通押的古体诗5例,文2例,近体诗14例,词3例;脂微通押的古体诗5例,文3例,近体诗5例,词1例;之微通押的古体诗4例,文8例,近体诗9例;真文通押的古体诗7例,文5例,近体诗9例,词1例,诔1例。

下面着重研讨徐文所说宋、元时期的支微合韵、真文合韵,看“名”与“实”是否相符。

徐文说:“宋时的情况,也是如此(按:指支微为一部、真文为一部)。宋代福建、江浙、江西、山东地区文人诗词文韵系中,支微为一部,真文为一部。宋时著名的理学大师朱熹(江西婺源人)的《诗集传》的叶音中,平声支、脂、之、微、齐同用,真、谆、臻、欣(即殷)、文(喉牙音)同用。”[①]徐文征引的几位南大博士论文,我们无法见到,可以存而

① 徐朝东.从用韵再论《二十四诗品》的产生时代与作者——代答张柏青教授[J].古籍研究,2002(2):94-97.

不论，但就其所说江西婺源人朱熹《诗集传》叶音中的“平声支、脂、之、微、齐同用，真、文（喉牙音）同用”，亦与晚唐的支脂之微同用、真文同用有微殊。先说“齐”与“支脂之微”的分、合问题。王力《汉语诗律学·古体诗的用韵（中）——通韵》第五部“齐部”下括号内说，齐韵偶然与微佳灰通，但绝对不与支韵通。又说，依盛唐的规矩不能相通，而晚唐以后偶有例外者：1.支韵不与齐韵通。因此，王力《汉语语音史·晚唐—五代的韵部》中名之为“脂微”部（另有“齐稽”部）。而到了宋代，齐祭废并入脂微，合成支齐部，这就是说，蟹摄三四等字转入止摄去了。朱熹《诗集传》反切叶音中有此反切例，如：湝，叶贤鸡齐反，韵悲脂；阶，叶居奚齐反，韵几微；回，叶乎为支反，韵喈（叶居奚齐反）。宋词用韵亦有此例，如辛弃疾《木兰花慢·席上送张仲固帅兴元》韵脚：非微、归微、衣微、肥微、师脂、西齐、旗之、飞微、围微。可见朱熹的反切中的齐与支脂之微同用，不同于晚唐的“支脂之微通押”。再看真文同用问题。晚唐诗韵中，与真韵通押的文韵，不限于喉牙音字。到了宋代，则仅限于文韵的喉牙音字，朱熹反切叶音如：奔，叶逋珉真反，韵君文（牙音见母）；门，叶眉贫真反，韵云文（喉音喻三）；宋词用韵亦有此例，如苏轼《浣溪沙·徐门石潭谢雨道上作》“新真尘真薰文（喉音晓母）人真”。王力《汉语语音史·宋代的韵部》名之“真群部”。另外，文韵轻唇音字与痕、魂韵字相押、王力名之“闻魂部”。他在《（宋代）韵部的分合与转移》中说，文韵分化为二：唇音字并入痕魂，合成闻魂部；喉牙（音）字并入真谆，合成真群部。可见朱熹《诗集传》叶音中，“真、文（喉牙音）同用”，范围小于晚唐的“真文通押”。基于以上所述，《诗品·缜密》韵脚“知、奇、晞、迟、痴、时”，与朱熹的“支、脂、之、微、齐同用”不合；《诗品·飘逸》韵脚“群文（牙音群母）、云文（喉音喻三）、缊文（喉音影母，於云切）、垠真（《切韵》殷韵，唐代并入真韵）、闻文（轻唇音微母）、分（轻唇者非母）”，与朱熹的“真、文（喉牙音）同用”有别。切不可比而同之。

元朝文人用韵，真文皆合为一部，而支脂之微则分为支思、齐微两部，徐先生也认为如是，他说：“金元时的著名词人元好问的词韵、近体诗韵、曲韵中，支微都是分为支思、机（齐）微的。尔后的白朴、张可久、张翥的词韵（包括白朴的曲韵）用韵也是如此。”又说：“蒙元时期，杂剧作为一种新兴的文学形式，它的用韵可能比较接近实际口语。此时期大都的曲家包括关汉卿、马致远、王实甫、王仲文等14人，他们的杂剧用韵系统中，真文为一部，没有改变；支微分为支思、齐微两部。但是在实际用韵中，支思韵像‘意、你、庇、耻、基’，与齐微韵，尤其是齐微开口细音字，经常混押。”徐文把“意、你、庇、耻、基”归入支思韵，我们已在前面作了辨正，当属齐微韵。可见这个历史时期的支微分为支思、齐微两部是确凿的，毋庸置疑。至于徐文说：“像蔡松年、李俊明、刘敏中、蒋捷、虞集等人词韵中，支微合为一部”，我们认为词韵与诗韵有所不同，宜作具体分析，要看它在宋代到元代历史沿革中所占的比重，探明其韵部演化的规律，并与金元、蒙元时期的元好问、白朴、关汉卿等18人的用韵作具体的比较，从而作出科学的解说。不过我们认为在金元到蒙元的韵部系统中，不会影响支脂之微分化为支思、齐微的总趋势。

从韵书的分韵来看，元周德清《中原音韵》、明兰茂《韵略易通》都是真文合一，支微分为支思（支辞）、齐微（西微）两部，这与《诗品·缜密》支脂之微合韵明显不同。如其中韵脚“时”（照系禅母）字，属《中原音韵》支思部，在张可久《仙吕·太常引》中与“脂脂、诗之、施支、丝之、词之”相押；而“知”（知系知母开三）字，属《中原音韵》齐微部，在王实甫《西厢记》第四本第三折《小梁州》中与“垂支(合)、低齐、衣微”相押。至于徐文提出明乐韶凤、宋濂等编撰的《洪武正韵》中“真文不仅为一部，支微亦为一部”，我们赞同今人皆以为此书有“存古”性质的说法。据罗常培先生考证，十四世纪前后北方有两种并行的读音系统：一个是代表官话的，一个是代表方言的；也可以说一个是读书音，一个是说话音。赵诚在《中国古代韵书》说，《正韵》正好属于代表官话的那个系统。……一般说来，官话音的因袭性、保守性要大一些，而且人工色彩也较重，所以还保存了一些旧有的东西，这就和《中原音韵》所反映的语音有一定距离。可见《洪武正韵》的支微合一、真文合一，不能否定元代及明初的支微韵中分化为支思、齐微两部。

明清时期的韵部系统，王力《汉语语音史》参照明万历年间徐孝《等韵图经》和刊于《康熙字典》卷首《字母切韵要法》而分为15部，其中的“人辰”部是由《广韵》痕、魂、文、真、侵合并而成，明显比晚唐的真文合韵范围大得多；又，其中的“支思”部是由《切韵》支脂之韵开口的精系、知照系开口的支脂之祭质昔职缉和日母的开口支脂之韵合成，“衣期”部则由《切韵》支脂之微齐祭废质昔职缉的齐齿等韵字组成，这也与晚唐支脂之微合韵迥异。因此，徐先生把“子弟书”用韵中的“人辰辙”等同于“真文韵”，把“齐微韵的一些细音字读同于支思韵（衣期辙）字”，从而否定晚唐两部分用，是不甚精当的，不能证明晚唐的“真文合韵”“支脂之微合韵”与此书中分韵完全相同。

综上所述，“真文合韵”与“支脂之微合韵”，是晚唐诗韵的一大特征，它明显不同于隋、初唐、中唐、宋、元、明、清的诗文用韵，不同于元代虞集诗韵，而是司空图诗文用韵的一个显著特点。世传及今人考证《二十四诗品》系司空图所作，从用韵上可以得到印证。这不仅仅是两则特殊用韵完全相合，而且《诗品》146个韵字见于司空图诗文韵脚的有113个。此外，其四言韵文在司空图文中亦有16篇。

附带说明，拙作《从〈二十四诗品〉用韵看它的产生时代与作者》用《切韵》韵目，只是考虑历史顺序（因《广韵》成书于宋代），并参照王力先生《汉语语音史》（全书多用《切韵》韵目统摄韵字）。拙文还用了“平水韵”韵目与《切韵》韵目对照，旨在执简驭繁，别无他意。谨此敬答徐先生所问：“不知用意何在？”

［原载《古籍研究》2003年第1期，题为《再从〈二十四诗品〉用韵看它的产生时代与作者》］

《二十四诗品》用韵的时代特征与个性特征

——司空图著《诗品》的佐证

中国古代诗歌理论名著《二十四诗品》(以下简称《诗品》),旧署晚唐诗人司空图撰,然而20世纪90年代以来,国内外有论者认为它是后人伪托。1992年,美国哈佛大学宇文所安在其所著《中国文论:英译与评论》第六章《司空图〈二十四诗品〉》中说:"《二十四诗品》可能真的是一部伪作。"①1994年以后,国内有学者相继提出新说,或谓《二十四诗品》的真正作者应为明代景泰间嘉禾人怀悦②,或谓《二十四诗品》的作者有可能是元代虞集③。有人甚至提出中国文学史要重写云云。

上述"新说"引起国内外学者极大关注,引发持久争论。余恕诚先生等新近考察唐宋史籍,见有一首诗称为"一韵"等例,如:宋陈止良《再用〈喜雪〉〈除夕〉二韵寄宗简》,唐李肇《国史补》卷上:"(郭暧)盛集文士,即席赋诗……(李)端曰:'愿赋一韵。'"等,谓"苏东坡称司空图《二十四诗品》为'二十四韵'是可能的"④。鉴于《诗品》是24首四言组诗,笔者曾分析其用韵特点旁证《诗品》为司空图所著。但有论者说:"诗文的用韵只是一种没有必然规律的东西","确实很难确定,支微、真文便是某个时代或某个人的用韵特征"⑤。为此,我们

① 宇文所安.中国文论:英译与评论[J].王柏华,陶庆梅译.上海:上海社会科学院出版社,2003:393.宇文所安的新说,早在1997年春由南京某大学一位访美学者函告沪宁学界友人,详见《文汇读书周报》1997年5月24日陈引驰《方志彤、宇文所安与〈诗品〉辨伪》。

② 陈尚君、汪涌豪《司空图〈二十四诗品〉辨伪》,1994年秋在中国唐代文学研究会上宣读,1995年3月16日上海《文汇报》(第八版)之《〈二十四诗品〉作者是明代怀悦》,1996年《寻根》杂志刊登《〈二十四诗品〉不是司空图所作》,1996年《中国古籍研究》刊发《司空图〈二十四诗品〉辨伪》全文,并收入《唐代文学丛考》。

③ 张健.《诗家一指》的产生时代与作者——兼论《二十四诗品》作者问题[J].北京大学学报:哲学社会科学版,1995(5):34-44.

④ 徐礼节,余恕诚.一首诗可称为"一韵"——苏轼所谓"二十四韵"是否可指《二十四诗品》[N].光明日报,2006-09-29(7).

⑤ 徐朝东.从用韵再论《二十四诗品》的产生时代与作者[J].古籍研究,2002(2):94-97.

重新审视《诗品》用韵，并横向、纵向比较相关诗韵，认定《二十四诗品》中“东”“屋”独用，“冬锺”同用等，是其个性特征；“真(欣)文”通押、“支脂之微”通押，是其时代特征。现详加考论，并引录古代文献中述及司空图撰《二十四诗品》的资料来印证。不妥之处，祈请指正。

一、《诗品》二十四首诗用韵的两个系统

《二十四诗品》是二十四首四言组诗，共146个韵脚(其中有两则首句以本韵字入韵:《劲健》诗首句韵脚“空”、《委曲》诗首句韵脚“行”，未列下谱)，为便于分析其用韵所属的系统，及其用韵特征，先将《二十四诗品》的24首诗韵脚按《广韵》韵目排列如下(标“.”“。”“▵”表明其隶属关系)：

东韵　《雄浑》充、雄、空、风、中、穷
　　　《劲健》虹、风、中、雄、同、终
侵韵　《绮丽》金、深、林、阴、琴、襟
　　　《实境》深、心、阴、琴、寻、音
微韵　《冲淡》微、飞、衣、归、稀、违
　　　《超诣》微、归、非、违、晖、稀
屋韵　《典雅》屋、竹、逐、瀑、菊、读
真韵　《洗炼》银、磷、神、真、人、身
真谆　《纤秾》春、人、滨、邻、真、新
　　　《自然》邻、春、新、贫、苹、钧
　　　《形容》真、春、神、峋、尘、人
冬锺　《高古》蓉、踪、从、锺、封、宗
阳唐　《豪放》荒、狂、苍、旁、凰、桑
　　　《委曲》肠、香、羌、藏、翔、方
庚清　《沉着》清、声、行、生、明、横
灰咍　《悲慨》摧、来、灰、才、哀、苔
　　　《精神》来、胎、台、杯、灰、裁
虞模　《流动》珠、愚、枢、符、无、乎
尤侯　《含蓄》流、忧、浮、秋、沤、收

尤幽　《清奇》流、舟、幽、悠、收、秋

歌戈　《旷达》何、多、萝、过、歌、峨

支之　《疏野》羁、期、诗、时、为、之

真(欣)文　《飘逸》群、云、缊、垠、闻、分

支脂之微　《缜密》知、奇、晞、迟、痴、时

从上面的韵谱可见,《二十四诗品》用韵方式可分为3类:(1)独用。如东韵(《雄浑》《劲健》)、屋韵(《典雅》)、侵韵(《绮丽》《实境》)、微韵(《冲淡》《超诣》)。(2)同用。如冬锺(《高古》)、阳唐(《豪放》《委曲》)、庚清(《沉着》)、真谆(《纤秾》《自然》《形容》)、灰咍(《悲慨》《精神》)、虞模(《流动》)、尤侯(《含蓄》)、尤幽(《清奇》)、歌戈(《旷达》)、支之(《疏野》)。(3)通押。如"真(欣)文"(《飘逸》,依明、元本《广韵》欣、文独用。按"垠"字有"语巾切",真韵;"语斤切",欣韵[①])、支脂之微(《缜密》)。上述独用的4韵、同用的9部,王力先生说:"同用的两韵或三韵,实际上是同一韵部。"[②]上面尤侯、尤幽系联为一部,皆合《广韵》韵目下所注的用韵规定;而两则通押则超出"同用"范围。

细析上述三种用韵方式,按《广韵》韵目下所注用韵"条例"分为两个系统:(1)两则"通押",与近体诗不规范用韵悉同,系当时实际语音韵系;(2)"独用""同用"韵与唐宋近体诗规范押韵相同,属文学语言用韵系统。鲍明炜先生说过,唐诗古近体用韵不同,古体诗押韵是自由的,诗人按照一般的用韵规范(按:指"独用""同用"规定)押韵,基本上反映当时文学语言的韵母系统(按:其中的"韵母"疑是"韵部"之误)。据此,唐宋古体诗用韵悉合唐宋诗韵的"独用""同用",与近体诗的规范用韵为同一系统,属唐宋文学语言的韵部系统。"同用"的产生与沿用亦可证明。唐代封演《封氏闻见记·声韵》云:"隋朝陆法言与颜、魏诸公定南北音,撰为《切韵》,凡一万二千一百五十八字,以为文楷式;而'先''仙''删''山'之类分为别韵,属文之士共苦其苛细。国初,许敬宗等详议,以其韵窄,奏合而用之,法言所谓'欲广文路,自可清浊皆通'者也。"其后遂作为唐宋科举属文赋诗之用韵准则,代表这个历史时期的文学语言的韵部系统,其中有些与当时实际语音相合,如《诗

① 陈复华,何九盈.古韵通晓[M].北京:中国社会科学出版社,1987:312.

② 王力.汉语语音史[M].北京:中国社会科学出版社,1985:215.

品》中“尤侯幽”“歌戈”；有些则有距离，如“东”“屋”“冬锺”等。辨明了《二十四诗品》用韵的两个系统，即可分别进行比较，考察其用韵的时代特征与个性特征。

二、《诗品》中的“独用”“同用”韵

“独用”“同用”原本是对科举试诗赋的用韵规定，进而用于近体诗的制作。史载科举试诗赋始于唐天宝年间。《册府元龟》卷六四〇《贡举部》云：天宝十三载(754)十月（按：《唐会要》作十月一日），御含元殿（按：《杨绾传》作“勤政楼”），亲试博通坟典、洞晓玄经、词藻宏丽、军谋出众等举人。命有司供食，既暮而罢。其词藻宏丽问策外，更试诗赋各一首。制举试诗赋，自此始也。检古文献，此前已有官定韵书。史载开元二十年(732)孙愐增益《切韵》而成《唐韵》，天宝十载(751)又复重定。宋许观《东斋记事·礼部韵》云：至孙愐集为《唐韵》，诸书遂废。《唐韵》成为当时唯一的官韵。此书分为204韵(比《切韵》多出“谆、桓、戈、准、缓、果、稕、换、过、术、末”11韵，比《广韵》少“俨、酽”二韵)，悉具《广韵》“同用”之韵部，推知其中当有可以“合而用之”之韵，虽然史无记载，但杜甫近体诗已有众多悉合宋代《广韵》的“同用”韵例可证，如：“阳唐”“庚耕清”“蒸登”“灰咍”“尤侯幽”“元魂痕”“歌戈”“寒桓”“先仙”“删山”“萧宵”“覃谈”“盐添”，皆不与他韵混用。当然，政府功令是限定试帖诗的用韵，王力先生说：“科场中，诗出了韵(又称‘落韵’)，无论诗意怎样高超，只好算是不及格。”至于文人吟咏情性、酬唱往来的近体诗用韵，相对可以自由些。下面，将《二十四诗品》中7部“同用”韵（除去“歌戈”皆相同）与杜甫、苏轼等人近体诗用韵进行比较，考察其用韵的个性特征。

从下页表1可看到，《二十四诗品》中的“同用”7部，司空图近体诗有6部与之尽合，仅“庚清”部有2例出韵；而其他诗人的近体诗用韵与《二十四诗品》出入较多：初唐有5部，杜诗有4部，白诗有4部，苏轼诗有6部，杨万里诗有7部。其中最值得注意的是“冬锺”部。与《诗品》“冬锺”同用相合的只有司空图的近体诗：七言《率题》“宦路前衔闲不记，醉乡佳境兴方浓。一林高竹长遮日，四壁寒山更闰冬”（光启三年闰十一月）。

表1 《二十四诗品》“同用”韵与杜甫、苏轼等近体诗用韵比较①

	冬锺1	阳唐2	庚清1	真谆3	虞模1	灰咍2	尤侯1·尤幽1
初唐百余诗人，近体诗两千余首	1(另有东锺3，东冬1)	97	115(另有庚清青1，庚青2)	129(另有真谆清1)	22(另有鱼虞1，鱼虞模1)	180	55·12(尤侯幽12)
盛唐杜甫近体诗七百余首	1(另有东冬1)	58	61	48(另有真谆臻欣3)	26(另有鱼虞2，鱼虞模1)	51	49·3(尤侯幽5)
中唐白居易近体诗一千六百余首	未见(只有东锺1)	69(另有阳唐漾4，阳漾5)	117	145(另有真欣4，真谆欣6)	59	112	78·3(尤侯幽6)
晚唐司空图近体诗三百七十余首	1	11	16(另有庚青1，耕侵1)	16	4	12	6·3
北宋苏轼近体诗一千五百余首	2(另有东冬2，东锺2)	94	59(另有庚清青1)	81(另有真欣1，真谆欣1，真谆文魂1)	26(另有鱼虞12，鱼模6，鱼虞模12)	65(另有灰咍皆2，咍皆1)	48·4(尤侯幽4)
南宋杨万里近体诗三千五百余首	2(另有东锺30，东冬5)	181(另有阳唐江1，阳江1，唐江1)	203(另有庚清真18，庚清蒸5)	106(另有真谆文2，真谆欣1，真谆魂1)	40(另有鱼虞模25，鱼虞11，鱼模5)	194(另有佳灰咍2)	97·5(尤侯幽7)

通检司空图近体诗，未见一例“东锺”或“东冬”混押。《二十四诗品》中“东”“屋”独用，司空图近体诗分别有12例、2例（详后），而表1中其他诗人的近体诗虽或有“冬锺”同用一、二例，但同时也都有“东冬”或“东锺”混押。至于其他的诗人，如盛唐孟浩然有2例：《田家元日》“东、农冬、童、丰”，《洛中送奚三还扬州》“风、中、同、逢锺”；中唐元稹有1例：《行宫》“宫、宗冬”。晚唐李商隐用韵比较规范，其近体诗亦有“东锺”混押3例：《少年》“（锺、）封锺、中、丛、蓬”，（加括号系首句入韵，下同）《无题》（“凤尾香罗薄几重”）“（重、）缝锺、通、红、风”，《垂柳》“（中、）东、风、松锺、空”；又，皮日休1例：《天门夕照》“（空、）舂锺、红、鸿、中”；崔道融1例：《铜雀妓二首》（其一）“风、慵锺”。这种现象，晚唐李涪早就指出过，他在《刊误》中批评《切韵》说：“何须东冬中终妄别声律！”王力《汉语语音史·晚唐—五代的韵部》将“东冬锺”合为一部。我们通检贾岛、杜牧、温庭筠的全部诗作，其近体诗东、锺独用分别是：贾岛东韵17例、锺韵9例，温庭筠东韵19例、锺韵7例，杜牧东韵27例、锺韵4例（另有

① 本表统计数据，分别见鲍明炜《唐代诗文韵部研究》《白居易元稹诗的韵系》，张世禄《杜甫与诗韵》，唐作藩《苏轼诗韵考》，杜爱英《杨万里诗韵考》。司空图的诗韵系笔者统计。

冬韵与江韵、唐韵通押1例:《秋晚早发新定》“缸、江、降、淙”)。此类皆无“冬锺”同用,与《诗品》用韵亦不吻合。另外,《广韵》规定“尤侯幽”同用,但《诗品》中只有“尤侯”同用、“尤幽”同用,无一例“尤侯幽”同用;与此悉同者仅司空图近体诗用韵。而表1中其他诗人近体诗用韵,既有“尤侯”同用、“尤幽”同用,也都有“尤侯幽”同用,这与《诗品》用韵亦不尽合。由此可见,《诗品》中“东”“屋”独用,“冬锺”同用与司空图近体诗的用韵有相同的特征,这无疑是其用韵的个性的反映。

三、《诗品》中“真(欣)文”通押等的时代特征

国内外语言学家普遍认为,古诗文用韵在一定程度上反映实际语音。瑞典语言学家费尔迪南·德·索绪尔,在其所著《普通语言学教程》第七章“音位学”中说:“诗歌是认识发音的宝贵文献:诗法的体系有的以音节的数目为基础,有的以音量或语音的相同(头韵,半韵,韵脚)为基础,这些不朽的作品可以给我们许多关于这方面的知识。……要知道a,i和u的音量,就只好去请教诗人。”周祖谟先生也说过,文人赋诗抒发情性,用韵毋庸与韵书尽合。《二十四诗品》这部24首大型组诗的用韵,自然也不例外,其中或多或少地反映某个时代的用韵特征。

如前所述,《诗品》中《缜密》支脂之微通押、《飘逸》真(欣)文通押,与《广韵》规定“同用”的条例不合。检明、元校本《广韵》,皆文、欣(《切韵》为“殷”,《广韵》因避宋宣祖名弘殷之讳而改为“欣”)独用(清顾炎武、段玉裁考定杜甫诗欣韵已并入真韵),这无疑是当时实际语音的反映。又,微韵与“支脂之”通押,多见于晚唐古、近体诗韵,宋代则与“支脂之齐”四韵合流。下面,对此作一具体阐释,并从汉语语音史来定位。

(一)支、脂、之、微四韵通押。细察《二十四诗品·缜密》韵脚的声韵地位:“知知母支韵开口三等、奇群母支韵开口三等、晞晓母微韵开口三等、迟澄母脂韵开口三等、痴彻母之韵开口三等、时禅母之韵开口三等”,又《疏野》韵脚的声韵地位:“羁见母支韵开口三等、期群母之韵开口三等、诗书母之韵开口三等、时禅母之韵开口三等、为喻母支韵合口三等、之章母之韵开口三等”,其中支脂之三韵11字,无一精组字(即今声母为[ts]、[ts‘]等舌尖音的字),表明其精组字已独立成“资思”韵;结合《二十四诗品·飘逸》“真(欣)文”通押只见于

晚唐近体诗来考虑(详后),这当是晚唐实际语音的反映。王力先生《汉语语音史·(晚唐—五代)韵部的分合和转移》说:“资思是(晚唐)一个新兴的韵部。朱翱反切一律用齿头字(按:即精组字)切齿头字,说明了这个新情况。”又在《韵部音值的拟测》中说:“《切韵指掌图》把‘兹雌慈思词’‘紫此死兕’‘恣载自笥寺’列在一等,反映了这种情况。《切韵指南》把‘兹雌慈思词’‘姊此鲎枲似’‘恣次自四寺’列在一等,并在字旁加圈,也反映了这种情况。”此其一。其次,《诗品·缜密》支、脂、之、微四韵通押,晚唐古近体诗里皆见有。我们通检《全唐诗》本第19分册(中华书局1960年版)和司空图《一鸣集》中28篇有韵之文,古诗文有此四韵通押的平声韵6例:司空图《冯燕歌》“飞微、追脂、衣微”等,李咸用《读睦修上人歌篇》“机微、髓支”,聂夷中《古别离》“衣微、处、迟脂、去”(交韵诗,处、去皆御韵),司空图《卢公神道碑》“疑之、饥微、咨脂”,《释怨》赋“期之、追脂、随支、姬之、夷脂、飞微、悲脂、遗脂”,“违微、移支、亏支、眉脂、悲脂”;近体诗有6例:罗隐《冬暮寄裴郎中》“悲脂、迟脂、谁脂、祈微”,罗邺《东归》“(归微、)危支、肥微”,曹唐《小游仙诗九十八首》(其八十九)“稀微、诗之”,来鹄《鹦鹉》“奇支、飞微”,方干《谢王大夫奏表》“移支、支支、肥微、期之”,罗虬《比红儿诗》(其二十一)“儿支、帏微”。另,杜牧《题木兰庙》“(儿支、)眉脂、妃微”;刘得仁《寄春坊顾校》“宜支、时之、移支、违微”。储泰松《唐五代关中方音研究》统计:支脂之微通押的古体诗22例,韵文19例,近体诗5例;近体诗中另有支微4、脂微7、支脂微4、支微14、之微4、脂微5(其中多见于晚唐)。晚唐这些不合韵书规定的近体诗韵,应是当时实际语音的反映。最值得重视的,还有晚唐视“龟脂”“归微”同音字避家讳1例。宋洪迈《容斋续笔》卷十一《唐人避讳》条云:“唐人避家讳甚严(按指晚唐人避家讳还包括当时实际读音相同而韵部本异的字)……《语林》载崔殷梦知举,吏部尚书归仁晦托弟仁泽,殷梦唯唯而已。无何,仁晦复诣托之,至于三四。殷梦敛色端笏曰:‘某见进表让此官矣!’仁晦始悟己姓,殷梦讳也。按《宰相世系表》,其父名龟从……父名龟从,子不列姓归人于科籍。”史载,崔殷梦系晚唐人,曾在咸通年间为官,他视“龟脂”“归微”为同音字(声母皆见纽),正反映其时“官”话中脂、微二韵合流。这正合王力先生依据晚唐诗歌用韵、反切读音的分部:“支脂之”中的精系字为“资思”部,其余的与“微”韵合成“脂微”部。到宋代,则又衍变而分化为支齐、资思二部(详后)。

（二）真(欣)、文通押。细察《二十四诗品·飘逸》韵脚的声韵：群$_{\text{牙音群母文韵}}$、云$_{\text{喉音喻母文韵}}$、缊$_{\text{喉音影母文韵}}$、垠$_{\text{牙音疑母欣韵或真韵}}$、闻$_{\text{唇音明母文韵}}$、分$_{\text{唇音帮母文韵}}$，其中文韵字的声母发音部位分别属于牙、喉、唇音。这种文韵字与真或欣韵字通押，在中唐及其以前的初唐盛唐、其后的宋元明清的近体诗中极罕见，而晚唐古、近体诗中比较多。我们通检《全唐诗》本第19分册(晚唐诗一小部分)及司空图《一鸣集》，真欣与文韵通押的古诗文有3例：顾云《池阳醉歌赠匡庐处士姚岩杰》“文、垠$_{\text{欣或真}}$、云”，李咸用《古意论交》“君、云、芬、醺、困$_{\text{真}}$”，司空图《释怨》赋“津$_{\text{真}}$、云、春$_{\text{谆}}$”；近体诗2例：罗隐《寄窦泽处士二首》(其一)“（闻、）云、身$_{\text{真}}$”，郑损《星精亭》“邻$_{\text{真(一作‘群’)}}$、云、闻、人$_{\text{真}}$”；另，杜牧有五言律诗1例：《寄崔钧》“津$_{\text{真}}$、人$_{\text{真}}$、麟$_{\text{真}}$、君”。储泰松《唐五代关中方音研究》统计：真(含欣)文通押的古体诗7例，韵文中有5例，近体诗9例（其中多见于晚唐）。晚唐近体诗韵中这些不合韵书的规定，应是当时实际语音的反映，正合王力先生依据晚唐诗韵、反切读音将“真欣文”合为一部。到宋代则发生了变化。

《二十四诗品》中支脂之微通押与真(欣)文通押同时出现，与王力《汉语语音史·晚唐—五代的韵部》的分部悉合，证明它是晚唐实际语音在诗韵上的反映。但有论者认为，《诗品》24首诗中只有两则特殊用韵，不足以证明其时代特征。这个问题，我们是这样认识的：唯物辩证法认为，各种物质运动形式中的矛盾都带特殊性。这种特殊的矛盾，构成一事物区别于他事物的特殊本质。只有注意了这一点，才有可能区别事物。语音是语言的物质外壳，也处于运动(渐变)之中，亦当带有特殊的矛盾，表现在诗歌中就是不同时期的少数特殊用韵(在实际口头语言中较多)。对此，李荣《庾信诗文用韵研究》说：“无论一韵独用或者几韵合用，我们在考虑次数的时候，尤其是在次数不多的场合，还要同时考虑每一次用韵的字数，这样才能充分了解次数的意义。独用是每次用韵字数越多，意义越大；合用是每次用韵字数越少，意义越大。”[①]并以庾信《和张侍中述怀》诗为例说明：全诗共有60句30韵，中间“药韵”仅有“药、缴、鹊”三字，跟8个觉韵字、19个铎韵字相押，也算“药觉铎”合韵一次。张世禄先生《杜甫与诗韵》也如是归纳。

① 李荣．音韵存稿[M]．北京：商务印书馆，1982：234.

如杜甫《夏日叹》中只有齐韵一个“泥”字与佳哈二韵的字相押,《佳人》中觉韵一个“浊”字与屋、烛二韵的字相押,《两当县吴十侍御江上宅》中职韵一个“黑”字、德韵一个“息”字与陌、麦、昔、锡四韵的字相押,张先生皆将数韵分别合为一类,并据以判定杜甫古体诗用韵反映唐代长安音。以此类推,《二十四诗品》中两则古体诗通押韵亦当分别归为一类,毋庸置疑。至于这两则通押是否反映晚唐诗韵的特征,还得考察微韵与支脂之韵、欣韵与真韵及文韵的分合历史来确定。

虽然隋唐宋元诗人用韵有韵书可遵循,但其用韵并非韵书的翻版。周祖谟先生说过,语音随时转移,迭有更变,文人抒写情性,发为歌咏,不一定与韵书尽合。下面简述隋唐宋元历代欣、真、文、支、脂、之、微等韵的分合概况。

隋代诗文用韵情况,李荣《隋韵谱》(止摄)说:“支部、微部都以独用为主,和他部同用的例不多。脂部和之部的关系密切,两部同用的例几乎和分别独用的例一样多。三部通用的例是个别的。”[①]据其所作的韵谱统计:支29例,微50例,支脂同用3例,支之同用5例,脂之同用21例,支脂微同用1例,支之微同用1例(后二例皆见于阙名的墓志韵文)。李荣又在同篇“臻摄”中说,殷(欣)文两部一类,真谆臻三部一类;“殷”跟着“文”走。据其所作的韵谱统计,文30例,真27例,文殷(欣)同用3例,真殷(欣)同用2例。可见这个时期支韵与微韵距离较远;欣韵似游离于真韵、文韵之间,接近文韵。

初唐时期诗文用韵,鲍明炜先生《唐代诗文韵部研究》(仅有初唐部分)有全面考察。他说:“止摄古体诗支、脂、之、微四部同用,但支与脂之间,支与微之间都有界限。”[②]据其所作韵谱统计:古体诗支脂之微同用3例,支脂微同用2例,支之微同用6例,脂之微同用9例,支微同用10例,脂微同用10例,之微同用12例;近体诗支脂之同用3例,支之同用3例,支微、脂微、之微各1例(似是混入诗人的方音)。又在臻摄韵例中说:“文以独用为主,殷(欣)韵与文韵关系并不密切。戴震考定文、殷两部分别独用是对的。”[③]据其所作的韵谱统计:古诗文中有文韵独用107例,真谆文欣魂同用16例,真谆文欣山同用1例,真谆文欣元

① 李荣.音韵存稿[M].北京:商务印书馆,1982:149.

② 鲍明炜.唐代诗文韵部研究[M].南京:江苏古籍出版社,1990:45.

③ 鲍明炜.唐代诗文韵部研究[M].南京:江苏古籍出版社,1990:150.

同用1例(后三例皆见于碑、墓铭文);古体诗真谆欣同用4例,真欣同用4例,真臻欣同用1例,未见有文欣同用;近体诗有文韵独用54例,真谆同用129例(未见欣韵字入韵)。可见初唐诗韵微韵向支脂之靠拢,欣韵接近真韵。

盛唐时期,从张世禄先生《杜甫与诗韵》一文可见一斑。古体诗支脂之微同用6例,支脂微同用3例,支之微同用1例,支之微齐同用1例;近体诗微韵独用48例,支脂之同用3例,脂之同用38例;另,古体诗真谆欣同用4例,真文同用1例,文韵独用6例;近体诗真谆臻欣同用3例,文韵独用34例。张先生指出,杜甫古体诗中同用是由于实际方音上的混同,诗韵里反映着当时的长安音。可见盛唐诗韵,真欣合流,与文韵接近;微韵接近"支脂之"韵。

至于中唐时期,鲍明炜先生《白居易元稹诗的韵系》说,止摄各韵,古体诗用韵是通押的,较《广韵》规定为宽。近体诗微部出现六十九次,只一次支、微通押。近体诗支、脂、之同用,微独用,与《广韵》规定相同。据统计,元白的古体诗支脂之微通押42例;近体诗支微通押1例,"至志未"1例。另,古体诗真谆欣文痕魂通押8例;近体诗真谆欣同用10例,文独用65例(未见"真欣文"通押)。我们抽查盛唐中唐近体诗,有少数支微通押、真文通押,如中唐贾岛《题兴化寺园亭》"(池、)薇、知",盛唐王维《椒园》"人、君"。可见中唐古体诗"支脂之微"始合流,"真欣文"始混同;而近体诗韵始见端倪。到了晚唐,古近体诗韵真欣文、支脂之微才分别真正合而为一,王力《汉语语音史·晚唐—五代的韵部》拟测"脂微"(另立"资思"部)韵值为[i],真(欣)文韵值为[ən]。

宋代诗文用韵,现今研究者多认为支脂之微齐为一部,真谆欣文痕魂为一部(王力先生《汉语语音史》据朱熹《诗集传》等反切读音分为真群、闻魂两部)。我们依据周祖谟先生《宋代汴洛语音考》一文的引例统计:支脂之微齐通押11例(仅计平声韵,下同),真谆欣文痕魂通押6例。唐作藩先生《苏轼诗韵考》考明:古体诗支脂之微齐有合为一部的趋势,真谆文欣痕魂合为一部。唐先生说,齐韵与止摄诸韵通押,这明显地反映了苏轼口语里齐韵与止摄支脂之微已合流。又在其后说,苏诗臻摄古体真谆文欣魂痕可以合为一部。张令吾《范成大诗词赋辞用韵研究》认定其古、近体诗支脂之微齐、真谆文欣痕魂皆分别合为一部。他说,范成大基本上是根据宋代通语押韵的,其用韵反映了当时的实际语音。由此可见,宋代诗文韵部比晚唐进一步简化了。

元代分为金元、蒙元两个阶段。金元时期的古、近体诗中分为支思、齐微两部:支脂之三韵的精、照组开口字,与日母开口字合成支思部;其余的与齐微祭、合口韵废灰泰、入声质职陌昔缉德锡合成齐微部。鲁国尧先生《元遗山诗词曲韵考》说,在元好问近体诗中,支思与机微应分部,分别押韵30次和43次。支思部与其他韵不发生"借""出"关系。元好问的古、近体诗亦是真谆欣文痕魂合为一部。鲁先生指出,古体诗能在一定程度上反映语音现象,近体诗不遵守功令也颇能反映当时的语音状况。

本文开头说过,有论者说《诗品》作者有可能是元代虞集。我们通检虞集《道园学古录》789首诗,未见真欣文通押、支脂之微通押例(首句入韵不计,如《题明皇按舞图》(近体诗)"(云、)频、新",《次韵张蔡国公淡庵青山寺诗》(古体诗)"(期、)违、非、薇微")。新近有人抽查《新编翰林珠玉》,见古体诗《记子昂画》前四句为:"春风动兰叶,庭户光陆离支。言收竹上露,石角挂彩衣微",证明虞集诗韵同《诗品》。而我们认为这是虞集按元代实际语音押韵:"离"是端组来母支韵开口三等字,"衣"是喉音影母微韵字,在元代属齐微韵,这与《二十四诗品·缜密》韵脚"时"(照组禅母之韵开口三等字,按元代韵部归支思韵)与微韵"晞"字相押明显有别,不能证明虞集诗韵同《二十四诗品》。退一步说,即便同《诗品》用韵,也仅此一例而已,岂可据以否定晚唐近体诗十余例"支微"通押?

蒙元时期,《中原音韵》分为19部,真(含谆臻欣痕魂)文合为一部,支脂之微齐仍分为支思、齐微两部。大都的曲艺家关汉卿、王实甫、马致远等14人的用韵皆如是。但有论者说:"但是在实际用韵中,支思韵像'意、你、庇、耻、基',与齐微韵,尤其是齐微韵的开口细音字,经常混押。"不知该论者此说何本?检《中原音韵》,此五字无一见于"支思"韵,而皆见于"齐微"韵下:阴(平)声有"基"字,上声有"耻""你"二字,去声有"意""庇"二字。再从卓从之《中州音韵》的反切读音来看,基,经移切,牙音见母;你,宁已切,端组泥母;耻,昌里切,知系彻母三等(按:元代声类简化,"昌""彻"合流,辨其等第定音值,王力《汉语语音史》(元代音系)第316页注"耻"音上声);意,应计切,喉音影母;庇,邦谜切,唇音帮母。其声母皆不属于精照系或知系二等,不会使其韵母变为支思韵。“意”等五字与齐微韵字相押，在元代是本韵字相押。

从上可见，支、脂、之、微、欣、文等的合并、转移，是随语音的渐变而引起的。其发展的总趋势是由分而合(极少数分化)、由繁而简。隋代：支、脂(之)、微，真、欣、文；初唐至中唐：支脂之同用，接近微韵；真欣同用，与文接近；晚唐至五代：支脂之微同用(支脂之三韵精组字独立为“资思”韵)，真欣文合流；宋代：支脂之微齐同用(另有“资思”部)，真谆欣文痕魂合一；元代：支思，齐微；真谆臻欣文痕魂合流。《诗品》中两则“通押”用韵与上比照，悉合晚唐时期诗文用韵，反映其用韵的时代特征。这与宋元文献中述及晚唐诗人司空图《诗品》、《诗格》以及“二十四韵”(按：指《诗品》)在时代上正契合。

四、《诗品》用韵个性特征与司空图诗韵如出一辙

如上所述，《诗品》“东”“屋”独用、“冬锺”同用等与司空图近体诗用韵悉合；“支脂之微”通押，“欣(真)文”通押，既与王力先生晚唐分为“脂微”“真文”的韵部相合，又与当时古、近体诗用韵一致。而且《二十四诗品》四言体制等在司空图诗文里应有尽有。据我们通检司空图诗383首、《一鸣集》中有韵之文28篇，四言韵语、用韵方式均见于其中；《二十四诗品》146韵字，见于司空图诗文韵脚者有113个。现分别据实录下。

1.用韵方式全见。

东韵：诗12例，如《寄郑仁规》等；文3例，如《王公河中生祠碑》(公、忠)等。

侵韵：诗19例，如《喜山鹊初归》等；文1例，如《释怨》赋(音、禁、心、箴)。

微韵：诗18例，如《涔阳渡》等；文1例，如《连珠》(归、衣)。

真韵：诗20例，如《借居》等；文1例，如《春愁赋》(辰、新、尘、贫、人)。

屋韵：诗2例，如《秋思》等；文4例，如《石氏墓志铭》(哭、躅、淑、菊)等。

冬锺：诗1例，如《率题》(浓、冬)；文有东冬锺1例，如《三贤赞》(宗、容、雄)。

阳唐：诗11例，如《杨柳枝二首》(其二)等；文6例，如《解县新城碑》(杨、梁、臧、防)等。

庚清：诗16例，如《白菊二首》(其二)等；文1例，如《春愁赋》(生、城、声)。

真谆：诗16例，如《新岁对写真》等；文1例，如《王纵追述碑》(新、尘、茵、钧、亲)。

灰咍：诗12例，如《重阳阻雨》等；文2例，如《香岩长老赞》(开、雷、恢、哉)等。

虞模：诗4例，如《王官二首》(其一，图、厨)等；文1例，如《连珠》(愚、孤、珠)。

尤侯：诗6例，如《灯花二首》(其一，头、愁)等；文有《观音赞》(游、讴、休、尤、幽，尤侯幽同用)。

尤幽：诗3例，如《寄永嘉崔道融》(游、秋、幽、留)；文同上，尤侯幽同用。

歌戈：诗7例，如《修史亭三首》(其二)等；文1例，如《共命鸟赋》(多、罗、磨、和、柯、何)。

支之：诗8例，如《闲步》等；文1例，如《王公河中生祠碑》(之、移)。

支脂之微：诗1例，如《冯燕歌》(飞、追、衣)；文2例，如《释怨》赋(违、移、亏、眉、悲，姬、飞、悲、遗)等。

真(欣)文：文1例，如《释怨》赋“津、云、春”。可系联者：《重阳》“春、人”，《许国公德政碑》“人、神、勤、亲”；《复安南碑》“用警殊伦，斯为荡辙，勒颂海垠，式昭天伐”(交韵)，《偶诗五首》“春、伦、身”。故“津、云、春、人、神、勤、亲、伦、垠”为一部。

2. 四言韵语屡见。

司空图《一鸣集》中有韵文28篇，其中19篇有四言韵语。如：《共命鸟赋》、《诗赋赞》、《三贤赞》、《观音赞》、《香岩长老赞》、《王贞公赞》、《相国老君赞》、《今相国地藏赞》、《李翰林写真赞》、《温州仙岩寺碑铭》(其中铭文部分，下同)、《铭秦坑》、《卢公神道碑》、《复安南碑》、《解县新城碑》、《许国公德政碑》、《王纵追述碑》、《文中子碑》、《王公河中生祠碑》、《石氏墓志》。

3. 韵字比较多见。

《诗品》146韵字，有113字见于司空图诗文韵脚。依次录下：

《雄浑》《劲健》(首句入韵)东韵13字,其中“风、中、空、雄”四字重出,实则9字,见于司空图诗文韵脚7字:《南北史感遇十首》(其七)“终、风”,《偶题三首》(其一)“雄、空”,《春愁赋》“中、同、穷”;未见“虹”“充”为韵脚。

《绮丽》《实境》侵韵12字,其中“阴、琴、深”三字重出,实则9字,见于司空图诗文韵脚8字:《送道者二首》(其二)“金、心、林”,《山中》“深”《寄赠诗僧秀公》“寻”,《释怨》赋中“音、襟”,《即事九首》(其二)“琴”;未见“阴”为韵脚。

《冲淡》《超诣》微韵12字,“归、微、晞、违”四字重出,实则8字,皆见于司空图司空图诗文韵脚:《月下留丹灶》“飞、衣、稀”,《涔阳渡》“晖、微、归”,《有感二首》(其一)“非”,《释怨》赋“违”。

《洗炼》真韵6字,见于司空图诗文韵脚4字:《冯燕歌》“人、身”,《下方》“真、神”;未见“银、磷”为韵脚。

《典雅》屋韵6字,见于司空图诗文韵脚3字:《秋思》“屋”,《春愁赋》“逐”,《石氏墓志》“菊”;未见“瀑”“竹”“读”为韵脚。

《高古》冬锺二韵6字,见于司空图诗文韵脚3字:《送道者二首》(其一)“蓉”,《即事九首》(其七)“锺”,《三贤赞》“宗”;未见“踪”“从”“封”为韵脚。

《豪放》《委曲》(首句入韵)阳唐二韵13字,见于司空图诗文韵脚7字:《杨柳枝寿杯词十八首》(其七)“行”,《漫题》“肠”,《牡丹》“香”、《华下》“方”,《重阳四首》(其一)“荒”,《狂题十八首》(其四)“狂”《乐府》“旁”;未见“苍”“凰”“桑”“藏”“翔”“羌”为韵脚。

《沉着》庚清二韵6字,皆见于司空图诗文韵脚,如:《河上二首》(其二)“明、声”,《偶书五首》(其四)“行、生”,《偶诗五首》(其四)“横”,《力疾山下吴村看杏花十九首》(其十五)“清”。

《纤秾》《自然》《形容》共有真谆二韵18字,重出“春、新、人、真、邻”,见于司空图诗文韵脚10字:《杨柳枝寿杯词十八首》(其九)“滨、人、春”,《修史亭二首》(其二)“新、邻”,《下方》“真、神”,《王纵追述碑》“钧”,《春愁赋》“贫”“尘”;未见“峋”“蘋”二字为韵脚。

《悲慨》《精神》共有灰咍二韵12字,“灰、来”二字重出,实则10字,见于司空图诗文韵脚7字:《次韵和秀上人游南五台》“苔”“台”“来”,《故乡杏花》“杯”,《南北史感遇十首》(其四)“摧”,《少仪》“才”,《狂题十八首》(其十六)"胎",未见"灰""裁""哀"为韵脚。

《流动》虞模二韵6字,见于司空图诗文韵脚3字:《释怨》赋"珠、愚",《淮西》"无";未见"枢""符""乎"为韵脚。

《含蓄》《清奇》共有尤侯幽三韵12字,"流、秋、收"三字重出,实则9字,见于司空图诗文韵脚8字:《戊午三月晦二首》(其二)"流、舟",《秋景》"秋、收",《休休亭》"忧",《偶书五首》(其四)"幽",《携仙箓九首》(其四)"悠",《释怨》赋"浮";未见"沤"字为韵脚。

《旷达》歌戈二韵6字,见于司空图诗文韵脚5字:《陈疾》"歌、何、多、过、萝";未见"峨"字为韵脚。

《疏野》支之二韵6字,见于司空图诗文韵脚5字:《山中》"时、诗",《自河西归山二首》(其一)"期",《王公河中生祠碑》"之",《香岩长老赞》"为";未见"羁"字为韵脚。

《缜密》支脂之微四韵6字,见于司空图诗文韵脚4字:《争名》"奇、知、时",《自河西归山二首》"迟";未见"晞""痴"为韵脚。

《飘逸》真(欣)文二韵6字,见于司空图诗文韵脚3字:《携仙箓九首》(其二)"云、闻",《复安南碑》"垠"(与"伦"相押);未见"缊""分""群"为韵脚。

上面未见于司空图诗文韵脚的33字,在唐代诗文韵脚中屡见不鲜。如:"虹"见于李峤《旌》,"充"见于李百药《赞道赋》,"封"见于张说《舞马词六首》(其五),"从"见于王梵志《邻并须来往》,"踪"见于寒山《可笑寒山道》,"苍"见于法琳《太极殿行道千僧斋颂》,"凰"见于陈子昂《续唐故中岳体元先生潘尊师碑颂》,"桑"见于贾膺福《大云寺碑》,"羌"见于崔融《从军行》,"翔""藏"见于苏颋《长乐花赋》,"银"见于王梵志《世有》,"蘋"见于罗隐《湘妃庙》,"峋"见于宋之问《嵩山天门歌》,"磷"见于宋之问《始安秋日》,"阴"见于宋之问《桂州二月三日》,"羁"见于唐太宗《威凤赋》,"峨"见于许敬宗《掖庭山赋应诏》,"沤"见于许敬宗《奉和咏雨应诏》,"符""枢"见于徐彦伯《中宗孝和皇帝哀册文》,"乎"见于王绩《游北山赋》,"灰"见于寒山《昨日》,"哀"见于杜甫《登高》,"裁"见于王绩《在京思故园见乡人问》,"瀑"见于杨炯《广溪峡》,"竹"见于陈子昂《望荆门》,"读"见于寒山《我见》,"晞"见于罗隐《莺声》,"痴"见于罗隐《寄韦瞻》,"群""缊"见于徐彦伯《南郊赋》,"分"见于张九龄《荆州作二首》(其一)。

从上可见,《诗品》用韵方式、四言韵语以及韵脚,多合司空图的诗文,亦可印证宋元明文献中述及的《诗品》乃司空图所著。

五、与宋元明清"司空图著《二十四诗品》"之说相合

明毛晋《诗品二十四则跋》、郑鄤《题诗品》,皆谓司空图著《二十四诗品》。考其渊源出于宋元文献。金元时期,元好问所作的《诗序》中已见有《诗品》之名,其《陶然集诗序》云:"诗之目既广,而《诗品》《诗评》《诗说》《诗式》,亦不可胜读。"按,《诗说》姜白石撰,《诗式》世传皎然作,《诗评》锺嵘著。锺嵘评论自汉至梁一百二十二人诗作,分为上、中、下三品,并论其诗之优劣,故原写为《诗品》,后代载籍常写作《诗评》,如《隋书·经籍志》有锺嵘著《诗评》,南宋王应麟《小学绀珠》亦有释锺嵘"诗评三品"。因此,元氏语中的《诗品》,无疑是司空图所作,且其《琴辨引》云:"司空表圣最为通论",亦可为证。考宋代文献中亦有述及司空图"诗论"者。南宋陈振孙言司空图"《诗格》尤非晚唐诸子所可望也"(《直斋书录解题·一鸣集》),北宋苏轼言司空图"二十四韵""恨当时不识其妙"(《书黄子思诗集后》)。详审陈、苏二氏所言,语异而实同,皆极言司空图"诗论"之精妙绝伦。那么,此"诗论"是否指《二十四诗品》,关键在于对苏轼语中"韵"字的解释。有论者拘泥于用作量词"韵"字的常用义,断言此"韵"字只可解作"联"。我们以为此说值得商榷。考唐宋诗文中有"韵"与"诗"同义互用例,如吕本中《中秋日沈宗师约游城西泥雨不果因成四十字兼寄赵仲才》有"传杯有新韵"句,苏轼有《书寄韵》,唐代有《寄内韵》,等等。再者,唐宋时"韵"字有用同"诗"字例。"诗"可用作量词,指篇、首,如"二诗""四诗"等,"韵"亦可如是用之,余恕诚先生等考证唐宋有"一韵""二韵"等数量结构中的"韵"字系指称诗之篇、首,其例如前所举,不赘述。至于《二十四诗品》在唐代不被著录,蒋寅先生说:"历代无著录(《二十四诗品》),也不能成为否定司空图所作的理由,因为《二十四诗品》,正如元好问《论诗绝句三十首》一样,只是一组论诗诗,如果(元好问《论诗绝句三十首》)出现在唐代,它是不会像胡曾《咏史诗》那样被著录的。"因此,今所见到的较早的明刊本《二十四诗品》,如元人虞集《虞侍书诗法》中《二十四品》残文16品,旧题范德机或佚名的《诗家一指》中24品全文,等等,皆

源于司空图所著的《二十四诗品》。这样,《二十四诗品》用韵所显示的个性特征、时代特征,以及见于元好问所作“诗序”中的《诗品》之名,等等,即可得到合理的解释。

这里需要强调的也是最为重要的一个佐证是,明人魏骥在怀悦刊本《诗家一指》的“序”中已明言:“嘉禾怀氏用和号铁松者,以书(按指《诗家一指》)抵余,自言近得诗法一编,乃盛唐诸贤之作,择其精粹,订为诗格,名之曰《诗家一指》,欲绣诸梓,以便四方学者,乞文以弁其首。”(按:此“盛唐”泛指唐代,非专指初、中唐之间的历史时期。)据《元代诗法校考》一书的编者张健先生说:魏骥作“序”的《诗家一指》本(内有《二十四品》全文),是托友人从朝鲜国家图书馆觅得,题为魏骥《诗家一指序》(朝鲜刊本《诗家一指》卷首)。可是张先生却不信该“序”所言:“自言近得诗法一编,乃盛唐诸贤之作”,竟断言《二十四诗品》(内有《二十四品》)是元人虞集撰。张先生这种只相信《虞侍书诗法》中有《二十四品》16篇残文,亦不细辨其时还刊有旧题范德机《二十四品》24篇全文(按:杨成本《诗法》原编者并不认为《诗家一指》为范德机作,他在《严沧浪诗法》的题注中称严羽所论多出《诗家一指》),而且一手捂住、一笔抹煞宋元明人有关司空图与《诗品》的论说,断然不信魏骥在《诗家一指序》中所言“乃盛唐诸贤之作”(收有《二十四品》及《序》的藏于朝鲜国家图书馆的刊本是张先生觅得的,并录于他编著的《元代诗法校考》,北京大学出版社2001年版第462页),岂非咄咄怪事!这难道是对历史负责的治学态度吗?

[原载北京大学国学院《国学研究》第21卷,北京大学出版社2008年版]

司空图著《二十四诗品》的铁证

1994年秋，陈尚君先生等提出并反复强调《二十四诗品》（以下简称《诗品》）系明怀悦著之新说（后改为“存疑”说），引发国内古典文学界激烈、持久的争论，双方相持不下，迄今尚未趋于一致。而2001年出版的大型《增订注释全唐诗》，于《诗品二十四则》“题注”①中摘录陈尚君等《司空图〈二十四诗品〉辨伪》一文要点，云：“自五代至元末所有有关司空图的传记资料，均未曾述及司空图著有《诗品》，今存宋元公私藏书志，亦未见著录是书，宋元的类书、地志、诗话、笔记等，又不见引录此书片言只语；称司空图著《诗品》，始于明末郑鄤、费经虞等人，惜其皆未说明所据，明末刊刻的几种《诗品》，亦皆不曾说明版刻所自，所以就目前掌握的资料看，无法证明司空图曾著《诗品》。说详陈尚君、汪涌豪《司空图〈二十四诗品〉辨伪》（载《中国古籍研究》创刊号）。现依照本书‘凡例’的规定，保留《诗品》原文，不加注。”（以下简称“题注”）此前，署名陈引驰的文章援引美国哈佛大学宇文所安《中国文论：英译与评论》第六章说“司空图《二十四诗品》可能真的是一部伪作”。近年凤凰出版社出版的张伯伟《全唐五代诗格汇考》亦不收录《诗品》。看来，《诗品》非司空图所著，在某些人心目中已成“定论”。而我们认为这不合宋元文献所载《诗品》的史实，不是苏轼所言司空图“二十四韵”一语的本义，也不合《诗品》24首组诗用韵的时代特征和个性特征等，应该如传统所言晚唐司空图著《诗品》。这不是因循守旧，而是实事求是的科学态度。

首先须说明，矛盾论的原理启示我们，要正确判断《诗品》的作者，必须首先审察该著作的本身特殊性。据研究，《诗品》有这几个特点：（1）内容不合唐宋人“诗缘情”的诗学观。唐宋人写作古、近体诗皆用以抒情遣兴，而《诗品》则是有以诗状物写景妙喻之风格，同时文字本身又难以直接理解，故而不为唐宋人所重视。（2）在“有得于文字之表者二十四韵"的"同位结构"中,"韵"字不合唐宋的常用义。唐宋文献里量词"韵"通常训为"联",而该句中"二十四韵"受其前面"者字结构"的内容所指对象及其语境的制约,应训为"二十四首诗",因而不易被文人所理解接受。(3)《诗品》字数少,难以单独成书传世。据统计,《诗品》品目及全诗总共约1200字,显然不合以单行本传世的常规。(4)宋元明清文献中,有《诗品》、《诗格》、"二十四品"、"二十四韵"、《诗品二十四则》等名称,作者姓名时现时隐。一人独著的单行本《诗格》等,谓司空图撰;数家之文合编成册的合订本《诗家一指》,则署刊刻者或编校者之名,如元范德机等。因此,在研讨《诗品》的作者时,要针对这些特殊情况认真分析,不能简单地以其传记资料中被著录或其内容被后代载籍所引用为标准来裁定。近悉黄山书社拟出《增订注释全唐诗》修订本,为澄清是非,为兑现对余恕诚先生的生前承诺(深入研究,写出有充分证据的论文),我们特撰本文申述己见。试图从文献、语法、训诂、音韵等方面入手,多角度、成系统地进行论证:钩稽宋元文献中有关著录,详析"有得于文字之表者"对"二十四韵"语义的制约,系联"二十四韵"、《诗格》、"二十四品"、《诗品》等"异名同实",比较司空图"诗论"与《诗品》的异同,考察《诗品》24首组诗用韵的时代特征,剖析《诗品》24首组诗用韵的个性特征。现陈述如下,请读者指正。

一、从宋元有关文献的著录看,司空图曾撰《二十四诗品》

北宋苏轼在《书黄子思诗集后》中曰:"唐末司空图崎岖兵乱之间,而诗文高雅,犹有承平之遗风。其论诗曰:'梅止于酸,盐止于咸。饮食不可无盐梅,而其美常在咸酸之外。'盖自列其诗之有得于文字之表者二十四韵,恨当时不识其妙,予三复其言而悲之。"详审其文,苏轼谓司空图曾以盐醋"美在咸酸之外"妙喻诗之"味外味",又以"二十四韵"妙喻诗之风格。此二者,一见于司空图《与李生论诗书》中论诗语,一见于苏轼亲眼所见当时传世的司空图"二十四韵"诗什(即今存的《诗品》品目及全诗)。检宋元文献著录,凡一人独著的《诗格》或"二十四韵"者,皆署司空图之名;凡数家之文合编成册的《诗家一指》(内有"十科""四则""二十四品")者,则署刊刻者或编校者之名,如范德机等。此说贯穿于宋元文献及明清资料之中,铁案难移。

(一)宋元文献中有关论说

司空图《与王驾评诗书》中说过:“吾适又自编《一鸣集》。”北宋宋祁(998—1061)《题司空表圣诗卷末》曰:“唐亡,表圣死,家书湮散。”降及南宋,晁公武《郡斋读书志》著录:司空图《一鸣集》三十卷,并记曰:“集自为序,以濯缨亭一鸣窗名其集。子荷别为后记。”按:其“子”即其婿司空荷,为司空图刊布《一鸣集》于世。南宋洪迈承苏轼之说,在《容斋随笔》卷十《司空表圣诗》中言及司空图诗论、二十四韵,以及对司空图诗作的赏析。洪文共分三段。第一段撮录苏轼语,曰:“东坡称:司空表圣诗文高雅,有承平之遗风,盖尝自列其诗之有得于文字之表者二十四韵,恨当时不识其妙。”洪氏认同苏轼谓司空图曾撰“二十四韵”。第二、三两段是赏析司空图诗句中“最善”“最工”“可称”等诗之“联”语(见下)。其后陈振孙《直斋书录解题》卷十六曰:“《一鸣集》十卷按《文献通考》作三十卷,唐兵部侍郎虞乡司空表圣撰。按虞乡即今解州,原本作虞卿,误,今改正图见《卓行传》,唐末高人胜士也。蜀本但有杂著,无诗。自有诗十卷别行。《诗格》尤非晚唐诸子所可望也。其论诗以梅止于酸、盐止于咸,咸酸之外,醇美乏焉。东坡尝以为名言。自号知非子,又曰耐辱居士。”(《四库全书》馆臣称录自《永乐大典》)又,卷十九载《司空表圣集》十卷,记曰:“别有全集,此集皆诗也。其子永州刺史荷为后记。”详审陈氏之言,其中明确认定司空图传世之作有:第一,《一鸣集》及诗集、文集等;第二,认同苏轼所言的司空图“诗论”;第三,将苏轼所称的司空图“二十四韵”更易为《诗格》;第四,陈振孙当时阅读过传世的司空图《诗格》,并将之与晚唐齐己等人“诗格”之作进行过比较,认定“非晚唐诸子所可望也”。由此可推断,司空图这本《诗格》不是司空图在《与李生论诗书》中所举诗之“联”句,而是有其独特、超凡之处的《诗品》。它以四言诗妙喻诗之风格,且其“格”数较多,大大超过唐宋文人。今人日本金泽大学李庆先生在《也谈〈二十四诗品〉——文献学的考察》中亦认为《诗格》即《二十四诗品》,他说:“我认为,陈振孙所说的‘诗格’当是指‘诗格’类的著作,并可以推断,他是见到过司空图所撰的‘诗格’类的著作的。那么,这一类的作品是什么呢?有没有是指《二十四诗品》的可能性呢?至少我个人认为是有这样的可能性的。”

考察元代文献有关著录,上述的论断可以得到确证。明魏骥在怀悦刊本《诗家一指》“序言”中认定是“盛唐诸贤之作”。检怀悦刊本中内有“十科”“四则”“二十四品”，其“二十四品”品目是：雄浑、冲淡、纤秾、沉著、高古、典雅、洗炼、劲健、绮丽、自然、含蓄、豪放、精神、缜密、疏野、清奇、委曲、实境、悲慨、形容、超诣、飘逸、旷达、流动等，各品之下录有六联四言古诗。其实“二十四品”及其品目“冲淡”语词，早见于南宋王晞为高鹏飞《林湖遗稿》诗集所作的“序”中。元代文献中如旧题范德机撰的《诗家一指》等亦保存其“二十四品”之品目及其全部四言诗(《虞侍书诗法》仅存16品品目及四言诗)。同时金末元初的元好问，亦曾言及司空图的“诗论”与《诗品》(是迄今为止始见其名的例证)，他在《陶然集诗序》中说：“诗之目既广，而《诗评》《诗品》《诗说》《诗式》，亦不可胜读。”由于行文关系，虽然没有分别明言其作者，但检阅载籍即可知晓，其中《诗说》是宋姜白石撰，《诗式》世传唐皎然作，《诗评》乃梁锺嵘著。锺嵘《诗评》又写作《诗品》，后来常写成《诗评》，如唐人撰的《隋书·经籍志》载：“《诗评》三卷，锺嵘撰，或曰《诗品》。”南宋王应麟《小学绀珠》亦有释锺嵘“《诗评》三品”。那末《陶然集诗序》中的《诗品》的作者究竟是谁呢？根据元好问在《琴辨引》中所言“司空表圣最为通论……”(此说完全契合宋苏轼所言司空图的“诗论”)，以及所言的《诗品》，并在其《诗文自警》(九)中所言诗文“要委曲，不要强挽牵”(按：“委曲”悉同《诗品》中一个品目)等，证明元氏所言“不可胜读”的《诗品》，其作者应是司空图。因为元好问言及的司空图“诗论”与《诗品》两个方面，完全吻合苏轼言及司空图诗“两项内容”——“诗论”“二十四韵”，陈振孙所言司空图的“诗论”与“诗格”。由此看出，元好问所言的《诗品》，与苏轼所言司空图“得于文字之表”的“二十四韵”、陈振孙所言司空图的“非晚唐诸子所可望”的《诗格》，其性质相当，故其作者应当是同一个人(明清两代文献亦皆谓《诗品》是司空图著，详后)。此外，元好问所言的《诗品》作者，从清仇兆鳌《杜诗详注》中《诸家咏杜》引录的《诗品五则》亦可知。检旧题元范德机撰《诗家一指》中有“二十四品”(另有“十科”“四则”)，其中：“雄浑”“沉著”“高古”“劲健”等品目下分别注明“以杜甫当之”，认为杜甫诗足以分别代表其四品下所录六联四言诗的风格；“豪放”品目下则注明“以李太白当之”，认为李白诗足以代表其风格。这样就将元好问所言《诗品》与宋元代传世的“二十四品”联成一体，证明元氏所言的《诗品》，即宋元传世的《二十四品》。可见，宋元文献中的《诗品》、《诗格》、《二十四品》、

“二十四韵”实乃同出一源，一脉相传，证实宋元文献中载有司空图著《诗品》，并非如某些人所说“自五代至元末的文献资料均未述及司空图曾著《诗品》”。这是铁证，毋庸置疑。除此，明许学夷《诗源辨体》卷三十五亦说：“《诗家一指》出于元人。中有十科、四则、二十四品。”晚唐诗人徐夤在《寄华山司空侍郎》诗中言及“疏野”等有关词语，亦皆可参证司空图曾著《诗品》（见本文第三部分）。

（二）司空图《与李生论诗书》中所摘录诗句不是苏轼所言“二十四韵”

苏轼在《书黄子思诗集后》中言及司空图的“二十四韵”，究竟是指什么，下面将从文言语法来详析其结构关系及其语意，这里先来辨明是否如陈尚君认定洪迈谓苏轼所言“二十四韵”即“二十四联”诗。陈先生说：“洪迈《容斋随笔》卷十，引及‘二十四韵’一段，但随即云：‘予读表圣《一鸣集》，有《与李生论诗》一书，乃正坡公所言者。’是洪迈的看法，与本文以上的考证（按：苏轼语中‘二十四韵’即指‘二十四联’诗），若合符契。”细察洪迈《容斋随笔》卷十《司空表圣诗》原文第一、二段，未见有如陈尚君所言洪迈谓“二十四韵”即指“二十四联诗”一语。洪文第二段中已有“如”，表明是指诗句。洪文第一段云：“东坡称：司空表圣诗文高雅，有承平之遗风。盖自列其诗之有得于文字之表者二十四韵，恨当时不识其妙。”第二段云：“表圣论其诗，以为得味外味，如‘绿树连村暗，黄花入麦稀’，此句最善。又‘棋声花院闭，幡影石坛幽’（按：一作‘高’；又‘坛’或作‘幢’。下同），吾尝独入白鹤观，松阴满地，不见一人，惟闻棋声，然后知此句之工，但恨其寒俭有僧态。”稍审其文，便知洪迈文中特地增加一“如”字，比苏轼《书司空图诗》表述更为明确。苏文云：“司空图表圣自论其诗，以为得味外味。‘绿树连村暗，黄花入麦稀。’此句最善。又云：‘棋声花院静，幡影石坛高。’吾尝游五老峰，入白鹤院，松阴满庭，不见一人，惟闻棋声，然后知此句之工也，但恨其寒俭有僧态。若杜子美云：‘暗飞萤自照，水宿鸟相呼。四更山吐月，残夜水明搂。’则财力富健，去表圣之流远矣。”可见洪迈对苏轼所言未加任何评论、说明，何来二十四联之说？洪文还有第三段，是说明自己读了《与李生论诗书》之后，始知苏轼所言“其美常在咸酸之外”等论诗语乃出自其中。请看其原文：“予读表圣《一鸣集》，有《与李生论诗（书）》一书，乃正坡公所言者。其余五言句云：‘人家寒食月，花影午时天’、‘雨微吟足思,花落梦无聊’(一作‘憀’)、‘坡暖冬抽笋,松凉夏健人’(‘抽’一作‘生’)、‘川明虹照雨,树密鸟冲人’、‘夜短猿悲减,风和鹊喜灵’、‘马色经寒惨,雕声带晚饥’、‘客来当意惬,花发遇歌成’。七言句云:‘孤屿池痕春涨满,小栏花韵午晴初’、‘五更惆怅回孤枕,犹自残灯照落花’。皆可称也。”细察其文,上述明确地说:苏轼所言司空图的“诗论”,出自《与李生论诗书》。此外,“此句最善”“此句之工”“但恨其寒俭有僧态”“皆可称也”等语,皆是苏轼对司空图诗句的品评,根本看不出“有得于文字之表者二十四韵”中之“二十四韵”是指“二十四联”;再从其“最善”“最工”等“联”诗语的内容看,与该句中“有得于文字之表者”(按:指“得于诗歌文字之外”的艺术风格)的语义不沾边。因此,司空图的“二十四韵”不是苏轼所举的“二十四联”诗句。

更值得重视的是,“绿树连村暗,黄花入麦稀”一联,不见于今存的司空图《与李生论诗书》一文中。该文第二段开头说:“余幼常自负,既久而愈觉缺然。”接着列举其诗句之所得:“得于早春,则有‘草嫩侵花短,冰轻着雨销’(按:见于司空图《早春》诗),又‘人家寒食月,花影午时天’。(程贻焮主编《增订注释全唐诗》见于司空图《诗品二十四则》后,‘句’,无篇名,共四句,其上二句是‘隔谷见鸡犬,山苗接楚田’。)又‘雨微吟足思,花落梦无聊’。(按:一作‘憀’,见于司空图《下方二首》其二。)得于山中,则有‘坡暖冬抽笋,松凉夏健人’。(‘抽’一作‘生’。见于司空图《下方二首》其一。)又‘川明虹照雨,树鸣鸟冲人’。(见于司空图《华下送文浦》,‘浦’一作‘涓’。)得于江南,则有‘戍鼓和潮暗,船灯照岛幽’。(见于司空图《寄永嘉崔道融》。)又‘曲(按:一作‘回’)塘春尽雨,方响夜深船’。(见于司空图《江行二首》其一。《旧唐书》:方响以铁为之,长九寸,广二寸,员上方下。《增订注释全唐诗》:方响为南朝梁始创之打击乐器,磬类。)又‘夜短猿悲减,风和鹊喜灵’。(按:‘灵’一作‘虚’。篇名及其他联已佚。)得于塞下,则有‘马色经寒惨,雕声带晚悲’。(‘悲’一作‘饥’。见于司空图《塞下》。)得于丧乱,则有‘骅骝思故第,鹦鹉失佳人’。(见于司空图《庚子腊月五日》。)又‘鲸鲵人海涸,魑魅棘林高’。(按:《增订注释全唐诗》谓见于司空图《庚子腊月五日》一诗,我们检阅其诗未见。)得于道宫,则有‘棋声花院闭,幡影石坛幽’。(‘幽’一作‘高’。《增订注释全唐诗》司空图《诗品二十四则》其后云:无篇名。)得于夏景,则有‘地凉清鹤梦,林静肃松仪’。(《增订注释全唐诗》司空图《诗品二十四则》后云：无篇名。）得于佛寺，则有‘松日明金像，苔龛响木鱼’。（见于司空图《上陌梯寺怀旧僧二首》其一。）又‘解吟僧迹俗，爱舞鹤终卑’（见于司空图《赠信美寺岑上人》。）得于郊园，则有‘暖景鸡声美，微风蝶语繁’。（‘繁’一作‘还’。《增订注释全唐诗》中未见司空图诗有此诗句。集本、文粹本亦无此联。）又‘远陂春早渗，犹有水禽飞’。（见于司空图《独望》。）得于乐府，则有‘晚妆留拜月，春睡更生香’。（‘晚妆’一句见于司空图《偶书五首》之三，其下句未见；《偶书》下句今为‘卷上水晶帘’。）得于寂寥，则有‘孤萤出荒池，落叶穿破屋’。（见于司空图《秋思》。）得于惬适，则有‘客来当意惬，花发遇歌成’。（见于司空图《长安赠汪沄》。）……”后面还有五联未言“所得”之处：“七言云：‘逃难人多分隙地，放生鹿大出寒林’（见于司空图《山中》）；又‘得剑乍如添健仆，亡书久似忆良朋’（见于司空图《退栖》）；又‘孤屿池痕春涨满，小栏花韵午晴初’（见于司空图《归王官次年作》）；又‘五更惆怅回孤枕，犹自残灯照落花’（见于司空图《华下》）；又‘殷勤元旦日，歌舞又明年’（见于司空图《元日》）。”以上录自周必大校正《文苑英华》本卷六百八十二，共二十五联，没有“绿树”一联诗，怎么能认定它就属于“二十四韵”呢？以上是25联，证明非苏所言“二十四韵”。

详审上录的诗句，形象生动，意境优美，但看不出“有得于文字之表者”的意思。至于所说的联数，宋代文献所载不一：宋真宗时姚铉编《唐文粹》本收录《与李生论诗书》是二十四联，而他本则作二十三、二十五、二十六联不等。如：北宋李昉等编、成书于雍熙三年（986）的《文苑英华》本中的《与李生论诗书》是二十三联，南宋周必大等校正的《文苑英华》本中的《与李生论诗书》是二十五联，南宋刘克庄《后村诗话》中说：“表圣尝‘自摘其警联二十六’。”今人程贻焮主编《增订注释全唐诗》第四册第663页注[7]说：“司空图在《与李生论诗书》中，举其诗歌中具有‘味外味’的诗例凡二十四联（作“二十二”非是），‘夜短猿悲减’联以下至‘人家寒食月’联，俱在二十四联之中。”说法如此分歧，根据什么资料肯定“二十四韵”就是《与李生论诗书》中所录的“联”？

此外，要细细辨别苏轼所言“有得于”与司空图《与李生论诗书》所言“得于”的异同。如前所述，苏轼所言是“得于文字之外”。司空图《与李生论诗书》语是说明上述佳句所觅得之时地等。如云时间，如“早春”“夏景”；或云处所，如“山中”“江南”“塞下”“道宫”“佛寺”“郊园”；或云心境，如“寂寥”“惬适”；或云诗体，如“乐府”等。还有七言四联、五言一联未作说明。这与苏轼所言司空图二十四韵“有得于文字之表者”语义相合吗？详审《诗品》每品之下，则各以一首六联四言古诗妙喻诗歌一种风格，如“纤秾”云：“采采流水，蓬蓬远春。窈窕深谷，时见美人。碧桃满树，风日水滨。柳阴路曲，流莺比邻。乘之愈往，识之愈真。如将不尽，与古为新。”此诗前八句，描绘深山幽谷春和景明的境界，由四个景象幻化出一幅“真人游春图”。后面四句是说趁此良辰美景，寻求纤秾之美，便能够真正认识它，若能够顺应其变化，则取之不尽，其诗作亦可与古人诗作一样常出新意。这正是对“文字之表”的诠释。如果不从“文字之外”去思考，能悟出它是标题所示的“纤秾”（按：指诗思清新细腻、词采雅洁明丽的诗篇）风格吗？祖保泉先生研究司空图之功绩，其中之一就是他揭开《诗品》以诗妙喻诗之风格这层面纱，使莘莘学子得到诸多启迪。他近年又复出版《司空图〈诗品〉解说》（修订本），对“二十四品”的各品四言诗又作详析，可参阅。

（三）关于《诗品》不见于司空图传记等问题

有论者说：《二十四诗品》既是晚唐司空图所著，何以迄今不见司空图传记中有这类的记录，或传世的宋刻本、唐抄本呢？这个问题，社科院文学所蒋寅先生这样认为：《诗品》历代无著录，也不能成为否定司空图所作的理由，因为《二十四诗品》，正如元好问《论诗绝句三十首》一样，只是一组论诗诗，如果出现在唐代，它是不会像胡曾《咏史诗》那样被著录的。他精辟地指出这是唐宋人的诗学观使之然。而其他的论者则多认为是“散佚”所致。《旧唐书·司空图传》称图“有文集三十卷”，《新唐书·艺文志》著录：“司空图《一鸣集》三十卷”。其后散佚，北宋宋祁《题司空表圣诗卷末》曰：“唐司空表圣，隐虞乡之王官谷。唐亡，表圣死，无子，家书湮散。后百五十三年，直宋嘉祐岁己亥（1059），武威段绎得书一卷，示予曰：‘表圣私稿也。’纸用废漫，字正楷，凡诗十有二篇，此世所传表圣笔，其真不疑。绎以重番沿背，髹轴锦护首，粲然若新，其势不数百年不泯也。……绎得于虞乡尉孙膺，膺得于谷口民张，张传之祖，祖尝为表圣主阍云。广平宋某记。”今人张少康先生亦如是认为，他说：“这里问题的关键在于司空图的诗文集今存已经不全，《一鸣集》的真实面貌已经见不到了（此点我在《中国文学理论批评史》上卷第449页已说到）。早在宋代就已经有三十卷本《一鸣集》和十卷本《文集》(蜀本,无诗)、十卷本《诗集》并存。三十卷本《一鸣集》明代尚见著录……诗传至明胡震亨《唐音统签》为五卷已是残存之作,散佚了近一半,文集也恐难有完璧。"诚然,如上所引司空图《与李生论诗书》,其中就有一些联的篇名今已不存。此外,元马端临《文献通考》谓司空图《一鸣集》三十卷。明胡震亨《唐音统签》戊签七十四之一至五,所录表圣诗,并记曰:"司空图……有《一鸣集》三十卷,内诗十卷,今存诗五卷。"清代吴兴刘氏(承干)嘉业堂刊清光绪三十一年(1905)结一庐朱氏剩余丛书《司空表圣诗文集》的"诗集"扉页题"司空表圣诗集三卷",其卷三后有"补遗,附《诗品二十四则》。"基于此,载入宋本的司空图诗集里的《诗品》(或称"诗格""二十四品"),因为历史变迁而不能原封不动地保存下来。但透过史料,可以推断宋元传世的《二十四诗品》文本有两种:一是单行本,如称"二十四韵""诗格""诗品"等;一是保存在合订本之中,如《诗家一指》或《虞侍书诗法》等之中的"二十四品"。

顺便说明,清刘承干在其刊刻《司空表圣诗文集》的"跋"中还说:"《五代诗话》(按:清王士祯撰)云:'唐末人品以司空表圣为第一,其论诗亦超元著。'如云'味在咸酸之外'及'采采流水、蓬蓬远春'(按:见《纤秾》)、'落花无言、人淡如菊'(按:见《典雅》)等语,色相俱空,已入禅家三昧。渔洋先生亦亟称其诗为晚唐人之冠。"从中不难看出,清代著名学者王士祯对唐末司空图著《诗品》非但从不生疑,而且还推崇备至。

此外,关于《诗品》不被引录的问题。唐宋人认为诗是用来吟咏情性,流连光景的,因而后人也很少引用司空图《诗品》来说明诗歌创作理论和技巧问题。正如张少康先生所言:"它(按指《二十四诗品》)的内容和表现特点,使它很难被研究诗歌创作和表现技巧的诗论家所引用。因此,论司空图的诗说而不涉及《二十四诗品》也是正常的,而并不能算一个奇怪的现象。至于清以前志书未见著录(按指《诗品二十四则》全文)的问题,则是与它为专书、有无单行本传世有关的。如果它并非诗法诗格类著作,只是作为一组二十四首四言诗存在于诗集中的话,那么书志中没有著录、有关司空图的传记中没有提及,也是并不奇怪的。"当然还有其他的原因,如与前贤"不识其妙"亦有关系。如前所引,宋代大诗人苏轼尚言"恨当时不识其妙"(张少康先生认为"其妙”，是指《二十四诗品》。甚确，详后），至于其时一般文人更是不解《诗品》是讲诗的艺术风格，故而不为世所重，不被引录。此外，《诗品》总共只有1200字（内含品目48字。正文1152字），故元代文献中见有保存在与他人的诗法合编成册《诗家一指》中。

二、从苏轼语中“同位结构”等语意关系看，司空图曾撰《二十四诗品》

考明北宋苏轼《书黄子思诗集后》中“盖自列其诗之有得于文字之表者二十四韵，恨当时不识其妙，予三复其言而悲之”的语意，对确定《诗品》的作者至关重要。陈尚君先生将其中“二十四韵”解为“二十四联”，不合文言句法所确定的语意。现详析其中“盖自列其诗有得于文字之表者二十四韵”的语法结构，以及“者字结构”内容所指对象对“二十四韵”语义的制约，探明唐宋文献中“韵”字是否有解作“首”（诗）例，及其与下句“不识其妙”语意的联系。

（一）“二十四韵”语境别义

苏轼言司空图“盖自列其诗之有得于文字之表者二十四韵”，这句话究竟该如何理解，其中的“韵”字究竟是训为“首”（诗）抑或“联”，是确定《诗品》作者的关键所在。语言学家王力先生曾说过：“必须正确了解古人的语言，我们所作的解释才是正确的。否则即使把句子讲通了，也可能只是注释人自己的意思，而不是古人的原意。”又说：“如果在训诂上没有充分的根据，所谓定论也是建筑在沙滩上的。”陆宗达先生在《训诂简论》一书中指出：“一个词或词组的意义，必须通过语法组织才能确定下来。只有正确地分析语言结构，才能准确理解词和词组的意义。”可见鉴定司空图著《二十四诗品》的说法是否正确，最关键的是运用文言语法分析和词语考证来正确训释其词语和句子。

从上可见，文言里词语的意义是受语法结构和语境制约的。我们应深入地分析、考证，不能笼而统之，大而化之。陈尚君先生是如何分析这句结构和解释其“韵”的呢？他说：“‘有得于文字之表者’是‘其诗’的定语，故此句可简作‘自列其诗二十四韵’。‘列’者罗列，‘其诗’显应指司空图本人之诗。……‘自列其诗’云云，仅指图在书中自举己作诗二十四联而言。”陈氏竟将“者字结构”看作“其诗”的定语，非但无理论依据，验之本句亦不通（按：陈氏《司空图〈二十四诗品〉辩伪追记答疑》将其改成“‘诗’之定语”）；又在其简略句中将文言虚词“之”抹去，亦不合乎原句的语法。此外，将该句中“其诗”解为“应指司空图本人之诗”，又将“韵”字训为“联”。如此等等，皆有悖于语法结构及语境决定词义的训诂原则。

根据古今文言语法著作的句法分析，这句话的结构层次由内及外是：第一层，“有得于文字之表者”（今称“者字结构”）与“二十四韵”（今称“数量结构”）是同位语，即相连的两个语言单位所指的事物相同、所处的地位相等、二者平行、互不修饰，共作一个句子成分；第二层，“其诗”作定语，结构助词“之”后面表明它是“者字结构”“数量结构”的共同修饰语，前后为“偏正”关系；第三层，“列”是谓语动词，其宾语是后面的“偏正结构”；第四层，“自”是主语。“盖”为句首语气副词。该句的结构解析如右：自$_{主}$列$_{谓}$其诗之有得于文字者二十四韵$_{宾}$；其偏正短语结构为：其诗$_{定}$之$_{结构助词}$有得于文字之表者$_{者字结构}$二十四韵$_{数量结构}$。顺便解释“诗之有得于文字之表者”：“表”者，外也；句中“者”，指示代词，指事物时可解为“的东西”等；故而其句中“者字结构”，意思应是“得于文字之外的风格”。这是苏轼对司空图“二十四韵”（与“有得于文字之表者”为“同位关系”）一语所限定的指示对象（即诗之“风格”），应予以充分重视。请看下面详析。

首先讨论“有得于文字之表者二十四韵”中“者字结构”与“数量结构”的语法关系。我们知道，古今文言语法著作皆认为其中二者是“同位结构”，即二者所指事物相同的“同位语”，并非如陈尚君所言“者字结构”是前面名词“诗”的“后置定语”（按：即“偏正结构”）。这是正确理解苏轼谓司空图曾撰《诗品》最为关键的一语，应高度重视。清末马建忠《马氏文通》卷十《论句读》中称之“同次”，曰：“同次者，同乎前次也，即所指者与前次所指者一也。”他举例说：“《左传·僖公二十三年》‘狄人伐廧咎如，获其二女叔隗季隗。’‘叔隗季隗’本名，与‘二女’同次。”又如《史记·高祖本纪》“汉王之国，项王使卒三万人从，楚人与诸侯之慕从者数万人从杜南入蚀中”，《马氏文通》谓其中“慕从者”与“数万人”为同位语。考察古籍，同位语多是前面为名词或“者字结构”，其后面为“数量结构”。如《庄子·骈拇》“臧与谷二人相与牧羊而皆亡其羊。”《马氏文通》曰：“‘二人’与‘臧、谷’同次。”廖序东《文言语法分析·西门豹治邺》“复以弟子一人投河中”，其下【说明】云：“‘一人’是‘弟子’的同位语。”按：即“弟子”与“一人”为同位语。《愚公移山》“遂率子孙荷担者三夫。”张拱贵、黄岳洲《文言文的语言分析》谓“三夫”为“荷担者”复指成分（按二者即“同位”）。“子孙”为其定语，后面可着一“之”字。《孟子·滕文公上》“有为神农之言者许行，自楚至滕。”洪诚玉说：“‘有为神农之言者’与‘许行’，是同位关系。”并说：“‘者’在古代汉语中还没有连接定语和中心语的语法作用。”这些清楚地说明“者字结构”不能作定语，既非“修饰”其后面“数量结构”的定语，亦非前面名词的后置定语。如上引《孟子·滕文公上》一句前面无名词或名词性短语，岂可说成“者字结构”为“后置定语”？这明显不合古代汉语语言事实。现代汉语也有这类例子，吕叔湘、朱德熙二先生在《语法修辞讲话》第一讲中指出的“同位语”特点是：“实际上指相同的事物的两个词或短语。”

既然“同位语”中两个语言单位所指的对象相同，苏轼语中“有得于文字之表者”是指整首诗“文字之外”的风格，那么“二十四韵”亦当是以24首诗妙喻其“文字之外”的24种风格。这里要特别强调，诗的“风格，这是艺术所能企及的最高境界”。古今论者皆认为风格是从著名诗人诗作的总体中概括出来的，不可能是一首诗中某一联。如陈子昂的《登幽州台歌》是整首诗四句显示其“悲慨”风格，李白的《朝发白帝城》亦是整首诗七言四句显现出“豪放”风格，孟浩然的《过故人庄》是整首诗八句展示其“冲淡”风格。闻一多先生在《孟浩然》一文中说，（孟浩然）将它冲淡了，平均地分散在全篇。司空图在《与李生论诗书》中亦云：“王右丞、韦苏州，澄淡精致，格在其中，岂妨于遒举哉？”指出其诗有“澄淡”（“清深淡远”）、“遒举”（“清深淡远”）的风格。此外，从苏轼《书黄子思诗集后》的后一句中“不识其妙”看，其语境亦证实“二十四韵”系指24首诗。正如张少康先生说：“《二十四诗品》则是描绘诗境，并未说明其艺术特征，所以不容易‘识其妙’。……从苏轼原文来看，以‘二十四韵’指《二十四诗品》较为自然。”诚然，诗之味在咸酸之外的道理，司空图已在《与李生论诗书》中说得很清楚了，而且苏轼亦曾说过，自然不会对此“不识其妙”。明人郑鄤《题诗品》中也称“二十四韵”系指“四言体”的24首古诗，毛晋作“此表圣自列其诗之有得于文字之表者二十四则”，量词“则”者，篇也，条也（见《汉语大词典》“则”条）。详见下文“词语考释”部分。

其次，讨论清楚“者字结构”与其前面名词或名词性短语的结构关系，亦有助于确定其“韵”只能解为“首（诗）”。检文言语法专著，今多认为“同位语”中“者字结构”或“数量结构”与其前面的名词构成“偏正结构”时，二者之间常用一结构助词“之”字。如《史记·大宛列传》：“而立宛贵人之故待遇汉使善者名昧蔡”，《马氏文通》将此句中“宛贵人之故待遇汉使善者”作“约分”例证，云：“母数偏次，子数正次”、中间“加‘之’字以为别也”。（《马氏文通》卷三“实字”（偏次））黎锦熙承其说，亦云“‘宛贵人’表全体之名，即其‘分母’居于领位”；“盖‘者’（字结构）最适于‘分子’之用也。”杨伯峻、何乐士《古汉语语法及其发展》亦以上句为例，说：“‘宛贵人’是定语，‘之’为连接虚词。”又如韩愈《马说》“马之千里者，一食或尽粟一石。”杨伯峻先生亦说：“‘马’似乎是‘分母’，‘千里者’似乎是‘分子’。马有若干种，其中有一日行千里者。”解惠全《也谈“马之千里者”的句法》指出前面作定语的名词或名词性短语，其后面有个“之”字，是“从形式上标明定语与中心语之间是分母和分子关系”。苏轼语中着一“之”字，可能是为避免与其诗题中的一句“作诗二十四韵”的语意混同。

再从这种“偏正结构”中的“分子”为同位语的简式句来看，其“韵”字训为“首”亦甚明确。先看旁证资料：《史记·平原君列传》“约与食客门下有勇力文武备具者二十人偕”，《马氏文通》卷三《实字》（偏次）曰：“犹云‘与食客中之二十人偕’也。”略去“门下有勇力文武备具者”，加上“中之”二字以表明。可见定语与数量结构结合成句，中间常用一结构助词“之”字。又如《史记·匈奴列传》“匈奴人众，不能当汉之一郡。”《马氏文通》卷三认为其中“汉”是定语（按：指汉郡），“一郡”是这个结构的中心语，其偏正结构的完全式为“汉郡之一郡”，做动词“当”的宾语。特别值得注意的是，韩愈《送郑尚书序》“岭之南，其州七十；其二十二隶岭南节度府，其四十余分四府。”《马氏文通》卷三《实字》（静字）释之曰：“‘其’字指‘七十州’，犹云‘七十州中之二十二州’，又‘七十州中之四十余州’也。”其分母、分子的量词皆为“州”，绝不可以称其分子单位为“县”。同理，苏轼《书黄子思诗集后》中一句简化后应当为“其诗之二十四韵”，其“韵”字在此特定语境中应当解作“首”（有据可凭，详下),句意为“其诗之二十四首诗”。

(二)苏轼语中“其”“韵”“言”等词义考释

对苏轼“跋”语中有关词语进行考释,亦有助于正确理解其句意。如:“自列其诗”中之“其”,是“指示代词”,做“诗”的修饰语,当“那”讲,是特指“诗”一类,以与“文”相区别。陈尚君却谓此“其”“显应指司空图自己的诗”,明显不确。宋蔡居厚《蔡宽夫诗话》说,司空图善论前人诗……及自评其作,乃以“南楼山最秀,北路邑偏清”,为假令作者复生,亦当以着题见许。此殆不可晓。当局者迷,固人情之通患。这证明“其”不是指司空图自己的诗,因为他的近四百首诗不可能悉具二十四种艺术风格,其中亦有韵味不足之作。王明居先生《唐诗风格美新探》列举王勃、骆宾王、陈子昂、高适、岑参、王维、孟浩然、李白、杜甫、韩愈等二十三人诗歌风格,认为一个有名的诗人只有几种风格,如李白诗主要是豪放、飘逸。再者,其后面两句中的“其妙(即“其中”奥妙)”、“其言”中的“其”,皆是指示代词,分别指“二十四韵”在这个“句群”(即汉语语法分析的语段)中有关方面,与最前面的论诗语不直接发生关系。此外,从司空图《与李生论诗书》中所举诗之“联”语来看,只说明他的这些诗中有形象化的“着题”,无从看出是论诗之风格。如《文苑英华》(卷六百八十二)所引为25联诗:“得于早春则有‘草嫩侵沙短,冰轻着雨销’”,谓此联得“早春”一诗之旨趣;又如“孤屿池痕春涨满,小栏花韵午晴初”,写隐居旧庐所见情景;再如“孤萤出荒地,落叶穿破屋”,作者抒发“风波一摇荡,天地几翻复”国家将亡的哀思。这些与《二十四诗品》以诗写景妙喻诗之风格明显不同。

陈尚君曾说:“我们对司空图《二十四诗品》的怀疑,最初即从‘二十四韵’一语引起的。”谓其句中“韵”字的意义在唐宋时皆为“联’,从来没有解作“一首诗”的。此说不够客观、全面。上面从句法结构、语境看“韵”的词义,下面再来考证唐宋文献中“韵”义同“诗”以及义为诗之“首”例。例如:宋黄庭坚《子瞻诗句妙一世乃云效庭坚体……恐后生不解故次韵道之……》,苏轼有《闻正辅表兄将至以诗迎之》;吕本中《中秋日沈宗师约游城西泥雨不果因成四十字兼寄赵仲才》中“传杯有新韵”,苏轼有《汪秀才久留山中见寄次其韵》“投名入社有新诗”;苏轼《书寄韵》,晚唐河北士人有《寄内诗》(见《增订注释全唐诗》第五册第208页)等,凡此皆足以证明“韵”指“诗”。同时,“韵”在特定的语境里亦可解作诗之“首”。余恕诚等考察唐宋载籍见此用例，如：宋陈止良《再用〈喜雪〉〈除夕〉二韵寄宗简》，唐李肇《国史补》卷上："（郭暧）盛集文士，即席赋诗……（李）端曰：'愿赋一韵'"等。特别是动词"赋"与"韵"相搭配，充分证明"韵"义同"诗"；正如余先生等所言："'二十四韵'有可能是指《二十四诗品》"。实例证明，唐宋确有"韵"与"诗"同义，可以互用，"二诗""三诗"可在特定结构中或与有关词语相搭配说成"二韵""三韵"。至于陈尚君先生说："'韵'字并不作量词解。"亦无据可凭。杨伯峻、何乐士《古汉语语法及其发展》说："量词是表示事物的计量单位，它本质上是名词，有时以名词作量词。"事实正如此，古诗文中名词作量词或兼量词的极为多见，如：《论语·雍也》中"一箪食，一瓢饮。"《史记·货殖列传》中"马二百蹄""千树枣"，清林嗣环《口技》中"一人""一桌""一扇"等。《二十四诗品》中亦见：《含蓄》"不着一字，尽得风流"，《豪放》"晓策六鳌，濯足扶桑"，《实境》"一客荷樵，一客听琴"。其中"字""鳌""客"，与"韵"字用法相同，兼作量词。从汉语词类发展史看，虽然六朝时产生了名量词，但唐宋人仍多沿袭先秦两汉的用法。

必须说明，苏轼语"盖自列其诗之有得于文字之表者二十四韵"，如果像陈氏那样简化成"自列其诗二十四韵"，中间少了一个表明其"偏正"结构的"之"字，不仅会与"作诗二十四韵"的结构混淆，其"韵"字也与解作"联"的相混。检索古代文献，"韵"字指诗之"联"的例子在唐宋古文里比比皆是。如：刘禹锡《历阳书事七十韵》（取其整数而言，实际是74韵），杜甫《上韦左丞相二十韵》，白居易《代书诗一百韵寄微之》等。我们检索发现，苏轼诗题中亦有"二十四韵"一语，义为"二十四联"。如《李公择过高邮见施大夫与孙莘老赏花诗忆与仆去岁会于彭门折花馈笋故事作诗二十四韵见戏依韵奉答亦以一戏公择云尔》。此诗题中"作诗二十四韵"与上面"跋"中"二十四韵"语法结构相同，但语意关系有所不同：这句中"诗二十四韵"虽然也可以看成"同位语"做"作"的宾语，但不是指诗之风格，因为其"同位结构"中前面一个词是"诗"；而苏轼"跋"中"二十四韵"的前面是"有得于文字之外者"，系指诗之"风格"。"其诗"为其定语，偏正短语做"列"的宾语。故而其"韵"在此结构中只能训"首"（诗）。而"作诗二十四韵"的名词"诗"前面无定语可简化成"作二十四韵"。将这些区别开来，就不会产生歧义。

陈尚君还说"予三复其言而悲之"中"言"字是指最前面的论诗

语。审文度义，这几句是前后相承、连贯而下：最前面是言诗之“味在咸酸之外”的论诗语，接着列举诗之24种艺术风格，进而苏轼言自己悔恨当时不识其诗中之奥妙，末句由因而果，句意当为“三复其诗而悲之”。文意脉络显豁，并不隐晦曲折。至于句中“言”训为“诗”，古文里不乏其例，如宋陆游《老学庵笔记》卷三云：“汤岐公自行宫留守出守会稽，朝士以诗送行甚众。周子充在馆中，亦有诗而亡之。岐公以书求曰：顷蒙赠言，乃为或者藏去。”句中“言”字义即“诗”。又如吕本中《寄李忿去言》、苏轼《五禽言》等。因此，将“盖自列其诗之有得于文字之表者二十四韵”“不识其妙”“三复其言而悲之”连起来，是说：司空图自己列举那诗中得于文字之外的风格二十四首，我悔恨当初不了解其中的奥妙深意，如今多次反复吟诵那诗，深感自己可悲。

（三）司空图《诗品》中的美学概念问题

评论诗歌风格在晚唐之前已成风气（详后）。祖保泉先生考证过《诗品》中出现的美学词语，说：“我经过一番调查之后，可以宣告：《二十四诗品》里所出现的每个词语（包括美学概念），都来自晚唐以前的典籍和文章（包括释子们的文章）里。我想用柳宗元《征咎赋》中两句话说：‘再征信乎书策前，谓炯然而不惑。’”[①]因文繁，不录。因此宇文所安谓“（《诗品》）它运用了许多只在宋代才开始流行的美学概念”，并谓“司空图《二十四诗品》有可能是伪作”，有失全面考察和慎重论断。

晚唐徐夤《寄华山司空侍郎》的诗，亦可证明宇文所安论断的片面性。张少康先生说：“这方面我认为只有新加坡王润华先生在《司空图新论》中提出晚唐徐夤的诗《寄华山司空侍郎》与《二十四诗品》的关系很值得重视。徐诗云‘山掌林中第一人，鹤书时或问眠云。莫言疏野全无事，明月清风肯放君？’这会不会是徐夤读了《二十四诗品》后所写，我以为也不是没有可能的。这不仅因为《二十四诗品》中有‘疏野’一品，而且‘鹤书’‘眠云’‘明月清风’似也可认为是与《二十四诗品》有某种关系的。”诚然，《诗品》中有“饮之太和，独鹤与飞”“眠琴绿荫，上有飞瀑”，皆可作“鹤书”“眠云”之来源佐证。至若“明月清风”的境界，则在《二十四诗品》中就更多了。再从二人的际遇来看，司空图（837—908）于唐懿宗咸通十年（869）登进士，后于

① 祖保泉.司空图诗文研究[M].合肥:安徽教育出版社,1998:133.

公元887年隐居中条山。其时适值徐夤登进士后的第七年(史载唐昭宗乾宁元年(894)徐氏登科)。按唐代科举情况,徐氏登科前要大量涉猎当时名家诗作及诗论,完全有可能看到司空图诗论及《诗品》的。检徐夤的诗歌作品,有三首皆题为《寄华山司空侍郎》,后一首题为《闻司空侍郎讣音》,惊悉噩耗以诗吊唁,足见其对司空表圣崇敬、仰慕之情。同时,徐氏对司空图不满朝政而退隐亦深表赞许(徐氏诗句"明月清风肯放君"已明示);徐氏晚年亦隐居山林溪旁。基于此,徐氏赋诗《寄华山司空侍郎》(给隐居华山下的司空图),其诗中用"疏野"品名及有关词语,应是取自司空图《诗品》,借以增加亲切感。这一事实,亦可为司空图著《诗品》的参证。

三、从《诗品》《诗格》等"名异实同"的系联看,司空图曾著《二十四诗品》

检查宋元明清历代文献,《二十四诗品》有"二十四韵"、《二十四品》、《诗格》、《诗品》等"名异实同"情况,用系联法将其"名""实"与作者系联起来,亦证明其作者是司空图。

(一)陈振孙明言司空图曾著《诗格》

如前所述,南宋陈振孙上承苏轼所言司空图以"美在咸酸之外"妙喻诗味的高论,且又更易苏轼谓司空图的"二十四韵"为《诗格》。他在《直斋书录解题》卷十六曰:"(司空图)《诗格》尤非晚唐诸子所可望也。其论诗以梅止于酸、盐止于咸,咸酸之外,醇美乏焉。东坡尝以为名言。"此说堪称司空图著《诗品》(按:唐宋人多称"诗格",宋人又称"二十四韵",元人又称"二十四品""诗品"等)之铁证,为后人所信从。顺便说明,其中"醇美乏焉"出自司空图《与李生论诗书》,原文曰:"华之人以充饥而遽辍者,知其咸酸之外,醇美者有所乏耳。"大意是说华山一带中原区域之人用醋盐调味助餐,但不偏嗜酸咸味而已。明郑鄤转述苏轼的引语作"其美常在咸酸之外"(按:指诗之"味外味")。陈氏言司空图著"《诗格》尤非晚唐诸子所可望也",十分精辟,指出苏轼《书黄子思诗集后》中所言司空图"二十四韵"的另有高深之处,晚唐文人"诗格"无一可与之相比。

陈氏之说得到以下两个系列文献的证实：

其一，司空图著《诗格》纵向贯穿于元明清历代文献之中。

为叙说方便起见，现由下往上溯（下同）：清代《四库全书总目提要》云："《诗品》一卷，司空图著。图有文集，已著录。唐人诗格传于世者，王昌龄、杜甫、贾岛诸书，率皆依托。即皎然杼山《诗式》，亦在疑似之间；惟此一篇，真出图手。……其持论非晚唐所及，故是书亦深解诗理。"馆臣称司空图著"诗品"，又别称"诗格"，可见二而一也。明魏骥在怀悦刻本《诗家一指》"序"中别称为"诗格"，他说："嘉禾怀氏用和号铁松者以书抵余，自言近得《诗法》一卷，乃盛唐诸贤之作。择其精粹，订为诗格，名之曰《诗家一指》，欲绣诸梓，以便四方学者，乞文以弁其首。"（朝鲜刊本《诗家一指》卷首）怀悦在《书〈诗家一指〉后》说："余生酷好吟咏，然学未能。江湖间每遇善诗者，辄叩其心法，举不可得。一旦偶获是篇，其法以唐律之精粹者采其关键以立则焉。……深有得乎诗格之体，足可为学吟者之矩度。自是日阅数四，稍觉有进。今不敢匿，命工绣梓，与四方学者共之，庶亦吟社中之一助耳。"（朝鲜刊本《诗家一指》卷末）按：其中"偶获是篇"明言非他所作；"日阅数四"，义即"每天阅读一点点"。魏氏"序"中明言"乃盛唐诸贤之作"，即泛指唐人所作。可见魏氏笼统别称的"诗格"，包括该书中所录"二十四品"，即四言体组诗《二十四品》下的"雄浑、冲淡……飘逸、流动"等24首的六联四言古诗。此外，元代亦见有"诗格"一语，明高儒《百川书志》记载："《诗法源流》一卷元人著有正论家数诗解诗格。"按此"诗格"不详所指，不足为凭据。不过元代《诗家一指》（旧题佚名或范德机撰）中已有"二十四品"（《虞侍书诗法》中仅存16品）之名，审察其下所录24品的形式（四言六联古体诗）和内容（妙喻二十四种诗之风格），悉同明怀悦刻本《诗家一指》中之"二十四品"，因此亦可视同魏骥"别称"之为"诗格"。至于元明人所称《诗格》的作者，除南宋陈振孙、清四库馆臣所言系司空图所作外，还可从横向系联元明清文献中《诗品》系列的叙说中看出。

其二，名异实同的《诗格》《诗品》横向系联互通见义。

横向系联元明清文献中《诗品》与《诗格》，亦皆证明《二十四品》系司空图所著。如上所述，清代"四库馆臣"谓《诗品》又称《诗格》；明末郑鄤（1594—1639）《题诗品》，曰："东坡云：'唐末司空图崎岖兵乱之间，而诗文高雅，犹有承平之遗风。其论诗曰：“梅止于酸，盐止于咸。饮食不可无盐梅，而其美常在咸酸之外。”盖自列其诗之有得于文字之表者二十四韵，恨当时不识其妙，予三复其言而悲之。’嗟乎！千百世上下，凡有得于诗文之中者，未有不悲之者也。四言体自三百篇后，独渊明一人耳。此二十四韵，悠远深逸，乃复独步，可以（“以”，疑当作“谓”）情生于文，可以想见其人。以《诗品》署题，亦犹之乐天之《赋赋》也。”（《荃阳草堂文集》卷九）又如毛晋《诗品二十四则跋》、费经虞《雅伦》中亦皆认为《诗品》系司空图著。虽然有人认为毛晋所论未得到其师的认同，不足为证，但郑鄤、费经虞所言则是无法否定的。郑氏还别称《诗品》为“二十四韵”，认定它是魏晋以后仅此一本四言体诗，而这正与明怀悦刻本《诗家一指》中“二十四品”下所录“四言体”24首诗的内容与形式完全相同。此外，郑氏沿袭苏轼所称的“二十四韵”，费经虞易为“诗品二十四则”（即“二十四首”诗。《汉语大词典》第二册第697页：“则，量词。犹篇、条。”）。明许学夷《诗源辨体》卷三十五亦云：“《诗家一指》，出于元人。中有十科、四造、二十四品。”可见上述其“名”虽异而其“实”相同，皆是指司空图所著《诗品》。

前面说过，金元时期元好问亦尝言及司空图“诗论”、《诗品》等语，他在《陶然集诗序》中说：“而《诗评》《诗品》《诗说》《诗式》，亦不可胜读。”又在《琴辨引》中说：“司空表圣最为通论……”检阅司空图曾撰《与李生论诗书》等，我们“上挂下联”，上联系宋代蔡居厚《蔡宽夫诗话》所言“司空图善论前人诗”，下联系明代郑鄤《题诗品》谓司空图言“美在咸酸之外”的“诗论”，肯定元好问所言属实。因此亦可据以证明元好问所言的《诗品》是司空图所作。此其一。其二，元人编辑的《诗品五则》（旧题范椁（德机）撰），将《诗品》（包括明清人皆谓司空图撰）与《诗家一指》中的《二十四品》联为一体，亦证明其作者是司空图。

（二）宋、元《二十四品》即《二十四诗品》

对《诗品》上述特殊状况，古人是“特殊”看待的。张健先生编著的《元代诗法校考·诗家一指》的“题解”（该书第275页）中说：“杨成本《诗法》的原编者并不认为《诗家一指》（按：内有《二十四诗品》全文）的作者是范德机，他在《严沧浪诗法》的‘题注’中称严羽所论多出《诗家一指》中，可见他认为《诗家一指》时代早于严羽（按：严羽系宋代末年人）。”虽然张健先生等认为这是《新刻沧浪诗法》的说法，不足为凭，但是上引元代文献元好问《陶然集诗序》里确有《诗品》之名，而且宋代文献亦见《二十四品》、司空图著《诗格》之说。如果认为是《诗品》抄录《沧浪诗法》的话，显然与宋元文献中的著录相抵触。

“二十四品”之名可上溯到南宋。南宋末年严羽《沧浪诗话》云：“诗之品有九：曰高，曰古，曰深，曰远，曰长，曰雄浑，曰飘逸，曰悲壮，曰凄婉。”其中的“雄浑”“飘逸”二品的名目及文中的“高”“古”等语词，应是沿袭《二十四诗品》。郭绍虞先生即如是认为，他说：“司空图列为二十四品，沧浪复约为九品”，是“多寡不同”。其中“复约”二字已表明此意。故而其著作《中国文学批评史》将司空图《二十四诗品》置于晚唐，严羽《沧浪诗话》放在宋代末年来论述，说明它们是先后相承关系。

再往上追溯，曾为南宋高鹏飞《林湖遗稿》作《序》的王晞说：“予阅南仲（按：系高鹏飞之字）诗，词体浑厚，风调情深，脱弃凡近……其始其终绝无蔬笋气味，无斧凿痕迹，可见其能参高妙之格，极豪逸之气，包冲淡之趣，兼峻洁之姿，得藻丽之妙，诚能全十体、备四则、该二十四品、具十九格，非浅陋粗疏者所能窃也。”按其中“二十四品”“冲淡”等语词，与明元刻本《诗家一指》中“二十四品”及品目悉同。见于此《序》中，证明南宋诗坛已流传“二十四品”等语。而束景南《王晞〈林湖遗稿序〉与〈二十四诗品〉考辨》则认定其书“序”是“伪作”（见南京大学《中国诗学》1997年第5集），而祖保泉先生随即撰文反驳，原文载《学术界》2000年第6期。证据确凿，不赘述。

总之，从“名”与“实”纵向的连续性来看，可以充分肯定《二十四诗品》是司空图所著；至于其中的间断性，亦可从《诗品》《诗格》《二十四品》等“异名同实”的纵横系联互补见义。

四、从《诗品》与司空图“诗论”的异同看，司空图曾撰《二十四诗品》

司空图曾撰《与李生论诗书》《与王驾评诗书》《与极浦书》《题柳柳州集》等论诗之作，而《诗品》中有某些方面与之相通，如“妙喻”手法、难明其妙、不主一格等。二者如此契合，可证明《诗品》与“诗论”同出于司空图之手。

(一)诗论“辨于味”与《诗品》妙喻二十四种风格

司空图在《与李生论诗书》中说:“古今之喻多矣,而愚以为辨于味而后可以言诗也。”诗论中以盐醋的“咸酸之外”妙喻诗之醇美,这与《诗品》中以人物取象妙喻诗之二十四种风格,手法完全相同。考察隋唐宋诗论及诗格,两种手法同时并用的,只见于司空图,这亦可证明《诗品》非司空图莫属。

刘熙载《艺概》说:“诗品出于人品。”堪称千古定论。不同性情的人,有各自不同的风格,其诗之风格亦当如是。有雄浑气质的人,自有雄浑风格的诗作;有冲淡性情的人,自有冲淡风格的诗什。《诗品》以诗妙喻诗之风格,诗中常以超人取象来象征诗中某一风格。如:以畸人象征“高古”,以美人象征“纤秾”,以幽人象征“自然”,以壮士象征“悲慨”,以高人象征“飘逸”,以可人象征“清奇”,以佳士象征“典雅”(即脱离尘俗的闲雅),还有碧山人、淡泊如菊的人等来象征某种风格。当然司空图不可能将每一风格诗皆幻化一种超人来比拟,有些则以物取象来描述,如:论“洗炼”风格时,便说“犹矿出金,如铅出银,超心冶炼,绝爱淄磷”;论“含蓄”,便说“不著一字,尽得风流”,“悠悠空尘,忽忽海沤”;论“缜密”,便说“是有真迹,如不可知,意象欲出,造化已奇”;论“委曲”,便说“登彼太行,翠绕羊肠,杳霭流玉,幽幽花香”。凡此以人和物取象方法,与司空图在诗论中以盐醋“美在咸酸之外”妙喻诗之味外味正相契合。这种千古未见的两种妙喻手法同时见于一人著作,充分证明宋元人所称的《二十四品》当是司空图所撰。南宋陈振孙《直斋书录解题》卷十六言及司空表圣著《诗格》,即是其铁证。

(二)司空图论“诗尤难”与苏轼言已“不识其妙”

司空图在《与李生论诗书》中说:“文之难,而诗尤难。”(据《全唐文》本)诚然,诗是特殊样式的语言艺术作品,内容受到形式的约束,因而欣赏者一时难明作者的用心。审阅《诗品》,它是用诗的形式、形象化的语言来妙喻诗的不同风格,宋代大文豪苏东坡亦曾感慨“不识其妙”。从这里可以看出二者的同一性,亦可知苏轼所言不是指司空图在《与李生论诗书》中所举的那些“联”诗,而是指《诗品》所妙喻的二十四种风格。

用形象化的诗语来描绘、比喻所要论说的问题,固然易于使人通过一些形象进行联想，但作为对诗歌理论的阐述，毕竟不是直接的、明确的，因而给人的认识是不确定的，甚至是模糊的。无怪乎古人苏轼"当时不识其妙"，就是其后的一些专家学者对其中词语仍然迷惑不解。方东树在《昭味詹言》中言：《二十四诗品》"多不可解"。如"委曲"中的"力之于时，声之于羌"，古今解说就不一致。孙联奎《诗品臆说》："（力之于时）此句就耕耘收获说，自春而夏，自夏而秋，费多少力，经多少委曲，然后得以力食也。（声之于羌）羌，羌笛也。笛声婉转，最是感人。"而杨廷芝《廿四诗品浅解》："言力之于其时，轻重低昂，无不因其时之宜然。羌，楚人语词，此作实字用，言其随意用之，而无不婉转如意也。……一说羌即羌笛之羌，言羌笛之声曲折尽致也，亦通。"而祖保泉《司空图《诗品》解说》则说："我却以为，对这两句，可以把'羌声'与'时力'对比起来解释，即'时力'是'强弓劲弩'之名，'羌声'即羌笛之声。因为强弓可随力而曲，羌笛有委婉之声。以强弓的委曲、羌笛的婉转来形容'委曲'，似乎比较贴切些。"祖先生言之有据，《史记·苏秦张仪列传》云："苏秦说韩宣王'……天下之强弓劲弩，皆从韩出；谿子少府时力距（按同"拒"）来者，皆射六百之外'……"裴骃《集解》云："按时力者，谓作之得时，力倍于常，故名时力也。"据此，祖说完全可信。

阅读《二十四诗品》，还有些"品"确实难以明了其概念。《沉著》即是其中之一：

> 绿杉野屋，落日气清，脱巾独步，时闻鸟声。
> 鸿雁不来，之子远行，所思不远，若为平生。
> 海风碧云，夜睹月明，如有佳语，大河前横。

披阅其诗，尽管百般形容、比喻，但我们终究不清楚"沉著"是指怎样一种风格。祖保泉先生对此做了仔细分析。他认为作者为了描绘"沉著"的意象，多角度地画出三个意象，经读者领悟而幻化出一个中心意象，一个隐者高士的形象。前四句大意是：藏在绿荫中的茅屋，在落日余晖的照耀下，显得多么深沉！那脱去头巾缓步独行的人，时时听到四境的鸟声。中间四句的大意是：他所怀念的游子，还没有让雁儿给捎个信。他时时思念着游子，仿佛游子就在他身边，两相厮守，足以抚慰平生。最后四句大意是：云淡风轻，碧海澄澄，那月下水中的小洲，显得多么深沉。此时此刻，诗人诗思奔腾，佳语纷来，多得如恒河之沙不可数、说不清——言语道断，唯靠妙悟！通读全诗，由语言这个媒介深入领悟，始见“沉著”真谛。由此可见，苏轼言“不识其妙”，当然是指此《诗品》（即他所称“二十四韵”），绝非司空图在《与李生论诗书》中所举诗之“联”语。

（三）司空图论诗“以格自奇”不主一格与《二十四品》

司空图在《与李生论诗书》中说：“诗贯六义，则讽谕、抑扬、渟蓄、温雅，皆在其间矣。然直致所得，以格自奇。前辈诸集，亦不专工于此，矧其下者耶？王右丞、韦苏州，澄澹精致，格在其中，岂妨于遒举哉？”又在《与王驾评诗书》中说：“国初，主上好文章，雅风特盛，沈、宋始兴之后，杰出于江宁，宏肆于李、杜，极矣！右丞、苏州，趣味澄敻，若清沇之贯达。大历十数公，抑又其次。元、白力勍而气孱，乃都市豪估耳。刘公梦得、杨公巨源各有胜会。浪仙、无可、刘德仁辈，时得佳致，亦足涤烦。厥后所闻，徒褊浅矣。”充分说明司空图是“善论前人诗”（南宋蔡居厚语），而且“最为通论”（金末元初元好问语）。他的“以格自奇”（指前辈诗人各以其独特风格独树一帜）、“不主一格”十分可贵。《四库全书总目提要》说：“各以韵语十二句体貌之。所列诸体皆备，不主一格。王士祯但取其‘采采流水，蓬蓬远春’二语，又取其‘不著一字，尽得风流’二语，以为诗家之极则，其实非图意也。”从司空图诗论、晚清“四库”的“题要”看，“不主一格”贯穿于《诗品》之中。

《诗品》以二十四首诗并列妙喻诗之二十四种风格，平等看待，而不厚此薄彼、抑此扬彼，见解十分通达。清赵执信《谈龙录》中指出司空图“二十四品设格甚宽，后人得以各从其所近”。说明《诗品》在繁荣诗歌创作上曾起过推动作用。随着唐代诗歌创作的空前发展、繁荣，诗歌风格研究之风日盛，晚唐司空图撰《诗品》乃是顺应时势，水到渠成。

刘勰《文心雕龙·体性》有“八体”（按即“风格”）说：“一曰典雅，二曰远奥，三曰精约，四曰显附，五曰繁缛，六曰壮丽，七曰新奇，八曰轻靡。”这是开启唐人“十体”的先河。唐李峤《评诗格》列《诗有十体》：“一曰形似，谓邈（按：疑为“貌”之误）其形而不得似也。诗曰：‘风花无定影，露竹有余清。’二曰质气……三曰情理……四曰直置……五曰雕藻……六曰影带……七曰宛转……八曰飞动……九曰情切……十曰精华……”(按:罗根泽《中国文学批评史》指出:“但(所引)皆见秘府论,知恐非伪书;就是伪书,也是唐人伪作。”可信。)皎然《诗式》有“辨体,有一十九字”;祖保泉谓其《诗式》中亦言及“高古、冲淡、自然、精神、委曲、含蓄、疏野、劲健、旷达”等诗品之语。此外,张为的《诗人主客图》、齐己的《风骚旨格》等,亦说及诗格。日本遍照金刚《文镜秘府论·论体》中录“博雅、清典、绮丽、宏壮、要约、切至”等,元兢《芳林要览序》中言及“婉润、清奇、宏丽、遒健、详雅、繁博、响亮、璀璨、浩汤、寥廓”等。凡此皆证明司空图撰写《二十四品》并非凭空而起,而是在继承前人诗歌风格论的基础上及自已勤于辨诗、善于评诗所取得的。

顺便说一句,清王士祯在《香祖笔记》卷八中说:“表圣论诗有二十四品,予最喜‘不著一字,尽得风流’八字。”又说:“‘采采流水,蓬蓬远春’二语,形容诗境亦绝妙。”(按:见清文渊阁《四库全书》本。)这只是说明他个人的爱好,如果进而认定司空图论诗之二十四种风格是以“含蓄”为核心,显然失之偏颇。

五、从《诗品》用韵时代特征看,它应是晚唐作品

有论者说:“诗文用韵只是一种没有必然规律的东西。”我们以为这话还是不说为好。因为它会使毕生利用诗文用韵研究汉语音韵的老专家们感到寒心,会使数以百计的“用韵考”论著变成毫无学术价值的一堆废纸,甚至还有可能会使汉语音韵学无人问津而走向泯灭。

(一)古代组诗用韵可资推断其作者

隋陆法言《切韵序》曰:“凡有文藻,即须明声韵。”实践证明,古诗文用韵对研究汉语语音是不可或缺的。国内外语言学家普遍认为,古诗文用韵在一定程度上反映实际语音。瑞典语言学家费尔迪南·德·索绪尔,在其所著《普通语言学教程》第七章《音位学》中说:“诗歌是认识发音的宝贵文献……要知道a、i和u的音量,就只好去请教诗人。”音韵学家鲍明炜先生曾经说过:“语音起了变化,(就)反映到诗文用韵上来。”

我们知道,语言是人类交际的工具,而语音是其物质外壳,它的沿用、变化都有自身的规律,不是杂乱无章的东西。音韵研究者认为:唐

人古体诗用韵，是受其时的通语和诗人的方音制约；近体诗的用韵，有着严格的“独用”“同用”规定，王力先生说：“科场中，诗出了韵（又称‘落韵’），无论诗意怎样高超，只好算是不及格。”张世禄在《唐代诗文韵部研究》“序”中说：“历代诗歌各自依据其时代的语音来押韵。历代的语音系统不同，诗歌的用韵也就不同。”汉语诗文用韵不仅可借以研究汉语语音史，还可用以鉴定古代组诗的产生时代。

20世纪50年代末，古典文学界发生过一场关于《胡笳十八拍》作者的争论。当时以郭沫若为首的一派，认为《胡笳十八拍》是东汉末年蔡琰（蔡文姬）所作，而另一派则认为是后人的伪托。两种说法，相持不下。有人鉴于《胡笳十八拍》是十八首组诗，便分析其用韵特点，推断其所属时代。如杨道经先生在《〈胡笳十八拍〉的用韵》中说：“细读《胡笳十八拍》，发现它的用韵跟汉代诗韵有些不同。”文中列举该诗中支、脂、之三韵同用的韵例，指出：“上古音支、脂、之的分部起于清代段玉裁，已是‘证据确凿，铁案难移。’这个界限在东汉时也还是很分明的。”（按：王力《汉语语音史·汉代音系》也是支、脂、之三部分立。）遂由此而得出结论，说：“从音韵学方面看，《胡笳十八拍》好像并非汉人的作品。”谢纪峰《音韵学概要》也说：“有时可以通过诗文韵脚来判定作品产生的时代。”书中举了刘盼遂先生分析《胡笳十八拍》的用韵特点，证明它用的是“平水韵”。谢先生说：“几百字短文，一锤定音，《十八拍》是隋唐以后的作品无疑。从此《十八拍》作者真伪问题的争论宣告结束。”

（二）《二十四诗品》韵谱

基于上述研究，我们认为《二十四诗品》是24首四言古体组诗，共146个韵字，应该会显示出其时代特征和个性特征。为便于后面的论述，先按《广韵》韵目来归纳、统摄其韵字，制作《诗品韵谱》，如下：

东韵：雄浑　充、雄、空、风、中、穷
　　　劲健　空、虹、风、中、雄、同、终
屋韵：典雅　屋、竹、逐、瀑、菊、读
侵韵：绮丽　金、深、林、阴、琴、襟
　　　实境　深、心、阴、琴、寻、音
微韵：冲淡　微、非、衣、归、稀、违
　　　超诣　微、归、非、违、晖、稀

真韵：洗炼　银、磷、神、真、人、身

真谆：纤秾　春、人、滨、邻、真、新

　　　自然　邻、春、新、贫、苹、钧

　　　形容　真、春、神、峋、尘、人

阳唐：豪放　荒、狂、苍、旁、凰、桑

　　　委曲　行、肠、香、羌、藏、翔、方

灰咍：悲慨　摧、来、灰、才、哀、苔

　　　精神　来、胎、台、怀、灰、裁

冬钟：高古　蓉、踪、从、钟、封、宗

庚清：沉着　清、声、行、生、明、横

虞模：流动　珠、愚、枢、符、无、乎

尤侯：含蓄　流、忧、浮、秋、沤、收

尤幽：清奇　流、舟、幽、悠、收、秋

歌戈：旷达　何、多、萝、过、歌、峨

支之：疏野　羁、期、诗、时、为、之

真(欣)文：飘逸　群、云、缊、垠[真(由欣韵并入)]、闻、分

支脂之微：缜密　知[支]、奇[支]、晞[微]、迟[脂]、痴[之]、时[之]

可见，《诗品》24则古体诗用韵可分为三类：第一，独用。计有“东”“侵”“屋”三部。第二，同用。计有“冬钟”“阳唐”“庚清”“虞模”“灰咍”“歌戈”“尤侯幽”七部，悉合近体诗韵。第三，通押。计有“支脂之微”(按：无“资思”韵字)、“真欣文”两部。这里要强调指出：《诗品·缜密》韵脚“知、奇、晞、迟、痴、时”，悉合王力先生的晚唐“脂微”部，不杂“资思”韵(即舌尖前元音的精系字)一字；《飘逸》“群、云、缊、垠、闻、分”，悉合王力先生的晚唐“真文”部(按：其文韵包括喉牙唇音字)，而与王力分宋代为“真群”“闻魂”二韵有所不同。这二则用韵，上与中唐以前的“支脂之”与“微”、“真谆臻”与“文”的分用不同，下与宋代“支脂之微齐”合流、“真群”(“群”指文韵合口三等喉牙音字)与“闻魂”(“闻”指文韵合口三等轻唇音字)等分部有别。当是其时通语(即读书音)韵系的反映。它是诗文用韵的必然规律，并非杂乱无章。

(三)《诗品》24首诗用韵的时代特征

有论者历举先秦两汉、魏晋南北朝、隋唐宋、元明清中的一些诗作，否认“支脂之微”“真文”是《二十四诗品》的用韵时代特征。为辨明

是非，我们纵向列举齐梁以后各时期代表诗人的用韵，来对照《诗品》两则“通押”韵例，以鉴定24首组诗的产生时代。但有论者认为只有两则“通押”，无关紧要。究竟应该如何看待这两则特殊用韵呢？我们认为必须首先讨论清楚。

唯物辩证法告诉我们：“各种物质运动形式中的矛盾，都带特殊性”，“这种特殊的矛盾，构成一事物区别于他事物的特殊的本质”，“只有注意了这一点，才有可能区别事物”。这一哲学理论，对我们分析古诗组诗的用韵，推断它产生的时代，有一定指导意义。我们知道，语音也是一种物质，在历史长河里也处于渐变之中，反映到诗文用韵上，就是起初的少数特殊韵例。对这种现象，李荣在《庾信诗文用韵研究》中说：“无论一韵独用或者几韵合用，我们在考虑次数的时候，尤其是在次数不多的场合，还要同时考虑每一次用韵的字数，这样才能充分了解次数的意义。独用是每次字数越多，意义就越大；合用是每次字数越少，意义越大。”并以庾信《和张侍中述怀》诗韵为例作一说明：全诗中间“药韵”仅有“药、缴、鹊”三字，跟8个觉韵字、19个铎韵字相押，也算“药觉铎”合韵一次。张世禄先生《杜甫与诗韵》也如是归纳。如杜甫《夏日叹》中只有齐韵一个“泥”字与佳咍二韵的字相押，《佳人》中觉韵一个“浊”字与屋、烛二韵的字相押，《两当县吴十侍御江上宅》中职韵一个“黑”字、德韵一个“息”字与陌、麦、昔、锡四韵的字相押，张先生皆将数韵分别合为一类，并据以判定杜甫古体诗用韵反映唐代当时的长安音。以此类比，《二十四诗品》中两则古体诗通押韵亦当分别归为一类。至于这两则通押是否反映晚唐诗韵的特征，还得考察微韵与支脂之韵、欣韵与真韵及文韵的分合历史来确定。因为从这两则特殊韵例，再结合如上所析的独用、同用韵例，从汉语语音发展史来定位，有助于判断《二十四诗品》的产生时代。现举其要者简述如下：

齐梁前的诗韵与其以后的诗韵部居不同，可以存而不论，不妨从《切韵》韵系的隋代诗韵切入。李荣先生《隋韵谱》(止摄)说：“支部、微部都以独用为主，和他部同用的例子不多。脂部和之部的关系密切，两部同用的例几乎和分别独用的例一样多。三部通用的例是个别的。”李先生又在同篇“臻摄”中说：“殷(欣)文两部一类，真谆臻三部一类；‘殷’跟着‘文’走。”可见这个时期支韵与微韵距离较远；欣韵游离于真韵、文韵之间，而接近文韵。

初唐时期诗文用韵，鲍明炜先生《唐代诗文韵部研究》说："止摄古体诗支、脂、之、微四部同用，但支与脂之间、支与微之间都有界限。"又在臻摄韵例中说："文以独用为主，殷（欣）韵与文韵关系并不密切。戴震考定文、殷两部分别独用是对的。"可见初唐诗韵微韵向支脂之靠拢，欣韵接近真韵。

盛唐时期，张世禄先生《杜甫与诗韵》一文可见一斑。古体诗支脂之微同用6例，支脂微同用3例，支之微同用1例，支之微齐同用1例；古体诗真谆欣同用4例，真文同用1例，文韵独用6例。张先生指出：杜甫古体诗中"同用"是"由于实际方音上的混同，诗韵里反映着当时的长安音。"可见盛唐诗韵，真欣合流，与文韵接近；微韵接近"支脂之"韵。

中唐时期，鲍明炜先生《白居易元稹诗的韵系》说："止摄各韵，古体诗用韵是通押的，较《广韵》规定为宽。近体诗微韵出现69次，只一次支微通押。近体诗支脂之同用，微独用，与《广韵》规定相同。"古体诗真谆欣文痕魂通押8例。可见中唐古体诗"支脂之微"始合流，"真欣文"始混同；而这二则先后见于不同诗人的近体诗用韵。如王维《椒园》"人、君"，贾岛《题兴化寺园亭》"（池、）薇、知"。

到了晚唐，古近体诗韵"支脂之微""真（欣）文"才分别真正合而为一。王力《汉语语音史·晚唐—五代的韵部》拟测"脂微"（另立"资思"部）韵值为[i]，真（欣）文韵值为[ən]。这两则特殊韵例同时出现，既不同于中唐、盛唐诗韵，也有别于宋代及其后时期的诗韵，是不同时期语音的分水岭。王力先生《汉语语音史·晚唐—五代的韵部》分为"资思（按即精组字）"和"脂微"两部。《诗品·缜密》支、脂、之、微四韵通押都是"脂微"部字，不杂"资思"部一字，这种现象晚唐古近体诗里皆见。我们通检《全唐诗》本第19分册（中华书1960年版）和司空图《一鸣集》中28篇有韵之文，见古诗文有此四韵通押的平声韵4例：司空图《冯燕歌》"飞微、追脂、衣微"，聂夷中《古别离》"衣微、处、迟脂、去"（交韵诗；处、去皆御韵），司空图《卢公神道碑》"疑之、饥微、咨脂"（按："咨"晚唐属"资思"部），《释怨》赋"违微、移支、亏支、眉脂、悲脂"；近体诗有6例：罗隐《冬暮寄裴郎中》"悲脂、迟脂、谁脂、祈微"，罗邺《东归》"（归微、）危支、肥微"，曹唐《小游仙诗九十八首》（其八十九）"稀微、诗之"，来鹄《鹦鹉》"奇支、飞微"，方干《谢王大夫奏表》"移支、支支、肥微、期之"，罗虬《比红儿诗》（其二十一)“儿支、帏微”。另,杜牧《题木兰庙》“(儿支、)眉脂、妃微”;刘得(一作“德”)仁《寄春坊顾校》“宜支、时之、移支、违微”。储泰松《唐五代关中方音研究》统计:支脂之微通押的古体诗22例,韵文19例,近体诗5例;近体诗中另有支微4、脂微7、支脂微4、支微14、之微4、脂微5(其中多见于晚唐)。晚唐这些不合韵书规定的近体诗韵,应是当时实际语音的反映。最值得重视的,还有晚唐官话中“龟脂”“归微”为同音字(声纽指见母)1例。宋洪迈《容斋续笔》卷十一《唐人避讳》条云:“唐人避家讳甚严(按:指晚唐人避家讳的姓,还包括当时实际读音相同而原本不同韵母的字)……《语林》载崔殷梦知举,吏部尚书归仁晦托弟仁泽,殷梦唯唯而已。无何,仁晦复诣托之,至于三、四。殷梦敛色端笏曰:‘某见进表让此官矣!’仁晦始悟己姓,殷梦讳也。按宰相世系表……父名龟从,子不列姓归于科籍。”史载,崔殷梦系晚唐人,曾在咸通年间(860-872年)为官,他视“龟脂”“归微”为同音字(声母皆见纽)不得见于科籍,正好反映其时“官”话中脂、微二韵合流。这些正合王力先生依据晚唐诗歌用韵的分部、反切读音:“支脂之”中的精系字为“资思”部(极少数混用);其余的与“微”韵合成“脂微”部。到宋代,则演化为支齐(齐祭废并入脂微)、资思二部(详后)。

细察《二十四诗品·飘逸》真欣文通押,亦如是,只合晚唐诗韵,不合宋代分为“闻魂”“真群”两部。如其韵字:群牙音羣母文韵、云喉音喻母文韵、缊喉音影母文韵、垠牙音疑母欣韵或真韵、闻唇音明母文韵、分唇音帮母文韵,其中文韵字的声母发音部位分别属于古称的牙、喉、唇音。像这种“文韵”字与真或欣韵字通押,晚唐古近体诗中比较多见。我们通检《全唐诗》本第19分册(晚唐诗一小部分)及司空图《一鸣集》,真欣与文韵通押的古诗文有3例:顾云《池阳醉歌赠匡庐处士姚岩杰》“文、垠欣或真、云”,李咸用《古意论交》“君、云、芬、醺、困真”,司空图《释怨》赋“津真、云、春谆”;近体诗2例:罗隐《寄窦泽处士二首》(其一)“(闻、)云、身真”,郑损《星精亭》“邻真(一作‘群’)、云、闻、人真”;另,杜牧有五言律诗1例:《寄崔钧》“津真、人真、麟真、君”。储泰松《唐五代关中方音研究》统计:真(含欣)文通押的古体诗7例,韵文5例,近体诗9例。其中多见于晚唐。晚唐近体诗韵中这些不合韵书的规定,应是当时实际语音的反映,正合王力先生依据晚唐诗韵、反切读音将“真欣文”合为一部(包括文韵唇喉牙音字)。

宋代诗文用韵与晚唐五代明显不同。现今研究者多认为宋代支脂之微齐为一部。而晚唐时期，王力《汉语诗律学·古体诗的用韵（中）——通韵》第五部“齐部”下括号内说：“齐韵偶然与微佳灰通，但绝对不与支韵通。”又说：“（晚唐）支韵不与齐韵通。”因此王力《汉语语音史·晚唐—五代的韵部》名之“脂微”部；齐部另名为“齐稽”部。到了宋代则发生了变化，王力先生说：“齐祭废并入脂微，合成支齐部。这就是说，蟹摄三四等字转入止摄去了。”诚然，朱熹《诗集传》反切叶音中有此例证，如：谐，叶贤鸡齐反，韵悲脂；阶，叶居奚齐反，韵几微；回，叶乎为支反，韵喈（叶居奚齐反）。宋词用韵中亦见，如辛弃疾《木兰花慢·席上送张仲固帅兴元》韵脚：非、归、衣、肥、师、西、旗、飞、围。可见宋代的“支脂之微齐”通押，与晚唐明显不同。至于“真文”通押，晚唐两韵通押范围广，文韵不限定喉牙音字，而宋代则分用划然。王力在《汉语语音史·宋代的韵部》中说：“文韵分化为二：唇音字并入痕魂，合成闻魂部；喉牙音字并入真谆，合成真群部。”宋词用韵有此用例，如苏轼《浣溪纱·徐门石潭谢雨道上作》“新、尘、薰（喉音）、人”。基于此，我们认为《诗品·缜密》韵脚“知、奇、晞、迟、痴、时”，与宋代“支脂之微齐”通押有别；《诗品·飘逸》“群、云、缊、垠、闻、分”与宋代分为“闻魂”、“真群”明显不同。虽然仅仅是两则，但与前面所述“独用”“同用”合而观之，不失为宋元文献中所言司空图著《诗品》的一个有力参证。

此外，唐作藩先生《苏轼诗韵考》亦考明：古体诗支脂之微齐有合为一部的趋势，真谆文欣痕魂合为一部。唐先生说：“（齐韵与止摄诸韵通押，）这明显地反映苏轼口语里齐韵与止摄支脂之微已合流。”又说：“苏诗臻摄古体真谆文欣魂痕可以合为一部。”张令吾《范成大诗词赋辞用韵研究》认定其古、近体诗支脂之微齐、真谆文欣痕魂皆分别合为一部。他说：“范成大基本上是根据宋代通语押韵的，其用韵反映了当时的实际语音。”由此可见，宋代诗文韵部比晚唐简化了。

元代分为金元、蒙元两个阶段。金元时期的古、近体诗中分为支思、齐微两部：支脂之（举平赅上去，下同）三韵的精、照组开口字，与日母开口字合成支思部；其余的与齐微祭、合口韵废灰泰、入声质职陌昔缉德锡合成齐微部。鲁国尧先生《元遗山诗词曲韵考》说：“在元好问近体诗中，支思与机微应分部，分别押韵30次和43次。支思部与其它韵不发生‘借’‘出’关系。”元好问的古、近体诗亦是真谆欣文痕魂合为一部。

本文开头说过，有论者说《诗品》作者有可能是元代虞集。我们通检虞集《道园学古录》789首诗，未见真欣文通押、支脂之微通押一例（首句入韵不计，如《题明皇按舞图》（近体诗）“（云、）频、新”，《次韵张蔡国公淡庵青山寺诗》（古体诗）“（期、）违、非、薇、微”）。新近有人抽查虞集《新编翰林珠玉》，见古体诗《记子昂画》前四句为：“春风动兰叶，庭户光陆离支。言收竹上露，石角挂彩衣微”，证明虞集诗韵同《诗品》。而我们认为这是虞集按元代实际语音押韵：“离”是端组来母支韵开口三等字，“衣”是喉音影母微韵字，在元代属齐微韵，这与《二十四诗品·缜密》韵脚“时”（照组禅母之韵开口三等字，按元代韵部归支思韵）与微韵“晞”字相押明显有别，不能证明虞集诗韵同《二十四诗品》。

蒙元时期，《中原音韵》分为19部，真（含谆臻欣痕魂）文合为一部，支脂之微齐仍分为支思、齐微两部。大都的曲艺家关汉卿、王实甫、马致远等14人的用韵皆如是。然而有论者说：“但在实际用韵中，支思韵像“意、你、庇、耻、基”，与齐微韵，尤其是齐微韵的开口细音字，经常混押。”不知该论者此说何本？检《中原音韵》，此五字无一见于“支思”韵，而皆见于“齐微”韵，其下有：阴（平）声有“基”字，上声有“耻”“你”二字，去声有“意”“庇”二字。再从卓从之《中州音韵》的反切读音来看，基、经移切，牙音见母；你、宁己切，端组泥母；耻、昌里切，知系彻母三等（按，元代“昌”、“彻”合流，辨其等第定音值，王力《汉语语音史》（元代音系）第316页注“耻”音[tɕʻi]，上声；按今安徽枞阳方言亦有读“纸”为[tɕi]上声）；意、应计切，喉音影母；庇、邦谜切，唇音帮母。其声母皆不属于精照系或知系二等，不会使其韵母变为支思韵。基于此，“意”等五字与齐微韵字押韵，在元代是本韵字相押。

从韵书来看，元周德清《中原音韵》、明兰茂《韵略易通》都是真文合为一部、支微分为支思（支辞）、齐微（西微）两部。很明显，《诗品·缜密》“支脂之微通押”与之迥异。如其韵脚“时”（照系禅母）属《中原音韵》“支思”部，而韵脚“知”（知系开口三等）属《中原音韵》“齐微”部，因而王实甫《西厢记》第四本第三折《小梁州》中遂与“垂支(合口)、低齐、衣微”相押。至于《再论》提出明代乐绍凤、宋濂编《洪武正韵》中“真文不仅为一部，支微亦为一部”问题，那是因为该书有存古性质。据罗常培考证，十四世纪前后北方有两种并行的语音系统，“一个是代表官话的，一个是代表方言的；也可以说一个是读书音，一个是说话音。”赵诚《中国古代韵书》说：“《洪武正韵》正好属于代表官话的那个系统。……一般说来，官话音的因袭性、保守性要大一些，而且人工色彩也较重，所以还保存一些旧有的东西，这就和《中原音韵》所反映的语音有一定距离。”这与从用韵方面考求《诗品》产生时代与作者的关系不大，故不细说。

从上可见，支、脂、之、微、真、欣、文等韵的合并、转移，是随语音的渐变而引起的。其发展的总趋势是由分而合（极少数分化）、由繁而简。隋代：支、脂（之）、微，真、欣、文。初唐至中唐：支脂之同用，接近微韵；真欣同用，与文接近。晚唐至五代：支脂之微同用（支脂之三韵精组字独立为“资思”韵），真欣文合流。宋代：支脂之微齐同用（另有“资思”部），真谆欣文痕魂合一。元代：支思，齐微；真谆臻欣文痕魂合流。《诗品》中两则“通押”用韵与上对照，悉合晚唐时期诗文用韵，反映《诗品》用韵的时代特征。这与宋元明清文献中述及晚唐诗人司空图《诗品》、《诗格》、“二十四韵”（按指《诗品》）在时代上正好契合。可见，《再论》说“古诗文用韵是没有必然规律的东西”，纯属无稽之谈。

六、从《二十四诗品》用韵的个性特征看，司空图曾撰《二十四诗品》

如上所述，《诗品》中《缜密》、《飘逸》两则通押，清楚地反映它的时代特征；若与其“独用”“同用”合而观之，亦显示出《诗品》用韵的个性特征。

（一）《诗品》24首诗用韵的个性特征分析

从表1“历时”的数据看到，《二十四诗品》中的“同用”7部，司空图近体诗有6部与之尽合，仅“庚清”部有2例出韵；而其他诗人的近体诗用韵与《二十四诗品》出入较多：初唐有5部，杜诗有4部，白诗有4部，苏轼诗有6部，杨万里诗有7部。其中最值得注意的是“冬钟”部。与《诗品》“冬钟”同用相合的只有司空图的近体诗：七言律绝《率题》“宦路前衔闲不记，醉乡佳境兴方浓。一林高竹长遮日，四壁寒山更闰冬”（光启三年闰十一月）。通检司空图近体诗，未见一例“东钟”或“东冬”混押。

再以《二十四诗品》中“东”“冬”“钟”为例进行比较，司空图近体诗“东”独用、“冬钟”同用，分别为12例、1例（详后），而上表中其他诗人的近体诗虽或有“冬钟”同用一、二例，但同时也都有“东冬”或“东钟”混押。

表1 《二十四诗品》中“同用”韵与杜甫、苏轼等诗用韵比较

《诗品》	冬钟1	阳唐2	庚清1	真谆3	虞模1	灰咍2	尤侯1·尤幽1
初唐百余诗人,近体诗两千余首	1(另有东钟3,东冬1)	97	115(另有庚清青1,庚青2)	129(另有真谆清1)	22(另有鱼虞1,鱼虞模1)	180	55·12(尤侯幽12)
盛唐杜甫近体诗七百余首	1(另有东冬1)	58	61	48(另有真谆臻欣3)	26(另有鱼虞2,鱼虞模1)	51	49·3(尤侯幽5)
中唐白居易近体诗一千六百余首	未见(只有东钟1)	69(另有阳唐漾4,阳漾5)	117	145(另有真欣4,真谆臻欣6)	59	112	78·3(尤侯幽6)
晚唐司空图近体诗三百七十余首	1	11	16(另有庚青1,耕侵1)	16	4	12	6·3
北宋苏轼近体诗一千五百余首	2(另有东冬2,东钟2)	94	59(另有庚清青1)	81(另有真欣1,真谆欣1,真谆文魂1)	26(另有鱼虞12,鱼模6,鱼虞模12)	65(另有灰咍皆2,咍皆1)	48·4(尤侯幽4)
南宋杨万里近体诗三千五百余首	2(另有东钟30,东冬5)	181(另有阳唐江1,阳江1,唐江1)	203(另有庚清真18,庚清蒸5)	106(另有真谆文2,真谆欣1,真谆魂1)	40(另有鱼虞模25,鱼虞11,鱼模5)	194(另有佳灰咍2)	97·5(尤侯幽7)

至于其他诗人,如盛唐孟浩然有2例:《田家元日》“东、农冬、童、丰”,《洛中送奚三还扬州》“风、中、同、逢钟”;中唐元稹有1例:《行宫》“宫、宗冬”。晚唐李商隐用韵比较规范,其近体诗亦有“东钟”混押3例:《少年》“(钟、)封钟、中、丛、蓬”(加括号系首句入韵,下同),《无题》(“凤尾香罗薄几重”)“(重、)缝钟、通、红、风”,《垂柳》“(中、)东、风、松钟、空”;又,皮日休1例:《天门夕照》:“(空、)舂钟、红、鸿、中”;崔道融1例:《铜雀妓二首》(其一)“风、慵钟”。此类用韵,与《诗品》亦不吻合。这种现象,晚唐李涪早就指出过,他在《刊误》中批评《切韵》说:“何须东冬中终,妄别声律!”王力《汉语语音史·晚唐—五代的韵部》将“东冬钟”合为一部。另外,《广韵》规定“尤侯幽”同用,但《诗品》中只有“尤侯”同用、“尤幽”同用,无一例“尤侯幽”同用。与此悉同者仅有司空图近体诗用韵(见上表),而其他诗人近体诗用韵,既有“尤侯”同用、“尤幽”同用,也都有“尤侯幽”同用,这与《诗品》用韵方式亦不尽合。由此可见,《诗品》中“东”独用、“冬钟”同用与司空图近体诗用韵相同,两则“通押”亦悉同司空图诗文用韵。这些无疑是其用韵的个性特征。

(二)与司空图诗文用韵如出一辙

我们通检司空图诗383首,《诗品》的用韵均见于其中,以及《一鸣集》中28篇有韵之文;《诗品》146韵字,见于司空图诗文韵脚者有113字。用韵方式全见。现分别据实录下:

东韵:诗12例,如《寄郑仁规》等;文3例,如《王公河中生祠碑》(公、忠)。

侵韵:诗19例,如《喜山鹊初归》等;文1例,如《释怨》赋(音、禁、心、箴)。

微韵:诗18例,如《涔阳渡》等;文1例,如《连珠》(归、衣)。

真韵:诗20例,如《借居》等;文1例,如《春愁赋》(辰、新、尘、贫、人)。

屋韵:诗2例,如《秋思》等;文4例,如《石氏墓志铭》(哭、躅、淑、菊)。

冬钟:诗1例,如《率题》(浓、冬);文有东冬钟1例,如《三贤赞》(宗、容、雄)。

阳唐:诗11例,如《杨柳枝》(其二)等;文6例,如《解县新城碑》(杨、梁、臧、防)等。

庚清:诗16例,如《白菊二首》(其二)等;文1例,如《春愁赋》(生、城、声)。

真谆:诗16例,如《新岁对写真》等;文1例,如《王纵追述碑》(新、尘、茵、钧、亲)。

灰咍:诗12例,如《重阳阻雨》等;文2例,如《香岩长老赞》(开、雷、恢、哉)等。

虞模:诗4例,如《王官二首》(其一。图、厨)等;文1例,如《连珠》(愚、孤、珠)。

尤侯:诗6例,如《灯花二首》(其一。头、愁)等;文有《观音赞》(游、讴侯、休、尤、幽,尤侯幽同用)。

尤幽:诗3例,如《寄永嘉崔道融》(游、秋、幽、留);文同上(尤侯幽同用)。

歌戈:诗7例,如《修史亭三首》(其二。歌、多、魔戈)等;文1例,如《共命鸟赋》(多、罗、磨戈、和、柯、何)。

支之:诗8例,如《闲步》等;文1例,如《王公河中生祠碑》(之、移)。

支脂之微：诗1例，如《冯燕歌》（飞$_{微}$、追$_{脂}$、衣$_{微}$）；文2例，如《释怨》赋（违$_{微}$、移$_{支}$、亏$_{支}$、眉$_{脂}$、悲$_{脂}$，姬$_{之}$、飞$_{微}$、悲$_{脂}$、遗$_{脂}$）等。

真（欣）文：诗文韵脚系联1例，如《释怨》赋“津、云、春”。韵脚可系联者：《重阳》（诗）“春、人”，《许国公德政碑》“人、神、勤、亲”，《偶诗五首》（其四）“伦、春、身”，《复安南碑》“用警殊伦，斯为荡辙，勒颂海垠，式昭天伐”（交韵，即“伦”与“垠”相押，“辙”与“伐”（入声月、薛）通押）。故“津、云、春、人、神、勤、亲、伦、垠”为一部。

《诗品》韵脚146字见于司空图诗文113字。文繁，不录。

从上可见，《诗品》用韵方式、四言韵语（其28篇文中19篇赋、赞、铭、碑有四言韵语）韵脚，多合司空图的诗文，亦印证宋元明文献中述及《二十四诗品》乃司空图所著。

综上所述，我们考虑到《诗品》以诗妙喻诗之风格这一特殊性，遂针对性地进行研究，多角度地考证辨析，认为“非司空图所著说”或者“存疑说”都是站不住脚的。宋元文献的考察，确实见有司空图《诗格》或《诗品》等著录；“同位结构”中语义制约关系的分析及考证，证明其中“二十四韵”当解为“二十四首诗”；《诗格》《诗品》等“名异实同”的纵横系联，印证了文献中司空图著《诗品》之说；比较“诗论”与《诗品》的某些方面的异同，说明它应是司空图一人所作；《二十四品》组诗用韵的时代特征，独与晚唐诗韵相合；《二十四品》组诗用韵的个性特征，契合晚唐司空图诗韵。凡此等等，皆证明《诗品》《二十四品》等即是南宋陈振孙所言的司空图《诗格》，亦即北宋苏轼《书黄子思诗集后》所言的司空图“二十四韵”。多方面稽考证明《诗品》的作者，是晚唐诗人司空图，而不是明代怀悦，也不是元代虞集，更不可能是宋代某一著名诗人（未见宋元历代文献言及他人所著的片言只语）。这是铁的事实，任何人也抹煞不了，否定不了！

清段玉裁在为东汉许慎《说文解字》作注时曾说过：“一字之误，贻害千古。一字之正，造福子孙。”当今学者的历史责任感大大胜过古人，自会对苏轼、陈振孙等之言咬文嚼字，辨明其真切含义，并虑及《诗品》以诗论诗的特殊性，以及它在历史变迁中的散佚情况，从而对其著者作出切合史实及语言事实的判断。

［本文与张晓华、张泽寰等合撰］

第　二　编
项羽垓下南驰乌江研究

司马迁《史记》、班固《汉书》，对楚汉相争中的重要人物项羽有全面、生动的叙述。但今人对项羽垓下之战后南驰路线及自刎地点提出新说，如国内知名学者冯其庸先生（中国人民大学教授）在安徽定远县一位中学教师文章的启迪下，经过野外考察和博览文献，历经20余年研究，于2007年在《中华文史论丛》第二辑上刊出《项羽不死于乌江考》《千百年来一座有名无实的九头山》两篇文章，计三万余言。新说一出，《中国文化报》全文转载，安徽省内一些报纸也摘要刊登，霎时间推倒了千百年来“项羽乌江自刎”之说。本人故乡在和县乌江，又于南京大学中文系（五年制）毕业，以后长期在高校中文系执教古代汉语，遂以文献学、训诂学等为指导，研读有关项羽史事的文献、地方志等，先后撰写《项羽死于东城之乌江》《〈史记〉里确实不存在项羽乌江自刎之说吗？》《项羽死于乌江辨》《项羽何处迷失道？》《“项羽不死于乌江”说献疑》，相继发表在社科院《中国社会科学报》《历史研究》以及北京大学国学院《国学研究》等，着重阐明古文有“大名”与“小名”互见互补之例。其时的大名“东域”是县的名称，小名“乌江”是下属的“亭”（基层单位）；其时的行政区划亦与今不同。此外，还有“同名异地”的情况，亦须辨别清楚。现辑录如下。

项羽死于东城之乌江
——以训诂学解析项羽史事文献之语言

项羽自刎乌江这一历史事实，中外研究秦汉史的学者从无一人生疑。然而著名“红学”家冯其庸先生力挺“项羽死于定远说”，写作《项羽不死于乌江考》，说：“项羽是死于东城而不死于乌江。”国内一些报刊先后全文或摘要转载，称“意义重大”，从而引发一场争论。和县项羽与乌江文化研究室汇编的《一个不容置疑的史实》，其中的论文征引繁富，论述详尽，较为客观地阐明了史实。鉴于冯文诸多解说有悖训诂学原理，对古代词义诠释失当，笔者试图从训诂学的角度来解析《史记》《汉书》中有关项羽史事的语言文字。

训诂学是一门传统的学问，“是语言文学的一个部门，它是从语言角度去研究古典文献的”，“是为了解上古的典籍服务的”。其内容包括训释古代词义，阐明语法、修辞、文例等等。众所周知，语言是发展变化的，古代汉语与现代汉语有很多不同，其中以语词的意义最为明显，所以著名语言学家王力先生(生前为北京大学教授)强调说：“必须正确地了解古人的语言，我们所作的解释才是正确的，否则即使把句子讲通了，也可能只是注释人自己的意思，而不是古人的原意。”又说：“如果在训诂学上没有充分的科学根据，所谓定论也是建筑在沙滩上的。”

一、项羽在“东城快战”中未亡之语证

冯先生在其大论中断言“项羽已死在东城(县邑)”，主要论据是《项羽本纪》中“东城快战”一段文字，其文曰：“项羽当时所处的地点是在东城，而‘汉骑追者数千人，项羽自度不得脱’，后面还有‘卒困于此’‘天之亡我’‘今日固决死’等项羽的话，可见项羽已困死在东城，不可能突围出去了。”又说：“‘今日固决死’，这更是十分明确地说明项羽已

‘必死’。”并强调说：“这是这一历史事件的基本事实，我们分析问题，不能离开这个基本事实作任意的猜测。”“基本事实”是否如冯氏所言（项羽）“已必死”呢？且看其文中叙录项羽在“东城快战”前的所言及实况：

> 项王乃复引兵而东，至东城，乃有二十八骑。汉骑追者数千人，项王自度不得脱。谓其骑曰：“吾起兵至今八岁矣，身七十余战，所当者破，所击者服，未尝败北，遂霸有天下；然今卒困于此。此天之亡我，非战之罪也。今日固决死，愿为诸君快战，必三胜之，为诸君溃围、斩将、刈旗，令诸君知天亡我，非战之罪也。”乃分其骑以为四队，四向。汉军围之数重。项王谓其骑曰：“吾为公取彼一将。”令其骑四面驰下，期山东为三处。

审文度意，这段文字是叙录项羽面对汉军的包围，回忆往昔“所当者破，所击者服”的情景，由此而发出“天之亡我，非用兵之罪也”的慨叹，看不出有“必死”之意。为了从语言上得到证实，这里且就冯氏强调的几个“关键字眼”做一诠释。

清人王引之《经传释辞·序》强调解释古代词义，要注意社会性、时代性，不容个人随心所欲，他说：“（释义要）揆之本文而协，验之他卷而通。”我们遵循这一原则，对冯氏提出的四个关键句子中的重点词逐一解说：(1)“自度不得脱”：“度”，猜度，思忖，是估量之辞；“脱”，《汉书·项籍传》此句下颜师古注曰：“免也。”是“避免于死”，还是“避免一场恶战”？并无确指，不过联系后面“为诸君溃围、斩将、刈旗”及实战情况来看，以解作“不能免于一场恶战”为宜。(2)“卒困于此”：“卒”通“猝”，突然。“困”：围困，被包围，冯氏训为“困死”，不合古义，不切语境。汉代许慎《说文解字·囗部》（按：“囗”是“围”字初文）云：“故庐也，从木在囗中。”其字形结构是“会意”。清人段玉裁注曰：“困之本义为止。”义即“停止”。被围困是否就肯定“不能突围出去”呢？未必。《史记·淮阴侯列传》载：“当时，楚王急围汉王于荥阳，韩信使者至，发书，（高祖）骂曰：‘吾困于此。’”又，《刘敬叔孙通列传》载：“匈奴出奇兵围高帝……（高祖）曰：‘吾不用公言，以困平城。’”刘邦两次被包围，结果都幸免于难，终于摆脱了围困，何况项羽自言要“为诸君溃围”！(3)“今日固决死”：冯氏解为“（项羽）已‘必死’”，与原意相去甚远。“固”是副词，修饰动词“决”的，义为“必定”；《汉书·周昌传》“吾固欲烦公”，颜师古注：“固，必也。”“决”：决战。《汉书·赵充国传》“兵当何日决？”古注：“决，决战。”《史记·鲁仲连邹阳列传》云：“夫齐之必决于聊城。”察其上文言：“齐田单攻聊城岁余，士卒多死而聊城不下”，其后又言：“今公（按指燕将）又以敝聊城之民距（通‘拒’）全齐之兵”，亦可证其“决”字义为“决战”。“死”与“决”是连动式，即“决战而后死”。《汉书·项籍传》写作“斩将，刈旗，乃后死”可证。(4)“天之亡我”：句意是“天意使我亡”；“亡”，不及物动词，带上宾语，陈承泽《国文法草创》首称“致动用”，义即“使……亡”；句中“之”的语法作用是取消句子独立性（王力说），并非“已经”的意思。

从上可见，项羽于“快战”之前所言，是“或然”之辞，冯氏怎么能断言是“已然”的事实呢？那末项羽在“快战”中是否已身亡，且看下文：

> 于是项王大呼驰下，汉军皆披靡，遂斩汉一将。是时，赤泉侯为骑将，追项王；项王瞋目而叱之，赤泉侯人马俱惊，辟易数里。与其骑会为三处。汉军不知项王所在，乃分军为三，复围之。项王乃驰，复斩一都尉，杀数十百人。复聚其骑，亡其两骑耳。乃谓其骑曰：“何如？”骑皆伏曰：“如大王言。”

上述是记录项羽东城“快战”的结果。浏览一遍，即知项羽非但没战死，而且杀得汉军人仰马翻，连斩汉将两人，杀死汉兵近百人。文中有几个词句充分显示出项羽作战的神勇，叱咤风云：(1)“汉军皆披靡”：“披靡”，上古为歌部叠韵联绵词，句中义“溃逃”。日本学者泷川资言《史记会注考证》解曰：“披靡，谓草木不禁风而散乱也。因以状士兵溃散。”(2)“辟易数里”：“辟易”，上古为锡部叠韵联绵词，张守节《史记正义》解曰：“言人马俱惊，开张易旧处，乃至数里。”按谓“辟”为“开张”（即“开辟”），“易”为“更易”，不确。所谓“联绵词”是两个字（即音节）构成一个词（复音词。从词义来说是单纯词），不可分训，如杜甫《王兵马使二角鹰》“溪虎野羊俱辟易”。义即“因畏惧而后退逃跑”。(3)“骑皆伏曰：‘如大王言’”：“伏”通“服”，《汉书·项籍传》作“服”，上古皆並纽屋部，同音通假，义即“佩服”“信服”。“如大王言”：义即“果如大王战前所言：必三胜之，溃围、斩将、刈旗均兑现”。《汉书·项籍传》于此句后特续一句：“于是羽遂引（兵而）东。”

上述事实说明项羽在东城快战中未亡，随后便东驰乌江了。

二、项羽死于乌江之铁证

上面“东城快战”中的词句证明并非如冯氏所言“项羽死在东城（县邑）”，下面对冯文征引的用以否定项羽死于乌江史实的例句作一剖析。为便于对照，现将《项羽本纪》“正文”末段原文抄录于下：

> 于是项王乃欲东渡乌江。乌江亭长舣船待，谓项王曰：“江东虽小，地方千里，众数十万人，亦足王也。愿大王急渡。今独臣有船，汉军至，无以渡。”项王笑曰：“天之亡我，我何渡为！且籍与江东子弟八千人渡江而西，今无一人还，纵江东父兄怜而王我，我何面目见之！纵彼不言，籍独不愧于心乎！”乃谓亭长曰：“吾知公长者。吾骑此马五岁，所当无敌，尝一日行千里，不忍杀之，以赐公！”乃令骑皆下马步行，持短兵接战。独籍所杀汉军数百人，项王亦身被十余创。顾见汉骑司马吕马童，曰：“若非吾故人乎？”马童面之，指王翳曰：“此项王也！”项王乃曰：“吾闻汉购我头千金，邑万户。吾为若德。”乃自刎而死。王翳取其头，余骑相蹂践，争项王，相杀者数十人。最其后，郎中骑杨喜、骑司马吕马童、郎中吕胜、杨武，各得其一体；五人共会其体，皆是……

上述具体地描述了项羽在乌江浦的全过程：与乌江亭长对话，与汉军短兵交战，与故人吕马童诀别，最后伏剑自刎等。其后的班固《汉书·项籍传》、司马光《资治通鉴》（见《汉纪三》）、袁枢《通鉴纪事本末》（见《高祖灭楚》），皆如是叙录，说明古人皆认为是史实，是项羽死于乌江的铁证。然而冯先生却以上文的开头一句来否定项羽已到达乌江，他说：“（项羽）‘欲东渡乌江’，并不是已经到了乌江。司马迁的文字章法是很周密的。渡淮用一个‘渡’字，至阴陵用一个‘至’字，至东城用一个‘至’字，东渡却用一个‘欲’字，说明只是‘想’，而并未‘到’。”又说：“‘东’字表明乌江在东城的东面，而且含有一定的距离……项羽是

‘欲’(想要)东渡，实际上还没有离开东城。”这句原意是否如冯氏所释？下面分析这句语法结构与词义搭配。

著名训诂学家陆宗达先生(生前为北京师范大学教授)说:“因训诂学本是对于整个具体的语言作出分析，解释它的全部内容，决不仅是单词和词义的问题，许多地方要涉及语法。”诚然，词义是受句子结构制约的，只有明辨一个词在句中所充当的成分，以及与别的词语之间关系，全句的意思才会解释正确。我们分析“欲东渡乌江”的结构和句意，认为项羽已经到了乌江浦。(1)“乌江”，此处为地名而非水名，《嘉庆重修一统志》卷一百三十一《和州·山川·乌江浦》云:“(乌江浦)在州东北四十里，土多黑壤，故名。”它在句中是“处所”补语，而非“渡”的宾语(如“渡淮”)，其前面省略了一个介词“于”(古汉语里常见)，表明项羽其时所处的地点是“乌江”。有史料证明:晋代虞溥《江表传》言“项羽败至乌江”，《滁县地区志》等亦言“项羽逃至乌江”。还有同构的句子可证:《孟子·告子下》:“(曹交曰:)愿留而受业于门。”清马建忠《马氏文通》卷四《实字》(外动字)解曰:“‘于门’者，言‘受业’之地也。”按:其时曹交是在孟子门庭，与孟子对话:“希望留下来在门下受业。”查看《项羽本纪》所载，亦是项羽驻足乌江亭长面前，想要在乌江浦渡江而东。(可译为“项羽在乌江浦想要往东渡过江去”。)(2)“东”在动词“渡”的前面表示动作进行的方向，义即“向东”“往东”，《项羽本纪》里多见，如“垓下”一段中有“直夜溃围南出”，义即“往南方去”。然而冯先生却说:“‘东’字表明乌江在东城的东面。”太“离经叛道”了。(3)“欲”，是“能愿动词”，辅助动词“渡”的，义即“想要渡江”。基于此，其完全句式为“项羽欲东渡[于]乌江”，义即“项羽在乌江浦想要渡江东去”。

冯先生为圆其“项羽不死于乌江说”，还摘录《史记》中九个例子来佐证，即:《高祖本纪》“骑将灌婴追杀项羽东城，斩首八万，遂略定楚地”(摘抄其关键句子，下同);《高祖侯者功臣年表》“魏其(周定)破籍东城”，“涅侯(吕胜)以郎将击斩项羽”，“中水(吕马童)共斩项羽”，“杜衍(王翳)从灌婴共斩项羽”，“赤泉(杨喜)从灌婴共斩项羽”，“吴房(杨武)以都尉斩项羽”，“高陵(王周)追籍至东城”;《樊郦滕灌列传》“灌婴追籍至东城，破之”。详审其九例中文字，有五例没有“东城”字样，即项羽在乌江浦自刎后，二吕、二杨、一王争分项羽五体以请赏邀功，《史记》《汉书》等皆明言其地点是在乌江浦，怎么能证明“项羽不死于乌江”呢？其他四例虽有“东城”但并不能证明项羽是在东城县邑被杀死的：(1)“灌婴”句，①“灌婴追杀项羽东城”，②“灌婴追籍至东城，破之”，其中的“追”义即“追击”，“破之”句中的“破”义即“打跨”“打败”地点在四隤山，并非如冯氏所释“‘破’者，灭也”。我们通检《项羽本纪》全文，“破”字35见，无一例可训为“灭”。检查字典、辞书，也未见有此义。《项羽本纪》“东城快战”一段文字中有“至东城，乃有二十八骑”，乃是“破之”最明确的诠释，即“使……残破不全”也。由此可证，“追杀”“追斩”的地点也应是乌江(《史记》《汉书》有以“县”之“大名”指代其下辖地点的用例，唐宋诗句里也见有以“东城”指称“乌江”例)。(2)“周定破籍东城”“王周追籍东城”，地点皆在四隤山皆未言“杀死”，岂能证明“项羽是死于东城而不是死于乌江”？

冯先生断言“项羽不死于乌江”，自以为其“铁证”是《项羽本纪》“赞”中“(项羽)身死东城”一语，他说：“(司马迁)却是用论断式的语言说：‘身死东城，尚不觉寤……’，司马迁这样斩钉截铁的断语，以后的班固、司马光、袁枢等，都没有异词，难道还不足以说明问题吗？”我们研读《史记》《汉书》，见有这类在同篇前、后文中“异名”互见的现象，如《项羽本纪》篇首有“(项羽)起兵吴中，使人收下乡，得精兵八千人”，而篇末则言“籍与江东八千子弟渡江而西”。“江东”是大概念，“吴中”(下乡)是小概念，二者并不排斥。王贵华《项羽自刎乌江史实毋庸置疑》中引录《史记·匈奴列传》“冒顿……围高帝于白登”，《高祖本纪》“匈奴围我平城”，指出：“白登是平城县的一座山，犹如乌江是东城的一个亭。”(按：“平城”与“白登”有见于《史记》《汉书》中同篇的前后文例子，与东城、乌江互见类似。)袁传璋先生《“项羽不死于乌江说”商榷》一文说这是“互见足义”，正与乌江秦汉时属东城县管辖相吻合。随着这方面研究的深入，将有许多语言实例证明冯氏的“对立论”是站不住脚的。

无论是从上述“东城快战”中的词句看，还是从冯氏所摘录的“例证”看，都证明项羽是死于东城之乌江(即今和县乌江)而不死于东城县邑，这与史实完全一致，不容置疑。然而冯先生却认为他几次深入定远等地调查，从“民间传说”得到的材料“可靠”。但我们稍加比较，他的一些说法，连与他合作研究项羽史事的计正山也不认同。如：冯说“嵯姬墩”本是一座无名的高阜，又名“四溃山”（不见载籍著录）；而计氏则说“虞姬墓”是虞姬头颅滴血长成的“土谷堆”，项羽死后始建成虞姬墓。又如冯说“项羽明明是在东城（县邑）自刎的”，而计则说“项羽是被五壮士一齐扑上去拼力搏杀死的”。这种与史实完全相悖的说法，对研究两千年前的项羽史实究竟有多少价值，冯、计二位先生自己应该心知肚明，“得失寸心知”的。

王力先生说：“我们追求的是真理”，“如果不能切合语言事实，只是追求新颖可喜的见解，那就缺乏科学性，‘新颖’不但不可喜，而且是值得批评的了。”王先生所言极是。我们研究项羽史事应当引以为戒。

［原载《乌江论坛》，陕西人民教育出版社2009年版］

“《史记》里确实不存在项羽乌江自刎之说”吗?

近年有位学者断言“《史记》《汉书》均无(项羽)‘乌江自刎’之说”,他说:“《史记》有关项羽之死的全部文字,除《项羽本纪》中有‘于是项王欲东渡乌江。乌江亭长舣船待’两句涉及乌江,当另作分析外,其余无一处写到项羽乌江自刎。相反,却是明确说‘身死东城’‘使骑将灌婴追杀项羽东城’……其地点当然都是在东城。由此可见,《史记》里确实不存在(项羽)乌江自刎之说。”并引录《项羽本纪》篇末“赞语”以佐证:“(司马迁)却是用论断式的语言说:‘身死东城,尚不觉悟,而不自责,过矣。乃引‘天亡我,非用兵之罪也’,岂不谬哉!’司马迁这样斩钉截铁的断语,以后的班固、司马光、袁枢等,都没有异辞,这难道还不足以说明问题吗?”

详审“新说”者鸿文巨制,尽管其中枝蔓繁多,歧义频出,但其立论的根底乃谓《史记》《汉书》里所有的“东城”(汉代县名)皆是指其县邑,即今安徽定远县大桥乡三官集。如:《高祖本纪》“灌婴追杀项羽东城”,《高祖功臣侯者年表》“魏其(周定)破籍东城”“高陵(王周)追籍至东城”,《樊郦滕灌列传》“灌婴……追项籍至东城,破之”,《项羽本纪》“身死东城”。这种不细察语义、不辨别语境、不明以大名指代小名文例等,一律等而同之,谓皆指东城县邑,明显不合《史记》《汉书》语言事实,不合古文修辞、文例。

《史记》《汉书》中的“东城”,秦汉县名,是“大名”。清代著名学者俞樾说:“古人之文,有举大名以代小名者,后人读之而不能解,每每失其义矣。”并列举《春秋》中“通都大邑得以名通”“小邑不得以名通,则但书国而不书其地”等例证,还特别强调指出:“后儒说《春秋》,谓不(书)地者即于其都也,失之。”《史记》《汉书》亦有此类例子,其中还特有同一个“大名”在不同语境所指的“小名”(地点)不一,如:“平城”,汉代县名,或指其县邑,或指其县内白登山。前者如《史记·韩信卢绾列传》"上出白登,匈奴骑围上。……居七日,胡骑稍引去。……入平城,汉救兵亦到,胡骑遂解去,汉亦罢归",其句中"入"字表明指其县邑;后者如《高祖本纪》"匈奴困我平城,七日而后罢去",对照《刘敬叔孙通列传》"匈奴果出奇兵围高帝于白登,七日然后得解",证明此"平城"指其县内"白登(山)"。(《史记正义》云:平城县东北有白登山。)《史记》中"东城"亦然,如《樊郦滕灌列传》中"下东城、历阳","下"(攻克)明示指其县邑;又,"婴以御史大夫受诏将车骑别追项籍至东城,破之",其"东城"则指"四隤山"(班固据《项羽本纪》"期山东为三处"增补)。细察《项羽本纪》"东城快战"可看出:项羽出垓下南驰时,"麾下壮士骑从者八百余人","至东城,乃有二十八骑"。羽"乃因山分其骑以为四队,四向"。此外,《高祖本纪》"灌婴追杀项羽东城"(《高帝纪》作"婴追斩羽东城"),其"东城"则指乌江。地舆志、古诗有例证。如:唐李吉甫《元和郡县图志》卷九《河南道五》云:"(项羽)南走至乌江亭。灌婴等追项羽,杨喜斩羽于东城,即此地。"唐孟简《赋得亚父碎玉斗》"谁为西楚王,坐见东城溃",南朝梁侯景《讨梁檄文》"羽目重瞳,尚有乌江之败",可证。

乌江亭在西晋太康六年(285)已由东城县析出为县,但唐宋诗中仍有以"东城"称之,如唐张籍《闲居》:"东城南陌尘,紫幰与朱轮。"韩愈《〈张中丞传〉后叙》述及大历(766—779)中张籍闲居乌江家中,故此东城指乌江。宋贺铸《迁家历阳江行夜泊黄泥潭怀寄冯善渊》:"黄泥潭口舣舟篷,回首东城衹眼中。"按:黄泥潭离乌江很近,而离东城县邑则有240华里,故此"东城"亦指乌江。清释传彝《过霸王庙》:"西风古庙飞黄叶,落日荒江冷碧波。抔土东城休怅望,汉家无复旧山河。"乌江镇东南凤凰山上古有霸王祠,李白从叔李阳冰任当涂县令时曾篆书题额曰:"西楚霸王灵祠"。而定远县从未见有此古迹。此外,南宋王象之《舆地纪胜》"[景物上]东城 《乌江县学记》"曰:"乌江号东城。"盖因《史记》中有"东城"指"乌江",唐宋人多有沿袭,故而以为"号"焉。

从上可见,古代确有以"大名"东城指代"小名"乌江例。因此,《史记·高祖本纪》"灌婴追杀项羽东城",《汉书·高帝纪》"婴追斩羽东城",应是指"项羽乌江自刎"。顺便说明,"新说"者谓《项羽本纪》正文末段有"错简""脱字",但无古书和出土文物佐证。文中"舣船待"的乌江亭长与项羽的一番对话,证明项羽当时是在乌江浦,与汉军决战后项羽

“遂自刎”。

再者,《项羽本纪》《汉书·高帝纪》篇末言项羽“身死东城”与其前段言“乌江自刎”,是《史记》《汉书》中“大名”与“小名”互见文例。史载:“东城”,秦汉县名,是该地域的政区称谓;“乌江”是“亭”,是东城县下辖的基层单位。二者见于同篇前、后文,相互配合,相得益彰,“小名”因“大名”而显著,“大名”因“小名”而具体,后人读之,即知其所在之地:东城县乌江。这类见于同篇前、后文的“大名”“小名”例,《史记》《汉书》里并不罕见。如:《史记》中《屈原贾生列传》“(司马迁)适长沙,观屈原所自沉渊”,而其前文言“屈原沉汨罗”。(司马贞《史记索隐》引《荆州记》云:“长沙罗县,北带汨水,去县四十里,是屈原自沉处,北岸有庙也。”)又,《淮阴侯列传》“齐人蒯通知天下权在韩信”,而其前文言“范阳辩士蒯通说信曰”。(清钱大昕等考证:“范阳乃齐地东郡之范县。”)又,《郦生陆贾列传》“初,沛公引兵过陈留,郦生踵军门上谒曰……沛公方洗(足)”,而其前文言:“沛公至高阳传舍,使人召郦生。郦生至,入谒,沛公方倨床使两女子洗足。”(司马贞《史记索隐》云:“高阳属陈留圉县。高阳,乡名也。”)又,《项羽本纪》“籍与江东子弟八千人渡江而西”,而其前文言:“遂举吴中兵,使人收下县,得精兵八千人”,“梁乃以八千人渡江而西”。按:“江东”指长江以东,拥有“地方千里,众数十万人”(乌江亭长语);而“吴中”(及其下县)则指江苏南部一带。凡此足以旁证“东城”与“乌江”系“大名”与“小名”互见,与东城(县)乌江(亭)在汉代政区上为领属关系的行政区划史实吻合。唐李吉甫《元和郡县图志》之《淮南道·和州》载:乌江亭,汉代属东城县,于西晋太康六年(285)始析出,置乌江县。而“新说”者谓“乌江在汉代属历阳县”,无史籍可稽。我们检查述及乌江的政区的文献,未见有一处如“新说”者所言。经查核,李吉甫《元和郡县图志》阙卷逸文卷二《淮南道》中“和州”下载:历阳县……,乌江县……,乌江浦……;而“新说”者征引其文时,删去中间“乌江县”一节37字,将乌江浦置于历阳县下,以作证据。如此移花接木,为学者所不取。

此外,细察《史记·项羽本纪》《汉书·项籍传》“东城快战”一段文字,无只言片语说及于四隤山“决战后,项羽即自刎于东城”(县邑),而是明言项羽斩将溃围、引骑东驰乌江。该段前面叙说项羽预感形势危急,战前言“自度不得脱”“今日固决死”(义即“今日一定决战而后死”,

非如“新说”者解为“今日必死”)等,后面叙录项羽战斗中所向披靡,连斩汉骑二将,汉军“辟易数里”,溃围东驰乌江。而“新说”者以前面的“或然”之辞来否定后面项羽溃围东驰的“已然”事实,显系混淆视听,自欺欺人。必须指出,“新说”者为逞其私说,还恣意曲解《史记》词义,如《樊郦滕灌列传》“灌婴……追项籍至东城,破之”,“新说”者特加疏解:“‘破’者,‘灭’也。也就是在东城(县邑)消灭了项羽。”我们通检《项羽本纪》,“破”字35见,无一例可训“灭”。《正字通·石部》:“破,行师败其军,夺其地,皆曰破。”又如“新说”者言:“‘今日固决死’,这更是十分明确地说明项羽已‘必死’,项羽已困死在东城,不可能突围出去了。”按:此“困”义为“困住”,“固决死”是“必定决战而后死”。“决”义为“决战”,如《史记·鲁仲连邹阳列传》“夫齐之必决于聊城”。《史记》《汉书》文中叙录项羽于四隤山决战后未死可证。班固《汉书·项籍传》特增补“于是羽遂引(兵而)东”一句,已明示项羽于四隤山之战中既未阵亡,战斗后亦未自刎,而是东驰乌江了。该篇“正文”末段明言项羽于乌江“遂自刭”(《项羽本纪》义同),岂容矢口否定?

如上所述,《史记》《汉书》的语言事实充分证明项羽确实自刎乌江。在目前尚无出土文物佐证下,“正史”所载的两千年前“项羽乌江自刎”史实,岂容以“调查”所觅一例“民间传闻”(定远县南六十里谭村人说虞姬墓又名“四溃山”)及曲解语言事实来否定?已故语言学家王力先生说:“我们追求的是真理”,“如果不切合语言事实,只是追求新颖可喜的见解,那就缺乏科学性,‘新颖’不但不可喜,而且是值得批评的了”。王先生所言极是,应以为鉴。

[原载《中国社会科学报》2009年9月17日,有增益]

项羽死于乌江辨

关于项羽自刎的地点，近年有学者力挺“项羽死于定远说”，著文称：“项羽是死于东城而不死于乌江”，并强调说：“自刎乌江，这是千古流传，人人皆知的一个历史人物项羽的结局。但这个传说是否可信却一直没有引起人们的思考，甚至连史学界都没有予以注意，一直是沿袭旧说。”有论者认为该文“作者曾亲临实地调查，悉心考证”，便称赞“新论”者“治学之严谨，令人钦佩”，云云。研读记载项羽史事的古文献，有语言事实表明：《史记》《汉书》中的“东城”（秦汉县名）系“大名”，在不同语境所指称的“小名”不一，或指乌江，或指四隤山，并非皆指东城县邑（今安徽定远县大桥乡三官集）；东城与乌江（秦汉亭名）见于《项羽本纪》一文的前、后，系“大名”与“小名”互见，《史记》《汉书》中有众多同类的例子旁证；史料中有秦汉时乌江属于东城县的证据。现申述如下，祈请方家指正。

一、“大名”指代“小名”

在项羽死地的争论中，《项羽本纪》《樊郦滕灌列传》中“东城”所指的地点，成为分歧的焦点之一。持“项羽不死于乌江说”的论者断言：“《史记》里确实不存在（项羽）乌江自刎之说”，并列举了《高祖本纪》“灌婴追杀项羽东城”，《高祖功臣侯者年表》“破籍东城”“追籍至东城”，《樊郦滕灌列传》“灌婴追籍至东城，破之”等例，谓其中“东城”皆指东城县邑，以证明项羽“死于东城”（县邑）。我们认为，上述句中的“东城”是司马迁沿袭前人以“大名”指代“小名”文例；从其语境看，不是指东城县邑，不能证明“项羽不死于乌江”。

清代学者俞樾“以大名代小名例”云：

> 古人之文，有举大名以代小名者，后人读之而不能解，每每失其义矣……《春秋》之例，通都大邑得以名通，则不系以国，如楚丘不书卫，下阳不书虢是也。若小邑不得以名通，则但书其国而不书其地，如盟于宋，会于曹，必有所在之地；而其地小，名亦不著，书之史策，后世将不知其所在，故以国书之。此亦举大名以代小名之例也。后儒说《春秋》，谓不地者即于其都也，失之。

俞氏所言虽是史籍《春秋》中的文例，但其后古籍亦多见有，如《孟子·梁惠王章句上》"梁惠王曰：'晋国天下莫强焉'。"清刘宝楠《愈愚录》卷四云："《孟子》，梁惠王自称'晋国'，魏人周霄亦自称'晋国'。此晋国即魏国也。"1957年安徽寿县出土的《鄂君启金节铭文》"大司马邵阳败晋师于襄陵"。楚国也称魏国为"晋"。《史记》里亦多见此类用例，人物籍贯的"大名"有如《春秋》用其"国名"者，如：《孙子吴起列传》"孙子武者，齐人也"，"吴起者，卫人也"。有郡县等"大名"者，如《史记·大宛列传》"张骞，汉中人"。还有同一个"大名"在不同的语境所指代的"小名"不一，如秦汉县名"平城"，《史记》里或指其境内白登(山)，如《高祖本纪》"匈奴围我平城，七日而后罢去"。或指其县邑(城堡)，如《韩信卢绾列传》："上出白登，匈奴骑围上……居七日，胡骑稍引去……入平城，汉救兵亦到，胡骑遂解去，汉亦罢兵归。"

"东城"亦如是。它是秦汉县级政区的称谓，可以指其县内任何一处。《史记·樊郦滕灌列传》载：

> 项籍败垓下去也，婴以御史大夫受诏将车骑别追项籍至东城，破之。所将卒五人共斩项籍，皆赐爵列侯。降左右司马各一人，卒万二千人，尽得其军将吏。下东城、历阳。渡江，破吴郡长吴下，得吴守，遂定吴、豫章、会稽郡。还定淮北，凡五十二县。

文中"下东城、历阳"中的"东城"，系指东城县邑，由"下"(攻克)字可知。上文中"至东城"之"东城"指的是"四隤山"，如明人杜浩有诗云："古来无敌归仁者，漫说东城斩将功。"《史记》《汉书》"东城快战"言项羽于四隤山战斗中斩汉骑二将可证。

《汉书·高帝纪》"婴追斩羽东城"，《史记·高祖本纪》"灌婴追杀项羽东城”，其“东城”皆是以“大名”指代“小名”乌江。虽然乌江在西晋太康六年已置为县，与东城县并列，但唐以后的诗文中仍有习用旧称者。如：唐张籍《闲居》“东城南陌尘，紫幰与朱轮”。按：张籍家住乌江，韩愈《〈张中丞传〉后叙》述及张籍大历（766—779）中曾在乌江闲居。宋人贺铸《迁家历阳江行夜泊黄泥潭怀寄冯善渊》“黄泥潭口舣征篷，回首东城衹眼中”。按：贺铸于元祐元年出任和州通判，乘船行至离乌江很近的黄泥潭，故言“东城衹眼中”；若是指二百里外的东城县邑，则不可能“衹眼中”。宋人郭祥正《姑孰乘月泛渔舟至东城访耿天骘》“姑孰皇东城，长江八十里”。按：姑孰，今安徽当涂县；皇通“徨”，往返。“皇”一作“望”，误。郭氏由姑孰至东城访友，来回八十里水路，正合两地的往返里程；而东城县城与长江远隔，不仅距离当涂津渡230多华里，且乘船江行，无水路直达。清释传彝《过霸王庙》诗：“西风古庙飞黄叶，落日荒江冷碧波。抔土东城休怅望，汉家无复旧山河。”其“东城”亦是指乌江。乌江“霸王庙”唐代已有，李白从叔李阳冰任当涂县令时曾于上元二年（761）篆书题额“西楚霸王灵祠”。

唐以后的地理志中，也有例证。如唐李吉甫《元和郡县图志》卷九《河南道五》云：“（项羽）南走至乌江亭。灌婴等追羽，杨喜斩羽于东城，即此地也。”南宋王象之撰《舆地纪胜》引录《乌江县学记》曰：“乌江号东城。”清赵宏恩主撰《江南通志》卷十六引《南畿志》云：“乌江，汉东城地，则羽死乌江，即东城也。”

由上可见，“大名”指代“小名”，确是《史记》《汉书》中的一种文例，要据语境辨明其所指。而“新论”者谓《史记》《汉书》中“东城”一律指其县邑，则“失之”矣。

二、“大名”与“小名”互见

下面再列举《史记》《汉书》里类似东城与乌江的“大名”与“小名”见于同篇前、后例，以及秦汉时乌江属于东城县之史料，以证东城与乌江的关系。

（一）东城与乌江为互见文例旁证

《史记·项羽本纪》“赞”中言“（项羽）身死东城”，而其前文言项羽“自刎乌江”，“新论”者认为“项羽自刎乌江”（含“乌江亭长舣船待”等）

不是“写实”。下面列举《史记》《汉书》中见于同篇前、后文的“大名”与“小名”8例，作为《项羽本纪》中“东城”与“乌江”系互见文例的旁证；并引录《史记》“三家注”及《汉书》颜师古《注》的解释，以察其“大名”与“小名”之间的关系。

1.长沙与汨罗

《史记·屈原贾生列传》篇末云：“太史公曰：‘余读《离骚》《天问》《招魂》《哀郢》，悲其志。适长沙，观屈原所自沉渊，未尝不垂涕，想见其为人’。”其前“正文”言：“（屈原）于是怀石遂自（投）[沉]汨罗以死”，“自屈原沉汨罗后百有余年……”。

司马贞《史记索隐》云：“按：《荆州记》云‘长沙罗县，北带汨水。去县四十里是屈原自沉处，北岸有庙也’。”张守节《史记正义》云：“春秋时罗子国，秦置长沙郡而为县也。按县北有汨水及屈原庙。”由此可见，屈原沉渊处汨罗(水名)是“小名”，因其名不著，故篇末以统辖其地的“大名”长沙县称之。

2.平城与白登

《史记·匈奴列传》前言：“冒顿纵精兵四十万骑围高帝于白登。七日，汉兵中外不得相救饷。”后言：“（高帝崩）高后欲击之，诸将曰：‘以高帝贤武，然尚困于平城。’”

《史记·高祖本纪》“遂至平城”下，张守节《史记正义》曰：“《括地志》云：‘朔州定襄县，本汉平城县。县东北三十里有白登山，山上有台，名曰白登台。《汉书·匈奴传》云‘冒顿围高帝于白登七日’，即此也。”此以“大名”平城说明“小名”白登山是其辖区。

3.陈留与高阳

《史记·郦生陆贾列传》前言：“沛公至高阳传舍，使人召郦生。郦生至，入谒，沛公方倨床使两女子洗足”，后文追溯当初言：“初，沛公引兵过陈留，郦生踵军门上谒……沛公方洗（足）。”

司马贞《史记索隐》云：“高阳属陈留圉县。高阳，乡名也，故《（益部）耆旧传》云：‘食其，高阳乡人。’”详审其原文，所述是同一次同一件事（即郦食其劝刘邦夺取陈留），而前、后言其名则异，乃小名、大名互见。

4.聊城与济北

《史记·鲁仲连邹阳列传》后言：“且夫齐之必决于聊城”，而其前鲁仲连言:“齐无南面之心,以为亡南阳之害小,不如得济北之利大。”又言:“齐弃南阳,断右壤,定济北。”

张守节《史记正义》云:“(聊城)今博州县也。”司马贞《史记索隐》云:“(济北)即聊城(县)之地也。”可见“聊城(县)”是大名,“济北”乃小名,是“聊城(县)”所辖之地。

5.齐与范阳

《史记·淮阴侯列传》前言:“范阳辩士蒯通说信曰……”,后言:“武涉已去,齐人蒯通知天下权在韩信。”

《汉书·蒯武江息夫传》颜师古注:“范阳,涿郡之县也。旧属燕,通本燕人,后游于齐,故高祖云‘齐辩士蒯通’。”钱大昕、梁玉绳、王骏图等考证:“范阳乃齐地东郡之范县(今山东省范县东南二十里处,即其故治)。”“范阳”是县名,“齐”是地区名,亦“大名”与“小名”互见。

6.江东与吴中

《史记·项羽本纪》文末云:“籍与江东子弟八千人渡江而西”,其篇首言:“遂举吴中兵,使人收下县,得精兵八千人。”“(项)梁乃以八千人渡江而西。”

按:文中“八千人”相同,本来自一地,而言其地名则异:一言“江东”,一言“吴中”(及下县)。“江东”乃“大名”,拥有“地方千里,众数十万人”(乌江亭长语);而“吴中”(下县)乃“小名”,指长江下游江苏南部一带,在地域上是“点”与“面”的关系。

7.梁与宛朐

《史记·韩信卢绾列传》篇末曰:“陈豨,梁人。”其前“正文”言:“陈豨,宛朐人。”

张守节《史记正义》云:“宛朐,曹州县也。太史公云:‘陈豨,梁人。’按宛朐,六国时属梁。”此例以旧时“梁”(即魏)之大名说明小名“宛朐”(曹州县)所在之地域。

8.山东与宛朐、横阳

《史记·傅荆蒯成列传》篇末云:“太史公曰:阳陵侯傅宽、信武侯靳歙皆高爵,从高祖起山东,攻项籍。”其前文言:“阳陵侯傅宽,以魏五大夫骑将从,为舍人,起横阳。”又,“信武侯靳歙,以中涓从,起宛朐。”

司马贞《史记索隐》云:“按:横阳,邑名,在韩。”张守节《史记正义》

云:“(宛朐)曹州县也。”按:“山东”,指崤山以东地区,以地区大名说明“宛朐”(县)、“横阳”(邑)在此区域,亦即傅宽起兵于崤山东的横阳,荆歙起兵于崤山东的宛朐。

以上“长沙与汨罗”“平城与白登”“陈留与高阳”“聊城与济北”“齐与范阳”“江东与吴中”“梁与宛朐”“山东与宛朐、横阳”等例,足以旁证《项羽本纪》中“东城”与“乌江”互见确是《史记》《汉书》中一种文例。

(二)秦汉时乌江与东城政区领属关系史证

《史记》《汉书》中“大名”东城与“小名”乌江互见,与史载秦汉政区乌江属东城县的事实相合。《汉书·地理志八》“九江郡”下统十五县,有历阳、东城等;而《晋书·地理志五》“淮南郡”则统县十六。与上比较,多出一个乌江县。乌江县是从何处析出?唐李吉甫《元和郡县图志》卷一百二十四《淮南道二·和州》下载:“晋太康六年,始于东城界置乌江县。”北宋王存撰《元丰九域志》卷五《淮南路·和州历阳郡》述乌江县地域范围曰:“州东北三十五里,四乡。汤泉、永安、石碛、新市、高望五镇。有四隤山、大江、乌江浦。”可见晋武帝司马炎于太康六年(285)始从东城县析出乌江亭与其毗连的江浦县域而为乌江县,与历阳县并属淮南郡。古代文献亦明确著录乌江秦汉时属东城县,今举其要者录如下:

1. 唐杜佑《通典》卷一百八十一[和州]载:“乌江县,本秦乌江亭,汉东城县也。”

2. 五代后晋刘昫监修《旧唐书·地理志三·淮南道·和州》载:“乌江,汉东城县之乌江亭,属九江郡。”

3. 北宋乐史《太平寰宇记》卷一百二十四《淮南道二·和州》载:“乌江县(原注:[和州]东北四十里,旧十五乡,今四乡),本秦乌江亭,汉东城县地。”

4. 北宋欧阳忞《舆地广记附札记》卷二十一[和州]载:“乌江县,本秦东城县之乌江亭,项羽欲渡乌江,即此。”

5. 宋刻本《太平御览》卷一百六十九《州郡一五·和州》引:“《汉书》曰:汉军追项羽至江,东城乌江亭长舣船待之。”

6. 元马端临《文献通考》卷三百一十八《舆地考(四)》载:“乌江本为秦乌江亭,汉东城县(地)。”

7. 清顾祖禹《读史方舆纪要》卷二十九《南直十一》[和州]载:“乌江

废县，秦乌江亭也，汉为东城县地，晋太康六年置乌江县。”

“新论”者未注意到上述史实，认为“秦汉之际，乌江属历阳县，这有明确记载”。我们查遍所有述及乌江政区的古今地理志，未见有此说者。据袁传璋先生考证，“新论”者所言的“明确记载”是指唐李吉甫《元和郡县图志》阙卷逸文卷2《淮南道》。原文如下：

滁州：

全椒县，晋改南谯县。（《纪胜·滁州》）武德二年，始属滁州。（同上）

九斗山，在县南九十余里（按：应为二十五里）。昔项羽兵败，欲东渡乌江，途经此山，与汉兵一日九斗，因名。（《纪胜·滁州》）

和州：

历阳县，本秦旧县，项羽封范增为历阳侯。县在水北，故曰历阳。（《纪胜·和州》）北齐以两国通和，改曰和州。（同上）

乌江县，魏黄初三年，曹仁据乌江以讨吴。晋太康六年始于东城置乌江县，隶历阳郡。（《纪胜·和州》）

乌江浦，在县东四里，即亭长舣船之处。（《纪胜·和州》）

校对该论者所征引的上文，见删去其中“乌江县”一节37字，写成：

历阳县：

乌江浦，在县东四里，即亭长舣船之处。

《元和郡县图志》是唐代地理总志。该书明言唐时和州辖历阳、乌江二县，而征引者竟删去其中“乌江县”，将“乌江浦”置于“历阳县”下，严重歪曲史实。按：“乌江浦，在县东四里”，本指乌江浦西至乌江县城西只有四里。而经“新论”者嫁接后，则变成了乌江浦离历阳县邑只有四里。这与北宋乐史《太平寰宇记》卷一百二十四《淮南道二·和州下》所载“乌江县，和州（治所古在历阳城）东北四十里”相差较大。

“新论”者申述乌江（亭）汉代不属东城而属于历阳县之理由：“秦

汉时县之辖区皆在一百华里左右,如阴陵县距东城县,只有九十多华里,东城至全椒,也不出百里,今东城至和县(乌江)尚有二百四十华里,岂能为一县?"考秦汉县级政区建制,《汉书·百官公卿表》云:"县大率方百里。其民稠则减,稀则旷。"中国古代行政区划原则是"山川形便",将自然环境与行政区划有机结合在一起。《和县志》载,滁河以南古有逶迤起伏的山峦、丘岗,如有面积约40平方千米的阴陵山,南面还有20多平方千米的如方山,东南有周长5千米多的四隤山及周长10千米的赭乐山等;阴陵山西麓有面积5000多亩的红草湖,香泉东南有面积约5000亩的青龙湖,乌江西南有面积4000多亩的七星湖等。检地方志,东城县域古无地震记载,山岳依旧,在古代确实山多人稀,与阴陵、全椒有所不同。又有"阴陵古道"贯穿东南、西北,由乌江浦直达钟离等地,故而汉代划为一县。其面积虽然东西宽约200华里,南北达250华里,但比当时长江北岸的东西约500里、南北约300里的"皖县"县域来说还不算大。

"新论"者认为:"乌江在汉代属历阳(唐称和州),与东城是相隔遥远的不同地域。"但史载乌江亭在汉代离历阳县城较近,只是两地之间本是水域,后成圩区。《和县志》云:"该地区分割成大小不等的圩口,圩内沼泽棋布,沟汊纵横。"现今乌江至历阳沿江四十里是栗木圩、大荣圩等三大圩区,中有石跋河、双桥河等由东而西,横贯其间,与七星湖等连通。据金绪道等考证:汉代乌江至历阳无陆路直通,须绕道阴陵山西麓,全程约70千米。清朱彝尊《乌江谒项王祠题名》云:"去此祠(西北)三十里即阴陵故道。"说的就是这种交通状况。

三、项羽在东城县邑并未身亡语证

项羽自刎乌江,迄今所见的最早记录是司马迁所著《史记》。然而"新论"者却说"东城快战"的叙述明言项羽在东城县邑已身亡:"项羽当时所处地点是在东城,而'汉骑追者数千人,项王自度不得脱',后面还有'卒困于此''天之亡我''今日固决死'等项羽的话,可见项羽已困死在东城,不可能突围出去了。"又说:"今日固决死","这更是十分明确地说明项羽已'必死'。"事实是否如其所言:"项羽已困死在东城(县邑)"?下面对《史记》《汉书》中相关的语言事实作一解析。

(一)“东城快战”原文无项羽已身亡之语

《项羽本纪》中“东城快战”有两段文字:

> 项王乃复引兵而东,至东城,乃有二十八骑。汉骑追者数千人。项王自度不得脱。谓其骑曰:“吾起兵至今八岁矣,身七十余战,所当者破,所击者服,未尝败北,遂霸有天下。然今卒困于此,此天之亡我,非战之罪也。今日固决死,愿为诸君快战,必三胜之,为诸君溃围、斩将、刈旗,令诸君知天亡我,非战之罪也。”乃分其骑以为四队,四向。汉军围之数重。项王谓其骑曰:“吾为公取彼一将。”令四面骑驰下,期山东为三处。
>
> 于是项王大呼驰下,汉军皆披靡,遂斩汉一将。是时,赤泉侯为骑将,追项王,项王瞋目而叱之,赤泉侯人马俱惊,辟易数里,与其骑会为三处。汉军不知项王所在,乃分军为三,复围之。项王乃驰,复斩汉一都尉,杀数十百人,复聚其骑,亡其两骑耳。乃谓其骑曰:“何如?”骑皆伏曰:“如大王言。”

现就“新论”者指出的其中“关键字眼”做一考释:(1)自度不得脱:“度”,忖度,推测,为估量之辞。(2)卒困于此:“卒”通“猝”,突然。“卒”与“暴”同义,皆表示突然状态。如王充《论衡·道虚》:“且夫物之生长,无卒成暴起,皆有浸渐。”“困”,许慎《说文解·囗部》云:“故庐也。从木在囗(按即“围”字初文)中。”清段玉裁注曰:“困之本义为止。”义即“被困住”,停止不前。如《淮阴侯列传》:“当时,楚王急围汉王于荥阳,韩信使者至,发书,骂曰:‘吾困于此。’”又,《刘敬叔孙通列传》:“高帝至广武,赦敬,曰:‘吾不用公言,以困平城’。”这两句皆言刘邦被围困,但并未死。项羽在东城四隤山亦如是,下有“溃围”可证。(3)天之亡我:“亡”,不及物动词带宾语,“致动用法”,句意即“天意使我亡”(句中“之”取消句子独立性,不是“已经”的意思),并非项羽此时已身亡。(4)今日固决死:今日一定决战而死。“固”,必也,一定。《汉书·周昌传》:“吾固欲烦公,公强为我相赵。”颜师古注:“固,必也。”副词“固”,修饰动词“决”。“决”,决战,如《汉书·赵充国传》:“兵当何日决?”《史记·鲁仲连邹阳列传》:“且夫齐之必决于聊城。”“决”与“死”连动，表明项羽宁死不屈的无畏精神。

上录第一段是项羽对形势的预感，是战前所言的“或然”之辞，并非“必然”的结果，更非“已然”的事实、“东城快战”的结局。至于项羽在战后是否如“新论”者所言：“决战后，项羽即自刎于东城”？审阅第二段中的“汉军皆披靡”“赤泉侯人马俱惊，辟易数里”“骑皆伏曰：‘如大王言’（即溃围、斩将、刈旗）”等语，即一清二楚。从这一场恶战的实况看，项羽仍然所向披靡，是活着的英雄，而非战死。班固《汉书·项籍传》特增补“于是羽遂引东，欲渡乌江”一句，更是明确说明项羽于决战中未身亡，决战后亦未自刎于东城(县邑)。

顺便指出，《史记·樊郦滕灌列传》“（灌）婴以御史大夫受诏将车骑别追项籍至东城，破之。”“新论”者特加疏解：“‘破’者，‘灭’也。也就是在东城消灭了项羽。”我们通检《项羽本纪》，“破”字35见，“灭”字5见，无一例“破”可训为“灭”者，古注、辞书亦皆无此义项。许慎《说文解字·石部》“破，石碎也。”段玉裁注：“引申为碎之称。”“破”是不及物动词，带上宾语，义为“使……残破”，如《项羽本纪》：“汉五年……楚击汉军，大破之；汉王复入壁，深堑而自守。”若“破”义为“灭”，汉王如何“复入壁”？后来又如何打败了项羽？

（二）项羽四隤山溃围东驰乌江之语证

从上可见，项羽在东城四隤山非但没战死，而且杀得汉军人仰马翻，连斩汉将两名，杀死汉骑近百人，楚军仅亡两骑，“于是羽遂引东”，疾驰乌江。然而“新论”者说：“据传，项羽在决战前，将虞姬之首埋于此，即作最后的决战。所以此高阜又名‘四溃山’。决战后，项羽即自刎于东城。”又申述其“理由”：“这时项羽等二十六人已是‘下马步行，持短兵接战’。从东城到乌江是二百四十华里，即使是且战且退，‘步行’还能走二百四十华里吗？”为辨明历史事实真相，我们查阅了有关古籍，并实地考察“四隤山”的地理位置，现录其要者如下：

《水经》卷三十《淮水》载：“淮水又东，池水注之。”北魏郦道元于其下《注》曰：“水出东城县东北,流迳东城县故城南。汉以数千骑追羽，羽帅二十八骑引东城,因四隤山斩将而去，即此处也。”按：此“注”虽没说明“四隤山”的位置，但明言项羽在此“斩（汉）将而去”，证明项羽未曾自刎。

唐李吉甫《元和郡县图志》中《河南道五》载:“东城县故城,在县东南五十里。羽自阴陵至此,尚有二十八骑。南走至乌江亭。灌婴等追羽,杨喜斩羽于东城,即此地。”按:李氏明言项羽已“至乌江亭”,故“杨喜斩羽于东城”,即乌江也。东城县故城,在定远县东南五十里。四隤山距离乌江三十里。详下。

北宋乐史《太平寰宇记》卷一百二十四《淮南道二·和州》载:“四隤山,在县西北七十五里。项羽既败垓下,东走至东城,所从惟二十八骑,汉兵追者数千,羽乃引骑(回)[因]四隤山而为圜阵,即此山也。”按:文中“县”字是“州”之误,清刻本《直隶和州志》云:“四溃山在州西北七十里”。现今实地状况亦如此。

南宋王象之撰《舆地纪胜》卷四十八《淮南西路·和州》“乌江县”下载:“四隤山,在乌江县西北三十里,直阴陵山。项羽既败于垓下,走至东城,所从惟二十八骑,汉兵追者千余,(羽)乃引骑依四隤山为圜阵,即此山也。今山石上有走马足痕。”按:该书大量征引《太平寰宇记》,但将四隤山与乌江县城的距离改成为三十里,甚确。王氏于其书《自序》云:“余少侍先君宦游四方,江淮荆闽,靡国不到。”可见他是据实而修改的。

南宋祝穆《方舆胜览》卷四十九载:“四隤山,在乌江县西北三十里,直阴陵山,项羽既败于垓下,走至东城,所从惟二十八骑,汉兵追者千余人,羽乃依此山为圜阵。”按:祝氏对王书所征引的资料进行整理、核实,亦认定四隤山到乌江的距离确实只有三十里。

明李贤等奉敕撰《明一统志》九十卷,其卷六《南京》[山川]下载:四溃山,在江浦县西南七十里。昔项羽败垓下,走至东城。汉兵追之。羽引骑依四溃山为阵,即此。(山)石上有马迹。或云:汉兵四面围羽,羽引兵斩将溃围于此,因名。俗呼为四马山。

清顾祖禹《读史方舆纪要》卷二十九云:四隤山亦名“四马山”,“在全椒县东南三十五里”。

从上引资料可知,四隤山的位置是:东北距江浦县城约七十里,东南距乌江约三十里,西北距全椒县城约三十五里。四隤山到乌江浦只有三十余里,项羽怎么不可能到达呢? 至于“新论”者所征引“下马步行,持短兵接战”,《史记》《汉书》等明言是项羽到达乌江浦赠乌骓马与乌江亭长以后的事,而不是在项羽于四隤山结束“快战”

之时，岂可随意改动其时间和地点？必须指出，“新论”者所谓的“四隤山”，是依据民间（今定远县南六十里处谭村人）传说称嗟姬墩“又名四溃山”。此说非但不见于古籍著录，就连与他合作研究项羽史事的定远县本土人计正山也不认同，计正山在《项羽并非死于乌江》一文说：“形如丘峦的虞姬墓至今犹在……笔者认为这是汉高祖刘邦为鲁公项羽举行隆重葬礼之后，东城县为虞姬头颅加封土而形成的墓。”既是“加封土而形成的墓”，其原土丘的顶上岂可容下28骑布为圜阵？

项羽自刎乌江本是一个不容置疑的史实，然而“新论”者竟说：“项羽乌江自刎之说，到唐代似乎还未有文字可稽。”事实胜于雄辩。除了上述《史记》《汉书》等史籍中明确记载项羽自刎乌江，汉魏晋唐宋诗文中亦多言及项羽自刎乌江之事。清严可均辑《全汉文》卷十三[项王]云：“汉元年，（项羽）自立为西楚霸王，都彭城。五年，兵败，走乌江，自刎死。”魏许真君《戒怒歌》：“楚伯王、周公瑾，匹马乌江空自刎，只因一气殒天年，空使英雄千载忿。”按：许真君生于魏明帝曹睿景初三年（239）。此诗前三句系“并提”修辞方式，即“楚伯王，匹马乌江空自刎；周公瑾，只因一气殒天年”（可能是后人伪托，录以待考）。南朝梁萧纲《悔赋并序》赋曰：“至如下相项籍，才气过人……抱乌江之独愧，分汉骑之余身。”南朝梁侯景《讨梁檄文》曰：“项羽重瞳，尚有乌江之败。”庾信《哀江南赋》中亦言及项羽“阴陵失路”，“舣乌江而不渡”等语。隋无名氏《项王歌》中有“悲看骓马去，泣望舣舟来”。唐宋文人吟咏项羽的诗文多见，现选录数首如下：

孟迟《乌江》：中分岂是无遗策？百战空劳不逝骓。大业固非人事及，乌江亭长又何知？

胡曾《乌江》：争帝图王势已倾，八千兵散楚歌声。乌江不是无船渡，耻向东吴再起兵。

徐夤《恨》：事与时违不自由，如烧如刺寸心头。乌江项籍忍归去，雁塞李陵长系留。

李清照《绝句》：霸气震神州，凌云志未酬。乌江夜若渡，两汉不姓刘。

陆游《秋日杂兴》：江东谁复识重瞳，遗庙欹斜草棘中。若此咿嘤念如意，乌江战死尚英雄。

还有唐宋政要的赋文明言项羽自刎乌江。唐文宗、武宗朝两度为相的李德裕，开成元年(836)任滁州刺史，曾作《项王亭赋并序》。其序云："丙辰岁(按：指唐文宗开成元年)孟夏，予息驾乌江。晨登荒亭，旷然远览……感其伏剑此地，因作赋以吊之。"

宋人龚相为乌江县令，亦曾作《项王亭赋并叙》。其叙曰："余又览观山川，想追骑云集，王以短兵接战，英勇不衰，谢亭长，顾吕马童之时，其视死生为何如？雄烈之气凛凛而在！邑人庙祀至于今不怠者，岂以王之亡秦兴汉之功大而得失自我，不为奸诈篡窃，真磊落大丈夫也哉！"

由此可见，项羽自刎乌江的史实，在金元以前就已成为文学作品的题材而传之于世。尤其是李德裕、龚相，赋中均明确交代亲至霸王祠考察。宋代王安石更是注意调查研究，他曾于至和元年与其弟王安国等游褒禅山，考察其地形，写下著名的《游褒禅山记》。此山在今安徽含山县之东，离乌江仅六十余里，他作《题乌江项王庙》诗，必亲至乌江考查，始题于庙壁。可见"新论"者所言"至唐代似乎还未有文字可稽"的"民间传说"，纯属不实之词。

[原载《历史研究》2010年第2期，与余恕诚合撰]

项羽何处“迷失道”？
——与冯其庸先生等商榷

司马迁《史记·项羽本纪》言“项王至阴陵，迷失道”。这是项羽最后败走的关键地点。梁以后历代诗文多言及，如：梁庾信《哀江南赋》“阴陵失路……舣乌江而不渡”，唐胡曾《咏史诗·鸿门》“岂作阴陵失路人”，清张玉书《谒项王庙》“可怜遗恨迷阴陵”，等等。然而古今对其地点众说不一，或谓“阴陵县故城”，或谓全椒县东南的“阴陵山”（今属安徽和县），或谓“古阴陵县境”（东南隅），因而由此而对项羽迷失道后所陷“大泽”地点的说法各异。为探明这一历史地理的确切位置，我们遵照时贤所言：“主要是依据《史记》《汉书》的记述，要全面地、准确地理解和使用文献资料，不断章取义，不望文生义，不为我所用”，并参考了地舆志等有关资料，对古今一些说法进行辨析，寻求历史的真实。

第一，项羽南驰乌江并未至古“阴陵县”。项羽垓下突围南驰欲返江东发祥地以图再起。史载淮河南岸古钟离渡口（即今临淮镇）本有三条古道通往江东：(1)往东。经东阳（今江苏盱眙县东南）南下，由广陵（今江苏扬州）渡江至丹徒（又称润州，今镇江）而返吴中。这是八年前项羽与其季父项梁渡江而西的反秦的路线。如今此路所经城邑已被韩信麾下攻占，《项羽本纪》言“自陈（州）以东傅海尽与韩信”了，且“韩信乃从齐往”围垓下，项羽对此定会知晓。(2)往西。当时所经城邑（包括阴陵县）已被汉所控制。《史记·项羽本纪》载：“刘贾从寿春并行，屠城父，至垓下。大司马周殷叛楚，以舒（城）屠六（安），举九江兵，随刘贾、彭越，皆会垓下，诣项王。”又《秦汉之际月表》载：汉四年七月，汉王“立（英）布为淮南王”（按阴陵县当时归其管辖）。又《史记·樊郦滕灌列传》言“下东城、历阳。渡江”。按项羽乌江自刎后，文中未言“下阴陵”，证明项羽南驰乌江前夕阴陵县已易汉帜。中国史记研究会、和县项羽与乌江文化研究室联合调查组亦如是认为，其《调查报告》云："淮南（按其时管辖曲阳、阴陵、寿春、六安等县）只有东城、历阳两县未下，为项羽所有。"再者，周殷等赴垓下包围项羽，阴陵县已被汉控制，项羽岂会不知而贸然西行？故而谓项羽迷失道于"阴陵县故城"或"阴陵县境"，皆难信从。(3)往南。由钟离（今凤阳）经滁州、全椒、阴陵山、四隤山而抵乌江。项羽一行沿此路南行畅通无阻。《安徽省志·交通志》云："汉高祖五年（前202）……安徽宿县至灵璧以及灵璧经定远（按秦汉时其东境属东城县）、全椒至乌江，均有直通大路。"中国史记研究会等联合调查组《考察报告》言之甚详："这条驿道由凤阳县的二铺、总铺、黄泥铺，到定远县的练铺、池河驿、大柳树驿，穿越滁州清流关到滁阳驿……经石沛到全椒葛城驿，过滁河、九斗山（又名阴陵山），经四隤山到乌江亭。"并强调指出：此路"虽说是明代驿道，其实也是千百年来无数官商行旅车行马走形成的大道"。但是该报告认为"与《史记》所载经阴陵指向东城路线不符"。其实此"阴陵"是山名，其"东城"是指"四隤山"。悉合项羽南驰乌江路线。详下。

基于此，袁传璋"阴陵县境"说、冯其庸等"阴陵县故城"说皆不确。袁氏在《项羽所陷阴陵大泽考》中说："项王率领百余骑壮士沿濠水东岸急驰七十里，穿越县域界山山口，进入阴陵县境……遂'迷，失道。'"不符合《史记》所述。冯其庸等"阴陵县故城"说亦不合实情：县城人烟稠密，通衢大道，项羽此时（九点多钟）进入县城何来迷路？又何须寻找田父（农夫）问路？

第二，项羽迷失道处是阴陵山（又名"九斗山"等）。《项羽本纪》中言及的"阴陵"古诗文中又作"阴陵山"。唐代诗人张祜于会昌五年（845）由河北南行投奔池州（今安徽贵池）刺史杜牧，过淮河后南行至阴陵山，作咏史诗一首："壮士凄惶到山下，行人惆怅上山头。生前此路已迷失，寂寞孤魂何处游？"《全唐诗》本的诗题为《过阴陵》；而《张承吉文集》《全椒县志》《增订注释全唐诗》本皆作《过阴陵山》。此前21年，刘禹锡来和州（今安徽和县）任刺史，作诗《历阳书事七十韵》详录和州境内名胜古迹。其中诗句"霸王迷路处"，自是指项羽迷失道于和州北的阴陵山，绝不可能如该诗注者所言是指位于和州外西北300余里"阴陵县故城"，与刘禹锡来的和州毫不相干的地方。南宋王象之《舆地纪胜》"阴陵山在乌江县西北四十五里"，"此即大泽，距阴陵五里”。此外，1992年修编《全椒县志》在说明“九斗山”一名“阴陵山”时说：“史称北谯太守陈昕除阴陵戍主是也。”也证明古诗文里山名不着“山”字。

阴陵山又名九斗山。北宋乐史《太平寰宇记》卷一百二十八《淮南道》云：“《寿春图经》曰：‘九斗山，一谓阴陵山。’”据刘纬毅《汉唐方志辑佚》考定：《寿春图经》“纂人不详，盖唐代所作。”唐张守节《史记正义》于《项羽本纪》“期山东为三处”注曰：“《江表传》云：‘项羽兵败至乌江，汉兵追羽至此，一日九战，因名（九斗山）。’”这是今见最早的说法，其后传承不废。如《隋书·江都郡·全椒县》、唐李吉甫《元和郡县图志·滁州·全椒县》皆有“九斗山”。南宋王象之《舆地纪胜》谓之“阴陵山”，祝穆《方舆胜览》云：“九斗山一名阴陵山”。其后与“九头山”（见上引张守节《史记正义》援引唐李泰《括地志》语）一起流行于世，流传至今（见《全椒县志》《和县志》）。那么项羽何以至此迷路呢？检地方志，言及阴陵山西麓有两条古道相交接。1992年《全椒县志·文物志》第一册卷三“山川”下曰：“文物普查期间，多方考察，九斗山（阴陵山）在全椒县东南二十五里，今和县境内，与全椒仅隔一河。该山附近有沟，即楚迷沟。古时往和县（按指县城）、乌江取道于此。”按此两条古道呈“叉形”向南及东南方向伸展：一条向东南通往乌江，经官渡出境，越过四隤山至乌江渡（见《滁州地区志·古桥古道》）。一条向正南通往和州城，从官渡圩石闸沿旧南区驿马塘埂直通和州（同上）。因而项羽一行南驰至此，对迎面的两条古道不明去向，遂迷失道路。详审《项羽本纪》，也可从中看到项羽一行在阴陵山下迷路的依据，其文曰：项羽至阴陵迷路后“问一田父。田父绐曰：‘左。’左，乃陷大泽中”。关键词“田父”，即“农夫”，旧称从事耕作的人，常在田野之中。这说明项羽不是迷路于城邑。此其一也。其二，“左，乃陷大泽中”。细析之，田父所言之“左”，从项羽南驰来看，田父当是面北背南，其“左”是西方。正与迷路于阴陵山西侧、西行五里乃陷入“大泽”（红草湖、楚迷沟）的情况相合，而袁传璋“阴陵县境”、冯其庸“阴陵县故城”的迷道说则与之乖舛。

袁先生在《项羽所陷阴陵大泽考》中说：“隆冬腊月，黄淮流域辰时（七、八点钟）常起的浓雾，极有可能与项羽不期而遇，军无向导，遂‘迷，失道’。辗转徘徊，无法前行。良久，幸遇一位田父，向他打探南行道路。田父指曰‘左’。项王一行遵示在浓雾中向左(实为向西)奔驰,‘乃陷大泽中’。”且不说袁氏此说无任何文献依据,方位亦不悉合,仅就其“浓雾”与“军无向导”而言,亦不能成为项羽一行迷路的理由。《史记·韩信卢绾列传》云:“时天大雾,汉使人往来,胡不觉。”又如上引袁氏所言:“项王一行遵示在浓雾中向左奔驰。”可见浓雾不是项羽继续前进的障碍。再说“向导”长于辨认正路、歧路,袁氏没说阴陵县东南隅那里有歧路,无“向导”,项羽自可沿着驿道行进,岂会徘徊不前?至于冯其庸“阴陵县故城”迷路说更是难以置信。前面已言及,不赘言。

第三,阴陵、大泽等联为一体。《项羽本纪》曰:“项王至阴陵,迷失道……左,乃陷大泽中。以故汉追及之。乃复引兵而东,至东城……”其中两个“乃”字,当“就”或“于是”讲,表明前、后两个动作接连发生。因此可从中窥见:(1)迷失道处“阴陵”与所陷“大泽”距离很近;(2)项羽一行身陷的“大泽”与“东城快战”的“山”(即班固《汉书》增补的“四隤山”)相去不远(约20里。因有汉军追至“大泽”并尾随追击,项羽定会迅速抢占制高点摆脱困境)。因此南宋王象之在《舆地纪胜》中说“阴陵”是山名,其西五里处是“大泽”,其东南15里是“四隤山”。此说比较符合《项羽本纪》所述及现存的史地状况。

必须指出,清同治六年(1867)陈廷桂纂辑的《历阳典录》云:“阴陵山州北八十里。旁有泽,名红草湖。春夏之交,潦水涨发,弥漫无际,所谓阴陵大泽者也。《述异记》:‘阴陵九曲泽,泽中有项王村。项王失路于泽中。周回九曲,后人因以为名。’”清光绪十四年(1888)高照编纂的《直隶和州志》亦称之为“阴陵九曲泽”。陈、高二氏删去《述异记》所称大泽之名中的“故城”二字,歪曲原著,实属不端。但袁传璋则据以否定其“大泽”的存在,亦有悖于史实。《考察报告》云:“此次田野考察所见及卫星遥感地形图所示,阴陵山呈东北——西南走向,确有九峰,九头山名实相符。山长10余千米,宽5千米,占地40平方千米。地理坐标为东经118°18′,北纬38°02′。(阴陵)山北为滁河,河北即全椒县境。滁河南北地势低洼,港汊纵横,河之北旧有荒草湖,河之南旧有红草湖,民间相传即项羽迷失道的阴陵大泽(按:不应借‘民间传说’篡改《项羽本纪》所言‘大泽’之名)。往昔的湖沼现已堙为圩田。”我们实地察看,该圩宽广,《和县志》言其面积有5000余亩。金绪道、刘贤忠考证，占地约40平方千米的阴陵山，亘古有之。故而因山而生、与山并存的"大泽"（即红草湖，山水流入汇聚而成），秦汉时期自当有之。

袁传璋新近著文称："真正的阴陵大泽（按袁指项羽所陷的"大泽"）在古东城县邑（遗址在今定远县东南五十里大桥乡三官集）西北、古阴陵县邑（遗址在今定远县西北六十里靠山乡古城村）东南，约在今定远县城西西卅店迤南一带。"按袁说的根据是《梁书》卷十二《韦睿列传》，其文曰："睿自合肥迳道，由阴陵大泽行，值涧谷，辄飞桥以济师。"袁先生还征引梁任昉《述异记》中"阴陵故城九曲泽"、《古今图书集成》中的《凤阳府部·定远县》所载石塘湖、秦塘、马长涧等八个塘口均在阴陵大泽范围内以佐证。可是我们遍检《凤阳府志》，未见有片言只语言及此处叫"阴陵大泽"。再者，袁先生将"故城"训为"故县"（指县内），无辞书可据，也有悖《史记》所述其时汉已控制阴陵县的史实。此外，"阴陵大泽"距离班固所言的"四隤山"（即《项羽本纪》中的"山"）约230里。项羽若是陷此"阴陵大泽"，"以故汉追及之"，还能够摆脱尾随追击的数千汉骑，长途跋涉（过"清流关""阴陵山"）抵达"四隤山"吗？也许袁氏会说：项羽有"日行千里"的乌骓马。但是人们要问：项羽的从骑人人也骑这种千里马吗？此外，袁氏还说："笔者敢于做上述的论判（按：指'阴陵大泽'，即项羽所陷'大泽'），因为有韦睿和昌义之为证。"按韦睿由合肥驰钟离（今凤阳县）救昌义之，取直道越过"阴陵大泽"，与项羽南驰所经的"大泽"，是不同时代两条驿道上的沼泽地，韦睿并没有说他所行的"阴陵大泽"就是七百年前项羽所陷的"大泽"，怎么可以"为证"呢？至于乌江人昌义之，他的"传"里没写阴陵山西旁的"大泽"，怎么就肯定他认为没有？乌江东临长江，西近赭乐山（当地人称为大山。周长十余公里，山体岩石），昌义之"传"里也没写，是否就没有这些？

冯其庸言"窑河大桥下的湖泊即大泽"，与《项羽本纪》所述大相径庭。《淮南市志·地理编》对高塘湖的历史有明确记载，1938年黄河在郑州花园口决堤以后，青洛河受黄泛及黄河夺淮入海的影响，下游泥沙淤积，河床升高，水流不畅，中游多年积水，逐渐形成"茫茫无际"的高塘湖。该湖在阴陵县故城之西五十余里。故而在年代、方位、途距上与《项羽本纪》所言"大泽"相去甚远，不足为据。

《史记·项羽本纪》言："（项王）令四面骑驰下，期山东为三处。"《汉书·陈胜项籍传》据其文意与史料增补"四隤山"之名。其后史地著作均沿承。南宋王象之《舆地纪胜》云："四隤山在乌江县西北三十里，直阴陵山。""直"义即"临"，靠近、挨近的意思。南宋祝穆《方舆胜览》卷四十九《淮西路·和州》[山川]下云："阴陵山在乌江县西北四十五里，即项羽迷失道处。"又："四隤山在乌江县西北三十里，直阴陵山。"四隤山具有古战场的地形地势特征。《考察报告》云："这次实地考察所见，四隤山呈东北—西南走向，山形略呈四面梯形缓坡，平均坡度为5°~10°。山顶宽平无峰。实测山高海拔81.7米，相对高度约为50米。山脚长边2公里多，宽约1公里，周回5公里左右。"笔者实地察看，宽平的山顶岩石裸露，山麓的东、南两边低平开阔，山腰梯形缓坡，悉合《项羽本纪》所言：山顶"分二十八骑以为四队，四向"；山麓"汉军围之数重"；缓坡"四面骑驰下"。

冯其庸言今定远县城南60里处有虞姬墓，又名"四隤山"。且不说冯谓"虞姬墓又名四溃山"无史书可证，《定远县志》也无此记载，就其仅有6丈高的虞姬墓之前身"土阜"而言，亦不具备古战场地势，而且西距离冯说的项羽所陷"大泽"（即今高塘湖）有一百多里之遥，距离阴陵县故城亦有五十余里。

附带说明，《项羽本纪》所言"至东城，乃有二十八骑"之"东城"，今人多谓此指"东城"县内，我们认为此"东城"乃指"四隤山"。依据是：（1）语境。"（项羽）谓其骑曰：'吾起兵至今八岁矣，身七十余战，所当者破，所击者服，未尝败北，遂霸有天下。然今卒困于此，此天之亡我，非战之罪也。今日固决死，愿为诸君快战，必三胜之，为诸君溃围、斩将、刈旗，令诸君知天亡我，非战之罪也'。"这番话只能是项羽在四隤山上立足后对其骑所言，绝不可能在"乃复引兵而东"的途中（即东城县境）且走且言，更不可能在汉骑追击的途中驻足对其骑言。再从紧接其后的"乃分其骑以为四队，四向"一句看，其意十分显豁，句中"乃"当"于是"讲。项羽言毕，即布阵与汉军决战。其地点无疑在山上。（2）文例。《史记》《汉书》里多见"大名"（郡县名）与"小名"（具体地点名）于同篇前、后互见例，如《史记·刘敬叔孙通列传》："匈奴果出奇兵围高帝于白登（山），七日而后得解。高帝至广武，赦敬，曰：'吾不用公言，以困平城（县名）'。"又《屈原列传》前面说"屈原沉汨罗江"（今湘潭市北），而后面言“至长沙观屈原沉渊处”。对照其例，《项羽本纪》中此“东城”与“山”（班固作“四隤山”）亦当类此，义即“东城四隤山”。后人常言“东城快战”，系指“四隤山快战”，因山名不著，故其前面以“东城”言之。清人俞樾《古书疑义举例》“以大名代小名例”中言及《春秋》文例云：“小邑不得以名通，则但书其国而不书其地。……而（小邑）其地小，名亦不著，书之史策，后世将不知其所在，故以国书之。……后儒说《春秋》，谓不地者即于其都也，失之。”由此可知，大名“东城”与小名“山”互见是司马迁行文惯例。

上面考明了“大泽”“四隤山”“东城”之所在地点，从其相互联系中不难看出项羽迷失道的“阴陵”是今安徽和县北八十里处“阴陵山”。

上述文献史实证明：项羽迷失道处是阴陵山，所陷的大泽是今和县裕民圩，“四隤山”乃“东城快战”之处。这是《史记·项羽本纪》的本来旨意，毋庸置疑。

［原载《中国社会科学报》2010年4月8日“争鸣”版，与张劲松合撰。收录时有所补充］

“项羽不死于乌江”说献疑
——项羽败走所经“阴陵”等处地理位置考辨

国内知名学者冯其庸先生，近年著文详论他二十年研究项羽史事之所得——西楚霸王“项羽是死于东城而不死于乌江”。新论一出，《中国文化报》全文转载，特发“编者按”说：“冯先生以独特的学术眼光，将实地考察与研读史料相结合，作出了这样的论断：西楚霸王项羽‘乌江自刎说’，原是对《史记》、对历史的误读。”同时发表南京大学文学院文献研究室卞孝萱先生的公开评议信，称赞冯先生的论述“面面俱到，有说服力。大文出而后项羽不死于乌江可为定论”。此外，《光明日报》“光明论坛”上还发表署名杇木的文章《“不忘启迪”的示范意义》，号召“广大学者”学习冯先生的“大家学术风范”。为考明这一历史事实真相，特别是弄清楚冯文中用以支撑总论点的项羽败走所经“阴陵”等处的史地位置，我们详审《史记》《汉书》中关于项羽史事的叙述文字，细析其中相关词语所显示“阴陵”等处的地理环境、方位，检阅古今有关文献资料（含地方志），实地察看遗迹，多角度地辨析“迷失道”的“阴陵”、“左陷”的“大泽”、“东城快战”的“四隤山”等地理位置，并勉力遵循时贤所言：研究项羽史事“主要依据《史记》《汉书》的记述，要全面地、准确地理解和使用文献资料，不断章取义，不望文生义，不为我所用”。基于文献的语言事实和历史事实，我们对于冯氏所认定的“阴陵”等处史地位置，以及赖以支撑的“项羽不死于乌江”说，实在不敢苟同。现将我们的管见申述如下，祈请读者与冯其庸等先生批评、指正。

一、项羽“迷失道”的“阴陵”究竟在何处？

司马迁《史记·项羽本纪》言“项王至阴陵，迷失道”。这是项羽败走的关键地点，梁以后诗文多有言及，如：梁庾信《哀江南赋》“阴陵失路……舣乌江而不渡”，清张玉书《谒项王庙》“可怜遗恨迷阴陵”，等等。“阴陵”古代是县、山同名（山名省略“山”）而地异，《中国古今地名大辞典》“阴陵”下云：“阴陵县，秦置，东晋后废。故城在今安徽定远县西北（按县治在靠山乡古城村）。阴陵山，在今安徽和县北八十里。接江苏江浦县。《舆地纪胜》云：‘（阴陵山）在乌江县（按：晋太康六年（285）始于东城县析置乌江县，今为镇）西北四十五里，即项羽迷失道处。’”因而古今对项羽迷道处的“阴陵”众说不一，冯其庸谓“阴陵县故城”，袁传璋谓“古阴陵县境”（东南入县之山口处），唐宋人谓全椒县南“阴陵山”（今属安徽省和县），《泗县志》谓泗县西的阴陵山。今人注解唐诗谓此“阴陵”所指地点亦多谓阴陵县故城。在近年项羽死地之争中，冯其庸以“阴陵县故城说”为论据，断言“项羽不死于乌江”。他在《千百年来一座有名无实的九头山》开头说：“九头山（后称“九斗山”）是一个关键性的地名，实际上这个山名和有关的项羽战斗情节都与《史记》原文无关，都是后世讹传衍化增生出来的。”又说：“弄清楚‘九头（斗）山’的实际情况，也就容易弄清楚项羽自刎乌江之说纯属讹传了。”袁传璋虽认同“项羽乌江自刎说”，但与他所创项羽迷道的“古阴陵县境说”亦扞格难通。为寻求历史的真实，辨明争论中的是非，现从项羽返江东的路线、项羽迷失道的地理因素等方面详述管见。

（一）从返江东的路线看项羽“迷失道”的“阴陵”所在之处

项羽垓下溃围南驰，目的是返江东发祥地以图再起。史载淮河南岸古钟离渡口（即今临淮镇）本有三条古道通往江东，项羽抵此后辨明方向择路奔驰。因此，考明这三条路线的史地有关情况，有助于确定项羽败走的途径及“迷失道”的“阴陵”所在之处。

东路。经东阳（今江苏盱眙县东南）南下，由广陵（今江苏扬州）渡江至丹徒（今镇江）而返吴中。这是八年前项羽与其季父项梁渡江西行反秦的路线。《项羽本纪》载：“项梁以八千人渡江而西”，“陈婴已下东阳”，“以兵属项梁。项梁渡淮，黥布、蒲将军亦以兵属焉”。如今项羽返吴中不能取此道。因为此路所经城邑已被汉攻占，《樊郦滕灌列传》言汉四年，灌婴“度淮，尽降其城邑，至广陵”（按：“度”通“渡”，上古音同义通）。《项羽本纪》言“自陈以东傅海与齐王”，且“韩信乃从齐往”围垓下，项羽对此定会知晓。顺便指出：《泗县志》第二十五章“文化·文物”[名胜古迹]下云：“阴陵山，城西四十华里，与鹿鸣山相邻，为西楚霸王项羽失道处。"《凤阳府志》云:"阴陵山在灵璧县东南十五里,与泗州接界,项羽失道于此。"皆不足信。因为此"阴陵山"位于淮河以北,项羽其时已南渡淮河,而且后面又有汉兵追击,不可能重返淮北,故此说不确。

西路。沿"楚汉战道",经阴陵至寿春,转向东南经柘皋至历阳,渡江,沿秦代驰道至吴中。此路线见地方志记载,《凤阳县志》第十章"交通"下云:"楚汉战道:临淮关东霸王城经府城、官沟、曹店、南山的霸王寨至定远县的阴陵。"《安徽省志·文物志》云:"阴陵城屹立于淮水之阳,地处古临淮至寿春(即今寿县)、古临淮至庐州(即今合肥)交通要道上。始建于秦,一直相沿至南齐,后废。"袁传璋先生考证,说:"项王率领百余骑壮士沿濠水东岸急驰七十里,穿越县域界山山口,进入阴陵县境。"但此西路当时所经的要塞寿春已被汉控制。《项羽本纪》载:"刘贾军从寿春并行,屠城父,至垓下。大司马周殷叛楚,以舒屠六,举九江兵,随刘贾、彭越,皆会垓下,诣项王。"《樊郦滕灌列传》言项羽乌江自刎后汉始"下东城、历阳。渡江",而未言"阴陵";《考察报告》亦认为"淮南只有东城、历阳为项羽所有"(详下);还有《史记·秦汉之际月表》载:汉四年七月,汉王"立(英)布为淮南王"。可见阴陵、寿春等地当时已属于汉。由西路返江东的路线已被切断,项羽不会对此不察而贸然西行。故而冯其庸谓项羽迷失道于"阴陵县故城"(北魏郦道元《水经注》首创此说)、袁传璋谓"古阴陵县境"(东南入县之出口处。详后"阴陵大泽"),皆难信从。

南路。由钟离(今凤阳)经滁州、全椒、阴陵山、四隤山抵乌江。《考察报告》言之甚详:"这条驿道由凤阳县的二铺、总铺、黄泥铺,到定远县的练铺、池河驿、大柳树驿,穿越滁州清流关到滁阳驿……经石沛到全椒葛城驿,过滁河、九斗山(又名阴陵山),经四隤山到乌江亭。"并指出:此路"虽说是明代的驿道,其实也是千百年来官商行旅车行马走所形成的大道"。其时此路所经城邑皆属于楚,《考察报告》说:"(垓下)会战前……淮南只有东城、历阳两县未下,为项羽所有。"故而项羽沿此路南驰畅通无阻。不过联合调查组认为不合《项羽本纪》所述项羽由阴陵而至东城(按:调查组谓指其县域,不确)的征程。而我们考证该句中"阴陵"是指山,史载当时已有灵璧南通乌江的大道,《安徽省志·交通志》云:"楚汉相争期间……宿县至灵璧以及灵璧经定远、全椒至乌江，均有直通大路。"项羽一行沿此古驿道南下，经东城县域(即今定远县东境)、全椒县到阴陵山下，唐代诗人张祜、刘禹锡皆如是认为。

史载唐代张祜于会昌五年(845)由河北南行投奔池州(今安徽贵池)刺史杜牧，过淮河后短暂停留钟离(今凤阳县)，曾作《题濠州钟离寺》等诗；后继续南行至阴陵山，作《过阴陵》(《全唐诗》本的诗标题。《增订注释全唐诗》本作《过阴陵山》)，诗曰："壮士凄惶到山下，行人惆怅上山头。生前此路已迷失，寂寞孤魂何处游？""壮士"指项羽；"行人"，作者自谓，其诗哀叹项羽在阴陵山下迷路，导致乌江自刎。此前21年，刘禹锡于长庆四年(824)由夔州来和州(今安徽省和县)任刺史，"至则考图经，参见事，为之诗"。其诗《历阳书事七十韵》详录和州境内的名胜古迹，如：历阳城、(西)梁山、乌江、老子炼丹台、彭祖石室、曹操祠、鸡笼山等。其中诗句"霸王迷路处"，自是指项羽在和州北八十里处的阴陵山。然而注此诗者却谓指"阴陵县故城"，明显不确。因为此"故城"位于和州城西北三百余里，远在州界以外，与刘禹锡来和州后所考的图经(即和州地图)毫不相干。从该联的下一句"亚父所封城(范增被封为历阳侯之地)"看，亦可证明前者在和州内。还须指出，有人将张祜《过阴陵山》的诗题解作："阴陵山：阴陵之山。阴陵，汉县名……山，指莫耶山。"更是有悖于史地实际。莫耶山在阴陵县故城北十余里，北魏郦道元《水经注》卷三十《淮水》"淮水又东，池水注之"注曰："山南有阴陵县故城。"《考察报告》云："卫星遥感地形图显示，莫耶山，横亘在钟离、阴陵之间百余里，山体高大，骑者不可攀跻。……阴陵城在莫耶山南十余里，其地高爽。"如此高山峻岭，张祜怎么会"惆怅上山头"？再者，此诗题一作《过阴陵》(《全唐诗》本)。题目没有"山"字，按照注者的解释，张祜应是进入阴陵县城了，但诗中的"行人惆怅上山头"，又当如何解释呢？其实山名无"山"字，古诗文习见，如：《史记·韩世家》"今楚兵在方城之外"，《匈奴列传》"围高帝于白登"，其中"方城""白登"皆山名而后面皆不着"山"字。

基于上述三条返江东路线的当时实情，项羽"迷失道"处当是今和县北的"阴陵山"。故而冯其庸谓"阴陵县故城"，袁传璋谓"古阴陵县境"，从项羽败走的路线看显然说不通。这可能是不辨山、县同名而地异，或拘泥于字面上"对号"而致误。

（二）从“迷失道”的地理环境看项羽败走的“阴陵”所在之处

《项羽本纪》言：“项王至阴陵，迷失道。”为什么“阴陵”会使项羽“迷失道”？是浓雾，还是地理环境？值得深入研究。弄清楚这个问题，对确定“迷失道”的“阴陵”所在地点至关重要。

袁传璋先生说：“隆冬腊月，黄淮流域辰时（七八点钟）常起的浓雾，极有可能与项王不期而遇，军无向导，遂‘失，迷道’。辗转徘徊，无法前行。良久，幸遇一位田父，向他打探南行道路。田父指曰‘左’。项王一行遵示在浓雾中向左（实为向西）奔驰，‘乃陷大泽中’。”隆冬“浓雾”，原文所无。如果“雾”是“迷失道”的主要原因，司马迁则会写为：“项王至阴陵，大雾，迷失道。”检查《史记》有此写法，如《陈涉世家》“会天大雨，道不通”。《项羽本纪》：“斩宋义”一节云：“天寒大雨，士卒冻饥。”《韩信卢绾列传》：“时天大雾，汉使人往来，胡不觉。”《汉书》亦云：“大雾，汉使人往来，胡不觉。”退一步说，即便是有雾，是否会影响项羽一行沿着“阴陵驿道”继续前行，以致使他们“辗转徘徊，无法前行”，乃至“良久”呢？考察正、野史均未见有此说。再说，在古驿道上行进，即便有浓雾，项羽一行也不至于看不清脚下的大道而徘徊不前。上面引文中不是说“汉使人（在雾中）往来”吗？袁氏不是也说“项王一行遵示在浓雾中向左奔驰”吗？试问在后有追兵的紧迫之际，项羽一行会辗转徘徊，乃至“良久”吗？至于“军无向导”也不能成为“在阴陵县境”迷路的理由。因为向导只能识别正道、歧路，无力驱散浓雾；而袁先生也没说那里有几条道路相交接，故而沿着大道前行无向导也不至于迷路。从这几点说，袁氏“项羽阴陵县境迷道说”就难以令人认同。基于这一常理，我们认为迷路的因素是项羽一行走到阴陵山西麓时，因前有南往和县城、东南往乌江渡两条相交接的“叉形”大路，不明去向，以致受田父之骗而西行陷入大泽。有史可以证实。

阴陵山（九斗山），峰峦逶迤起伏，地形复杂，古为军事要地。山下有通往江浦、和县、乌江、全椒等地的古道。地方志载，阴陵山西侧有“历阳古道”与“乌江大道”相交接。1992年修编的《全椒县志》云：“该山（按：指九头山，即阴陵山）附近有迷沟，即楚迷沟。古时往和县（按：指县城）、乌江取道于此。”由此路往南两条呈“叉形”的古道途径是：东南，经四隤山往乌江；正南，经夹山关、香泉往历阳。《和县志》载，秦汉时乌江与历阳之间是一片水域，两地来往的陆路皆经阴陵山西侧。清朱彝尊《泊舟乌江谒项王祠题名》云:"去此祠(西北)三十里,即阴陵故道。"如前所述,唐张祜《过阴陵山》诗也说明这种情况,他认为当年项羽"壮士凄惶到山下"(即阴陵山下),后上"四隤山",最终抵乌江(《项羽本纪》载);而张祜本人则由此处沿"历阳古道"南行至历阳城,后渡江至彩石,乘舟溯江而上至贵池,其诗《江上旅泊呈池州杜员外》可证,诗曰:"牛渚南来沙岸长,远吟佳句望池阳。""牛渚",今安徽马鞍山市内;"池阳",古郡名,今安徽贵池。此两条古道均见地方志所著录:1995年新修编的《和县志·古道古渡》下云:"明代万历三年(1575)《和州志》载,历阳古道路线为滁州城——全椒城——后河铺——夹山关——香泉——和州。"《全椒县志·地方道路·历阳古道》亦云:"该道从官渡圩石闸沿旧南区驿马塘埂直通和州。"通往乌江的古道,《滁州地区志·古道古桥》载:"阴陵古道……入全椒县境,经官渡出境,向南至乌江渡(和县境内)。……楚汉相争中,项羽从垓下败逃、渡淮水至阴陵后,直至乌江自刎,即途经此道。"《定远县志》亦云:"汉高祖二年(前205),定远已有自西北通向东南的大道。……再向南至乌江渡。"时隔两千多年,两条古道的具体相交地点可能有变迁,甚至几度变迁,但在阴陵山之西这个大范围内是没有问题的。因为古驿道与"山川形便"相关,特别是山地的驿道,若无地震或泥石流发生,大多是陈陈相因、经久不变的。

从上述地理环境看,项羽迷道的"阴陵"应该是阴陵山。因其西侧往南有两条"叉"路,致使项羽一行南驰至此不明去向,遂询问田父。在后有汉骑追击的窘急情况下,项羽慌不择路,遂受骗而陷入"大泽",以致被汉骑追赶上。相形之下,其他说法扞格难通,如冯其庸等的"阴陵县故城说"有悖迷路的常理:县城人烟稠密,项羽既入城内何来迷路?又何须向"田父"(农夫)问路?袁传璋"古阴陵县境说"的迷失道,亦不合实情:即使隆冬浓雾,江淮地带时至八九点钟多已消散;退一步说,即便浓雾尚存,也不至于迷失道。项羽一行如果是从晨雾弥漫中沿着驿道一路走来,那又怎么会至此而因浓雾突然迷路呢?因为浓雾是渐起渐散,不可能乍作乍止。顺便指出:袁先生将"迷失道"读成"遂迷,失道",不合古汉语复合词结构。"迷失"是同义联合式的复合词,语素"失"也是"迷"的意思,如《韩非子·解老》篇云:"使失路者而肯听习问知,则不成迷也。"《古今汉语词典》

(商务印书馆编):“失路,迷路。”“迷失”一词古籍里多见,如张祜《过阴陵山》:“生前此路已迷失”,《金史·程采传》:“而圣驾崎岖沙砾之地,加之林木丛郁,易以迷失”。今人亦常言“迷失方向”“迷失道路”,盖由古汉语发展而来。

(三)从“迷失道”处的名称更易看项羽败走的“阴陵”所在之处

以上从项羽返江东的路线、“迷失道”的地理环境来论证《项羽本纪》中的“阴陵”是阴陵山。此外,还可以从“迷失道”处“阴陵”的历史上更易名称看出它所在之处。

检阅古诗文及地方志,有资料证明项羽“迷失道”的“阴陵”即“阴陵山”。如前所述,晚唐诗人张祜曾由河北来安徽池州投靠刺史杜牧。他经过阴陵山时曾作诗一首,《全唐诗》本题为《过阴陵》,而《增订注释全唐诗》(陈贻焮主编)本则作《过阴陵山》;还有同一个历史人物事件中的“阴陵”即“阴陵山”的,如《梁书》卷三十二《陈庆之传》载,陈庆之第五子陈昕于武帝大同十年“为宣猛将军,假节讨焉(‘焉’:代词,指盘踞在阴陵山反抗王权的武装集团),勦宗平,(陈昕)除阴陵戍主、北谯太守。”1992年修编的《全椒县志》在叙说“九斗山”一名作“阴陵山”时说:“史称北谯太守陈昕除阴陵戍主是也。”民国九年编的《全椒县志》亦云:“阴陵,县东南二十五里。”皆说明此“阴陵”即“阴陵山”。据此,咏叹项羽的古诗赋及记其史事的古文中,凡言“阴陵”者皆指“阴陵山”,如明进士吴颖诗曰:“兵败阴陵空九斗,至今遗老说迷沟。”清阎尔梅《乌江浦》诗:“阴陵道左困英雄,骓马长嘶千里风。”

阴陵山又名九斗山,今见最早的是西晋虞溥《江表传》:“项羽败至乌江,汉兵追羽至此,一日九战,因名。”其后传承不废,如:《隋书·地理志第二十六下·江都郡》云:“清流、全椒(梁曰‘北谯’……有铜官山、九斗山)、六合……”唐李吉甫《元和郡县图志·滁州·全椒县》亦称“九斗山”,其文曰:“九斗山在县南九十余里。昔项羽兵败,欲东渡乌江,途经此山,故名。”按:李氏言其里程“在县南九十余里”,大误。北宋乐史《太平寰宇记》卷一二八《淮南道》云:“《寿春图经》曰:‘九斗山,一谓阴陵山。’”此前《太平御览》卷四三亦如是说。据刘纬毅《汉唐方志辑佚》云:“纂人不详,盖初唐所作。”可见九斗山、阴陵山在唐代已并行于世。南宋王象之《舆地纪胜》曾言及“阴陵山”的方位,其书卷四十八《淮南西路·和州》云:“阴陵山,在乌江县(按晋泰康六年始从东城县析置）西北四十五里（按南距和州城八十里），即项羽迷失道处。"其后祝穆《方舆胜览》卷四十七《淮东路·滁州》[形胜]云："九斗山一名阴陵山。"祝氏言前者距全椒县的里程沿唐李吉甫之误，同书卷四九《淮西路·和州》言"阴陵山"则承王象之所说，甚确。明代李贤等撰《明一统志》乃统一说法，其书卷十八《滁州》[山川]下云："九斗山在全椒县东南二十五里。一名阴陵山。昔项羽兵败欲东渡乌江，道经此山，与汉兵一日九战，故名。山石有磨砺刀镞迹。"

阴陵山、九斗山，又称九头山。《项羽本纪》"期山东为三处"下，唐张守节《史记正义》曰："期山东分为三处，汉军不知羽处。《括地志》云：'九头山，在滁州全椒县西北九十六里。'《江表传》云：'项羽兵败至乌江，汉兵追羽至此，一日九战，因名。'"按：此"注"中引《括地志》言"九头山"所在之处，大误。又，引文中"因名"后省略"九斗山"亦不当。但说明了一山数名，符合史实。

一山数名，是不同时代的人从不同角度以名之。名"阴陵""阴陵山"者，盖因在海拔315米的如方山（古称六合山）之北，山北为阴，故名；史载项羽在阴陵山之西的"大泽"被汉兵追及；出泽后沿阴陵山南麓山路东进，且驰且战，与汉兵交战多个回合，故又名"九斗山"；言"九头山"者，盖因此山在全椒县东南二十余里，从全椒南望，九个山头历历在目，故《括地志》称之为"九头山"。今人《考察报告》云："九头山，又名阴陵山，由九个山头组成，曰插花山、灰头山、龙王山、马鞍山、癞头山、犁头尖山、宝塔山、蔡家山、横山……阴陵山原在全椒、和县、江浦三县交接处，1989年政区调整，此山全在和县石杨镇境内。此次田野考察所见所闻及卫星遥感地形图所示，阴陵山呈东北—西南走向，确有九峰，九头山名实相符。山长10余公里，宽5公里，占地40平方公里。地理坐标东经118°18′，北纬38°02′。"

上引的地名更易史料，清楚地说明了"项羽迷失道"处不是"阴陵县故城"或"古阴陵县境"，而是今和县西北的阴陵山（又名九斗山、九头山，古诗文多作"阴陵"）。可是，冯其庸先生实地调查却视而不见，抓住古书志《括地志》《元和郡县图志》中对九斗山的方位、里程记载有误，就极力否定其山的客观存在，说是"空穴来风"；还张冠李戴，以西南数公里处的"花山"来替代"阴陵山"，并借群众之口说："老百姓只知此山叫花山，不知叫'阴陵山'。"冯先生如此考证历史地理，无论在方法上或结论上，我们皆不敢苟同。至于袁传璋先生首创“古阴陵县境”说，非但无文献根据，且有“增字解经”之嫌，亦不足信。

二、项羽“左陷”的“大泽”究竟在何处？

《项羽本纪》载，项羽垓下溃围南驰，至阴陵迷路，一农夫骗其向“左，乃陷大泽中”。那么此“大泽”究竟在何处？今人说法分歧较大，对其位置主要有三说：阴陵山西旁、古阴陵县境、阴陵县故城。我们认为此“大泽”是泛称，即水流所潴之处，与《梁书·韦睿列传》中专名“阴陵大泽”概念不同，如《项羽本纪》篇首言：“秦二世元年七月，陈胜等起大泽中。”司马贞《史记索隐》曰：“即沛郡蕲县大泽中。”由于项羽“迷失道”后所陷的“大泽”《史记》“三家注”未出注，因而要审文度义，抓住“左，乃陷”字眼来辨析：“左”表明大泽所在方位，即在“田父”之左。而“左”的具体方向，则视田父“面之所向”而定。若“田父”面北背南，即西边；若面东背西，即北方。再者，“左乃陷”反映“迷失道”处距离“大泽”很近。句中“乃”是承接连词，译为“于是”或“就”，表明“左(行)”与“陷(入)”两个动作接连发生，因而反映出两地距离甚近。抓住这些词语并验以史实，即可辨明。

(一)从“左乃陷”看“阴陵大泽”非《项羽本纪》“大泽”所在之处

“阴陵大泽”，袁传璋先生新近著文称：“真正的阴陵大泽当在古东城县邑(遗址在今定远县东南五十里大桥乡三官集)西北、古阴陵县邑(遗址在今定远县西北六十里靠山乡古城村)东南，约在今定远县城西西卅店迤南一带。”并据以断言：“《项纪》中叙述项王至阴陵，实指进入阴陵县境。”袁氏这一新说的根据是《梁书》卷十二《韦睿列传》中有“阴陵大泽”四字，其文曰：“睿自合肥取直道，由阴陵大泽行，值涧谷，辄飞桥以济师”，车驰卒奔，旬日即至钟离下。袁先生还征引梁任昉《述异记》中所言的“阴陵故城九曲泽”，《古今图书集成》中《凤阳府部·定远县》所载石塘湖、秦塘、关塘等八个塘口均属“阴陵大泽”以佐证，如：石塘湖在县西十五里，马长涧在县西二十五里，清流塘在县西三十里，白涧在县西三十五里，秦塘、胡迤塘、济明塘，俱在县西南二十里，关塘在县西南四十里。可是我们遍检《凤阳府志》，从未见此处叫“阴陵大泽”。又检叙述项羽史事的载籍，更未见有此地“即项羽迷失道后所陷大泽"等关键字眼。这能证明《梁书》中"阴陵大泽"即是项羽当年迷失道后所陷的"大泽"吗？此其一。其次，"阴陵大泽"在定远县城之西南三十里处，若是田父面东南背西北回答项羽问路，其"左"当是北偏西，方向亦不悉合；再次，袁先生还征引梁任昉《述异记》言项羽陷入"阴陵故城九曲泽"以佐证，亦明显不确。即便如袁先生训"城"为"县"，但"故城"不可训为"故县"（指县境。按无此常用义），尤其不符合阴陵县已属于汉的史实。上引《樊郦滕灌列传》言项羽乌江自刎后汉始"下东城、历阳"，而未言"下阴陵"；《项羽本纪》云："大司马周殷叛楚……会垓下，诣项王。"《考察报告》亦言垓下会战前"淮南只有东城、历阳两县未下，为项羽所有"，而未言"阴陵县"；还有《史记·楚汉之际月表》载：汉四年七月，汉王"立（英）布为淮南王"。这些不正说明阴陵县在垓下会战前夕已更易汉帜了吗？难道项羽竟会自投罗网驰入其境而陷入大泽中？此外，从距离的里程看，此"阴陵大泽"离项羽"迷失道"的"阴陵"的里程虽然不详（因袁氏没说明），但离班固所言的"四隤山"（即《项羽本纪》中的"山"）则有二百四十余里。项羽若是陷此泽中"以故汉追及之"，还能摆脱数千汉骑追击而长途跋涉（穿过清流关、越过阴陵山）抵达"四隤山"吗？也许袁先生会说："项王曾向乌江亭长称其骓马'尝一日行千里'。"试问项羽从骑的马也是四蹄生风"日行千里"吗？再说，项羽等在"大泽"中已被汉军追赶上，围追堵截，还能到达"四隤山"吗？冯其庸断言项羽在定远城南的"四溃山"（无史志证明"虞姬墓又名四溃山"）已不能跑二百四十华里至乌江，而袁先生所说的"阴陵大泽"则距乌江有二百七十余里，项羽能在汉骑穷追下安然抵达乌江吗？能圆其"项羽乌江自刎"之说吗？

再看袁先生的论据，也是无说服力的。他说："笔者敢于做上述的论判（按指'阴陵大泽'即项羽所陷'大泽'），因为有韦睿和昌义之为证。"按韦睿由合肥驰钟离救昌义之，取直道越过的"阴陵大泽"，与项羽南驰所陷的"大泽"，是两条道上沼泽地，韦睿并没有说他所行的"阴陵大泽"就是项羽当年所陷的"大泽"，怎么可以"为证"呢？至于乌江人昌义之的"传"里没写阴陵山西旁的"大泽"，怎么就可以据以肯定他认为没有？乌江东临长江，西近赭乐山（周长十余公里，高百余米，全系岩石），昌义之"传"里也没有写，是否就没有这些？

基于上述，袁氏"阴陵大泽"说以及由此而推断项羽迷失道于"古阴陵县境"论，实难令人信从。

(二)从"左乃陷"看"高塘湖"非《项羽本纪》"大泽"所在之处

冯其庸说："如今从古城村(即阴陵县故城遗址)向西，便是一片大泽，其最低洼处至今仍是一片茫茫无际的湖泊，水面上有数公里长的窑河大桥。项羽因为陷入大泽中，'以故汉追及之'。"冯说的"大泽"即南北狭长二十多公里、东西宽为三公里左右的高塘湖。该湖在阴陵县故城西北五十余里，与其位于面东背西的"田父"之左(北方)，以及离"迷失道"处较远等，皆不契合《项羽本纪》所述。此外，《淮南市志·地理编》明确记载高塘湖的历史迄今仅有半个世纪。1938年黄河在郑州花园口决堤后，青洛河受黄泛及黄河夺淮入海的影响，下游泥沙淤积河床升高，水流不畅，中游多年积水，逐渐形成茫茫无际的高塘湖。可见在年代上亦与《项羽本纪》所言的"大泽"相去甚远。

(三)从"左乃陷"看"楚迷沟"即《项羽本纪》"大泽"所在之处

此"大泽"古称"红草湖""楚迷沟"，今名"裕民圩"。在阴陵山之西五里。南宋王象之《舆地纪胜》卷四二《淮南东路·滁州》[古迹]下云："楚迷沟(按指"大泽"，下同)在全椒县西南二十(五)里。昔项羽迷失道，而田父绐曰：'左。'此即大泽，距阴陵五里。"《全椒县志》《和县志》亦皆认定此"大泽"在阴陵山之西，相距五里。1992年《全椒县文物志》云："文物普查期间，多方考察，九斗山(阴陵山)在全椒县东南二十五里，今和县境内，与全椒仅隔一河。该山附近有沟，即楚迷沟。古时往和县、乌江取道于此。"清光绪十四年(1888)高照纂修的《直隶和州志》卷四《舆地志·山川》下云："阴陵山，州北八十里。项王迷道处。上有刺枪坑，为项王立枪地。旁有泽，名红草湖。春夏之交，潦水涨发，弥漫无际，即阴陵九曲泽。泽中有项王村。项王失路于泽中，周回九曲，后人因以为名。"此前清同治六年(1867)陈廷桂编纂的《历阳典录》竟然明引《述异记》语，断言"当即此地"。

需要指出，陈、高二氏文中不乏有抄袭、删改梁任昉《述异记》语(如"阴陵故城九曲泽"中删"故城"二字)之弊，陈文还增引"《述异记》曰"云云为证。这种删削、歪曲原著"为我所用"实属学术不端。然而，袁传璋攻其一点不及其余，全盘否定其"大泽"即项羽迷道后所陷之处，显然有失客观全面，有悖于南宋王象之实地察看(《舆地纪胜》自序云"江淮荆闽，靡国不到")和今人田野考察所见的事实。《考察报告》

云:"此次田野考察所见及卫星遥感地形图所示,阴陵山呈东北——西南走向……山北为滁河,河北即全椒县境。滁河南北地势低洼,港汊纵横,河之北旧有荒草湖,河之南旧有红草湖,民间相传即项王迷失道的阴陵大泽(按:此言不确,南宋王象之所言并非'民间传说';又项羽所陷之处名为'大泽',不应借民间传说篡改为'阴陵大泽')。往昔的湖沼现已堙为圩田。"该圩宽广,《和县志》言其面积有五千余亩。金绪道等考证,占地约四十平方公里的阴陵山,亘古已有。故而因山而生、与山并存的此"大泽"(即红草湖由山水汇聚而成),秦汉时期自当有之,即南宋王象之所言并被后人认同而传承的项羽所陷的"大泽"。必须指出,袁传璋先生说:"北宋以后、明清以前的舆地志书,著录'项王迷失道处'的是'阴陵山'而不是'阴陵大泽'……将和州(历阳)阴陵山与阴陵大泽联为一体,始于明、清两代的和州地方志。"按:袁氏将《项羽本纪》中项王"左乃陷"的"大泽"一律称为"阴陵大泽",似有移花接木、"偷换概念"之嫌。此其一。再者,无视南宋王象之称"大泽"为"楚迷沟"以及与阴陵山联为一体的事实,说是"始于明清两代的和州地方志",亦不切合历史实际。不知是袁先生不遑一阅王书,还是其他什么原因?

三、项羽"东城快战"的"四隤山"究竟在何处?

四隤山是项羽败退途中大胜汉军的著名战场,然而它所在之处,说法不一。冯其庸先生认定它在定远县南六十里处虞姬墓所在的原土阜,说是当地谭村人称之为"四溃山"。而南宋王象之则认为是阴陵山南十五里处的"四隤山"(后人皆如是认为,俗称四马山)。孰是孰非,从《史记·项羽本纪》所录"东城快战"一节文字所显示的地势特点以及其他方面可以辨别清楚。

(一)从古战场的地势看"四隤山"乃"东城快战"所在之处

语言是信息的载体。先来详审《项羽本纪》中"东城快战"一段文字:

> 项王乃复引兵而东,至东城,乃有二十八骑。汉骑追者数千人。项王自度不得脱,谓其骑曰:"吾起兵至今八岁矣,身七十余

> 战，所当者破，所击者服，未尝败北，遂霸有天下；然今卒困于此。此天之亡我，非战之罪也。今日固决死，愿为诸君快战，必三胜之，为诸君溃围、斩将、刈旗，令诸君知天亡我，非战之罪也。”乃分其骑以为四队，四向。汉军围之数重。项王谓其骑曰：“吾为公取彼一将。”令四面骑驰下，期山东为三处。于是项王大呼驰下，汉军皆披靡，遂斩汉一将。是时，赤泉侯为骑将，追项王；项王瞋目而叱之，赤泉侯人马俱惊，辟易数里。与其骑会为三处。汉军不知项王所在，乃分军为三，复围之。项王乃驰，复斩一都尉，杀数十百人。复聚其骑，亡其两骑耳。乃谓其骑曰：“何如？”骑皆伏曰：“如大王言。”（《汉书·项籍传》中增补“四隤山”名及“于是羽遂引东”句，其余相同。）

从上可窥见：(1)四隤山上可容二十八骑布阵，山顶面积较大，而且宽平无峰；(2)山之四面坡度较大，有利于俯冲杀敌、溃围；(3)山麓开阔，可供数千汉骑围之数重，其东麓地势高低不平，可形成鼎足阵势以击杀汉兵。以此三者来鉴定，即可明辨定远城南“四溃山”与阴陵山南“四隤山”之真假。

山之顶部与坡度。定远县南的虞姬墓，冯其庸先生在《千百年来一座有名无实的九头山》一文里说：“今东城西北不远处，有谭村，其地有虞姬墓。《定远县志》载：‘虞姬墓即嗟姬墩，县南六十里，近东城。’我曾两次去虞姬墓，墓高约25米（按不确，当为18米），为一自然土山。”但史书无此处“四溃山”的记载，故以虞姬墓的地形地势来作比较。北宋乐史《太平寰宇记》卷一二八《淮南道·濠州·定远县》云：“虞姬冢，在县南六十里，高六丈。”（按宋制约合18米）明李贤等撰《明一统志》卷七《中都》[陵墓]下云：虞姬墓在县南六十里，俗称嗟虞墩。“墩”者，高出地表之土堆。今人《考察报告》云：“我们实地考察所见，其高不足六丈，基底周回不过数十丈，墩顶平地至多五、六方丈。……四侧呈45°坡。”显然与《项羽本纪》“东城快战”一节所言的地势大相径庭。即便是两千年前要高大一些，但其顶部面积也难容二十八骑布成圜阵；其底部周回数十丈，数千汉军自可重重包围，使之水泄不通；其高度不足六丈，若以箭射之，二十八楚骑人人难以存身。

阴陵山南的“四隤山”，其顶部面积和坡度与《项羽本纪》所言相近。北宋乐史《太平寰宇记》卷一二四《淮南道二·和州·乌江县》下云：“四隤山，在县(按为‘州’之误)西北七十五里。项羽既败垓下，东走至东城，所从惟二十八骑。汉兵追者数千。羽乃引骑因四隤山而为圜阵，即此山也。”今人《考察报告》对此“四隤山”地形地势有说明：“四隤山呈东北——西南走向，山形四面略呈梯形缓坡，平均坡度为5°至10°。山顶宽平无峰。实测山高81.7米，相对高度为50米。山脚长边二公里，宽约一公里，周回五公里左右。”我们实地察看，山顶皆盘石裸露，石缝荆棘丛生，面积近二亩，足够二十八骑布成圜阵；山之高度50米，其坡度较大，倾斜绵延，正宜“四面骑”驰下杀敌溃围。

山之东麓地势。项羽在山顶俯视“山东”，并令四面骑驰下，分三处集结形成鼎足之势，诱敌包围，伺机斩将杀卒。我们实地察看，此处四隤山整个山陵面积约六七千亩。山之东麓有二里多宽，地势高低不平，中间有几座小山岗，其下层层梯田，抽水机房旁还残存一些大石头。有条山路向东南方向延伸。虽然不见史籍有四隤山地形地势的描述，但历史上皆认为此处是项羽当年“快战”的战场：楚骑在三处高岗集结，成鼎足阵势，汉分兵围之，项羽冲决杀敌，手起刀落，共斩汉二将，杀数十百人，兑现了项羽战前的承诺：斩将、刈旗、溃围。而定远县南的虞姬墓所在之土阜四周，“数里之内不见有任何高出地表的土丘”，“嗟虞墩孤特兀立于旱粮农地中”，不具有“东城快战”之古战场的地势特点。

基于上述，阴陵山南十五里处的“四隤山”乃是项羽“东城快战”之处。

(二)从距离阴陵等地里程看“四隤山”乃“东城快战”所在之处

“东城快战”所在之处，今有二说：其一，冯其庸谓今定远县城南六十里“四隤山”。冯说：“今东城西北谭村有土山曰‘嗟姬墩’，传即项王令骑四面驰下处。今当地人尚称此山为‘四溃山’。”其二，传统认为是阴陵山南的“四隤山”。其名系班固为《史记·项羽本纪》“东城快战”中的“山”而增补。为辨明历史事实真相，我们查阅了有关古籍，并实地考察“四隤山”的地理位置。现录其要者如下：

南宋王象之撰《舆地纪胜》卷四八《淮南西路·和州》“乌江县”下载：“四隤山，在乌江县西北三十里，直阴陵山。项羽既败于垓下，走至东城，所从惟二十八骑，汉兵追者千余，(羽)乃引骑依四隤山为圜阵，即此山也。今山石上有走马足痕。”按:该书大量征引《太平寰宇记》,但将四隤山与乌江县城的距离改成为三十里,甚合地理实际。王氏于其书《自序》云:“余少侍先君宦游四方,江淮荆闽,靡国不到。”说明据实而修改,弥足珍贵。

《嘉庆重修大清一统志·和州》录有:“四隤山,在州北七十五里,亦名四马山,接江苏江宁府江浦县界。”

明李贤等撰《明一统志》卷六《南京》[山川]下载:“四溃山在江浦县西南七十里。昔项羽败垓下,走至东城。汉兵追之。羽引骑依四溃山为阵,即此。(山)石上有马迹。或云:汉兵四面围羽,羽引兵斩将溃围于此,因名。俗呼为四马山。”

清顾祖禹《读史方舆纪要》卷二九云:四隤山亦名“四马山”,位“在全椒县东南三十五里。”

根据上引地理志书着录,四隤山的位置是:东北距江浦县城约七十里,南距和州七十五里,东南距乌江三十里,西北距全椒县城约三十五里;北距阴陵山十五里,西距“大泽”约二十里。四隤山到乌江浦只有三十余里,项羽片刻即可到达。然而冯其庸说定远城南六十里“四溃山”是项羽“东城快战”之处,诸多不合《项羽本纪》所言,如:第一,离其所说“高塘湖”约有一百三四十里;第二,离其所说的“迷失道”处有一百余里;第三,离其所说的“决战后,即自刎于东城”(按指县邑)之处有六十里;等等。最为重要的是冯说无史书可为凭据,似有主观臆说、曲解古文之嫌。

(三)从语境、文例看“四隤山”乃“东城快战”所在之处

此“四隤山”又以“东城”指称。《项羽本纪》“至东城,乃有二十八骑”之“东城”究竟指何处?“东城”,古县名,而在此句中所指的地点今人说法不一:冯其庸谓指其县邑,袁传璋谓指其县境,而我们则认为实指其辖地“四隤山”。依据是:(1)语境。《项羽本纪》“东城快战”一节“至东城”后云:“(项王)谓其骑曰:‘吾起兵至今八岁矣,身七十余战,所当者破,所击者服,未尝败北,遂霸有天下。然今卒困于此,此天之亡我,非战之罪也。今日固决死,愿为诸君快战,必三胜之,为诸君溃围、斩将、刈旗,令诸君知天亡我,非战之罪也。’乃分其骑……”(详见本文前面所引)其中项羽所言只能是项羽一行在四隤山立稳足后所为,绝不可能在“乃复引兵而东”、东驰“四隤山”的途中(即东城县境)

且走且言，更不可能是在汉骑追击的败走途中驻足对其骑所言。再从紧接其后的"乃分其骑以为四队，四向"一句看，其意十分显豁，句中"乃"，承接连词，当"于是"讲；项羽说完话，即布阵与汉军决战，其地点应是在四隤山上。(2)文例。《史记》《汉书》里有"大名"(郡县名)与"小名"(下属地名)于同篇前、后互见例，如《史记·刘敬叔孙通列传》："匈奴果出奇兵围高帝于白登(山名)，七日而后得解。高帝至广武，赦敬，曰：'吾不用公言，以困平城(县名)'。"《屈原列传》载屈原沉水处，前言"汨罗"(水名)，后言"长沙"(古郡名)。故《项羽本纪》中此"东城"与"山"(班固作"四隤山")亦类此，"东城"在此特定语境中系指"四隤山"，因山名不著(司马迁可能不详其山名)，前面以"东城"言之。清俞樾等《古书疑义举例五种》"以大名代小名例"中言及《春秋》文例："小邑不得以名通，则但书其国而不书其地。……而(小邑)其地小，名亦不著，书之史策，后世将不知其所在，故以国书之。"由此可知，"东城"与"山"互见是司马迁沿袭前人文例。后人也有以县名"东城"指称其辖地"四隤山"的，如：明代和州人杜浩咏史诗句"漫说东城斩将功"(指项羽在四隤山之战中斩汉二将)，清王苏《乌江》诗句："东城仅存廿八骑，犹能斩将夸身强"。今人文中常言"东城快战"，其"东城"皆是指称"四隤山"。关于"大名"与"小名"的文例问题，我们曾撰专稿《项羽死于乌江辨》，发表在《历史研究》2010年第2期上，可一阅。基于上述，冯氏谓此"东城"指"东城县邑"，袁氏谓指"东城县境"，皆不切语言环境、古人文例。

四、余　论

上面对项羽最后败走所经"阴陵""大泽""四隤"等地位置进行了考辨，但仍有一些问题需要论说，附言如下。

(一)项羽在"东城快战"中未亡之语证

项羽自刎乌江，迄今所见的最早记录是司马迁所著《史记》。其《项羽本纪》"正文"最后一段有详细叙说。然而冯其庸却说"东城快战"明言项羽在东城县邑已身亡，他说："项羽当时所处地点是在东城，而'汉骑追者数千人，项王自度不得脱'，后面还有'卒困于此''天之亡我''今日固决死'等项羽的话，可见项羽已困死在东城，不可能突围出去了。"又说:"'今日固决死',这更是十分明确地说明项羽已'必死'。"事实是否如其所言:"项羽已困死在东城"?

第一节是叙录项羽"快战"之前所思、所言,慨叹"天亡我",非用兵之过。现就冯其庸指出的其中"关键字眼"做一考释:(1)自度不得脱:"度",忖度,推测,为估量之辞。(2)卒困于此:许慎《说文解字·囗部》云:"困,故庐也。从木在囗(按即"围"字初文)中。"清段玉裁注曰:"困之本义为止。"义即"被困住",停止不前。如《淮阴侯列传》"当时,楚王急围汉王于荥阳,韩信使者至,发书,骂曰:'吾困于此。'"又,《刘敬叔孙通列传》:"高帝至广武,赦敬,曰:'吾不用公言,以困平城'。"这两句皆言刘邦被围困,但并未死。项羽在东城四隤山亦如是,下有"溃围"可证。(3)天之亡我:"亡",不及物动词带宾语,"致动用法",句意即"天意使我亡"(句中"之"取消句子独立性,不是"已经"的意思),并非项羽此时已身亡。(4)今日固决死:今日一定决战而死。"固",必也,一定。《汉书·周昌传》"吾固欲烦公,公强为我相赵。"颜师古注:"固,必也"。副词"固",修饰动词"决"。"决",决战,如《汉书·赵充国传》:"兵当何日决?"《史记·鲁仲连邹阳列传》:"夫齐之必决于聊城"。"决"与"死"连动,指决战而死,表明项羽宁死不屈的无畏精神,乌江浦决战后壮烈自刎即其真实写照。

以上第一节是项羽对形势的预感,是战前所言的"或然"之辞,并非"必然"的结果,更非"已然"的事实。至于项羽在战后是否如冯先生所言:"决战后,项羽即自刎于东城"?审阅第二节中的"汉军皆披靡""赤泉侯人马俱惊,辟易数里""骑皆伏曰:'如大王言'(即溃围、斩将、刈旗)"等语,即一清二楚。从这一场恶战的实况看,项羽仍然所向披靡,是活着的英雄,而非战死。班固《汉书·项籍传》特增补"于是羽遂引东,欲渡乌江"一句,更是明确说明项羽于决战中未身亡,决战后亦未"即自刎于东城"。顺便指出,《史记·樊郦滕灌列传》"(灌)婴以御史大夫受诏将车骑别追项籍,至东城破之",冯其庸特加疏解:"'破'者,'灭'也。也就是说在东城消灭了项羽。"我们通检《项羽本纪》,"破"字35见,"灭"字5见,无一例"破"可训为"灭"者,古注、辞书亦皆无此义项。许慎《说文解字·石部》"破,石碎也。"段玉裁注:"引申为碎之称。""破"是不及物动词,带上宾语,义为"使……残破",如《项羽本纪》"汉五年……楚击汉军,大破之;汉王复入壁,深堑自守。"若"破"义为"灭",汉王如何"复入壁"?后来又如何打败了项羽?

附带说明，今定远县城南六十里处的虞姬墓，历史文献无记载又名“四溃山”。盖当地古人为纪念虞姬而建墓，并非如民间传说与冯其庸先生所言：项羽将虞姬首级带至其地而埋之。晚清安徽巡抚冯煦在为灵璧县所撰《重修虞姬墓碑文》中，已析其荒诞不经，他说：“或谓定远之南，亦有姬墓，彼葬其首，此葬其身，花歌草舞，傅会有之；头岱腹嵩，荒唐颇甚。”史记研究会、和县项羽与乌江文化研究室联合考察组《考察报告》亦说：“虞姬墓在安徽灵璧县城东十五华里虞姬乡霸王村，在灵泗公路南侧，南距垓下遗址约五十华里……虞姬墓在‘文革’中遭严重破坏，冢土被削大半，墓葬情况大部暴露。据当时现场目击者言，遗骸为女性，孤身葬，身首相连。无棺椁和殉葬明器。以三块长约二米的石板构成三角形石棺，两头各以长方形石块封堵，显系仓促掩埋。石棺北、东、西各30米处残存汉砖围墙墙基。墓地四周散落汉瓦残片。可证此墓汉代已加保护。现今所见虞姬墓系二十世纪八十年代中期修复，墓体圆形，基径11米，用青砖砌筑1.2米高护墙，连封土墓高约6米。”定远县城南的虞姬墓没有虞姬之首级，亦无文献记载项羽南驰乌江时亲临其地。故冯其庸先生所言以及袁传璋先生所示项羽南驰的路线皆不确。

（二）元代以前的诗词赋中已见项羽乌江自刎说

项羽自刎乌江本是一个不容置疑的史实。然而冯其庸竟说：“项羽乌江自刎之说，到唐代似乎还未有文字可稽。”事实胜于雄辩。除了上述《史记》《汉书》等史籍中明确记载项羽自刎乌江，汉魏晋唐宋诗文中亦多言及项羽自刎乌江之事。南朝梁萧纲《悔赋并序》赋曰：“至如下相项籍，才气过人。……抱乌江之独愧，分汉骑之余身。”南朝梁侯景《传》附王伟《讨梁檄文》曰：“项羽重瞳，尚有乌江之败。”上引庾信《哀江南赋》中亦言及项羽“阴陵失路……舣乌江而不渡”。隋无名氏《项王歌》中有“悲看骓马去，泣望舣舟来”。唐宋文人吟咏项羽的诗文多见，现选录列下：

孟迟《乌江》：中分岂是无遗策？百战空劳不逝骓。大业固非人事及，乌江亭长又何知？

胡曾《乌江》：争帝称王势已倾，八千兵散楚歌声。乌江不是无船渡，耻向东吴再起兵。

徐寅《恨》：事与时违不自由，如烧如刺寸心头。乌江项籍忍归去，雁塞李陵长相留。

李清照《绝句》：霸气震神州，凌云志未酬。乌江夜若渡，两汉不姓刘。

陆游《秋晚杂兴》：江东谁复识重瞳，遗庙欹斜草棘中。若比咿嘤念如意，乌江战死尚英雄。

还有宋初词人李冠的《六州歌头·项羽庙》。唐宋政要的赋文亦皆明言项羽自刎乌江。唐文宗、武宗王朝两度为相的李德裕，开成元年(836)任滁州刺史，曾作《项王亭赋并序》。其《序》云："丙辰岁(按：指唐文宗开成元年)孟夏，予息驾乌江。晨登荒亭，旷然远览。……感其伏剑此地，因作赋以吊之。"

宋人龚相为乌江县令，亦曾作《项王亭赋并叙》。其《叙》曰："余又览观山川，想追骑云集，王以短兵接战，英勇不衰，谢亭长顾吕马童之时，其视死生为何如？雄烈之气凛凛而在！邑人庙祀至于今不怠者，岂以王之亡秦兴汉之功大、而得失自我、不为奸诈篡窃、真磊落大丈夫也哉！"

从上述诗、词、赋可见：项羽自刎乌江的史实，在金元以前就已成为文学作品的题材而传之于世。尤其是李德裕、龚相，其赋中均明确交代亲至霸王祠考察。宋代王安石更是注意调查研究，他曾于至和元年与其弟王安国等游褒禅山，考察其地形，写下著名的《游褒禅山记》。此山在今安徽含山县之东，离乌江仅六十余里，他作《题乌江项王庙》诗，必亲至乌江考查，始题于庙壁。可见冯先生所言"到唐代似乎还未有文字可稽"，纯属不实之词。

中国历史文献研究会会长周少川先生说："史学的本质在于求真。犹如法律的定谳，拿出证据来，尤其是文献的证据来，也是历史研究的基本纪律。"冯其庸亦曾告诫文史之士："不尊重历史，不下功夫钻研史料，天马行空，想怎么说就怎么说，甚至为了需要故意闭眼不看某些史料，甚至造假，这是极坏的学风，会把学术引向歧路。"二位所言极是。如上所述，我们广觅文献证据，并努力从历史、语境来辨析，考明《项羽本纪》中"东城"在特定语境里所指的具体地点，并非如冯其庸所言之"东城""阴陵"皆指其县邑，亦非如袁传璋所言"至东城""至阴陵"皆指至其县境。我们的研究证明：项羽乌江自刎之说在《史记》里确实存在，是历史的真实。项羽南驰乌江所经的"阴陵山""大泽""四隤山"，皆在今和县北境，有史可据。可参见下附路线图。

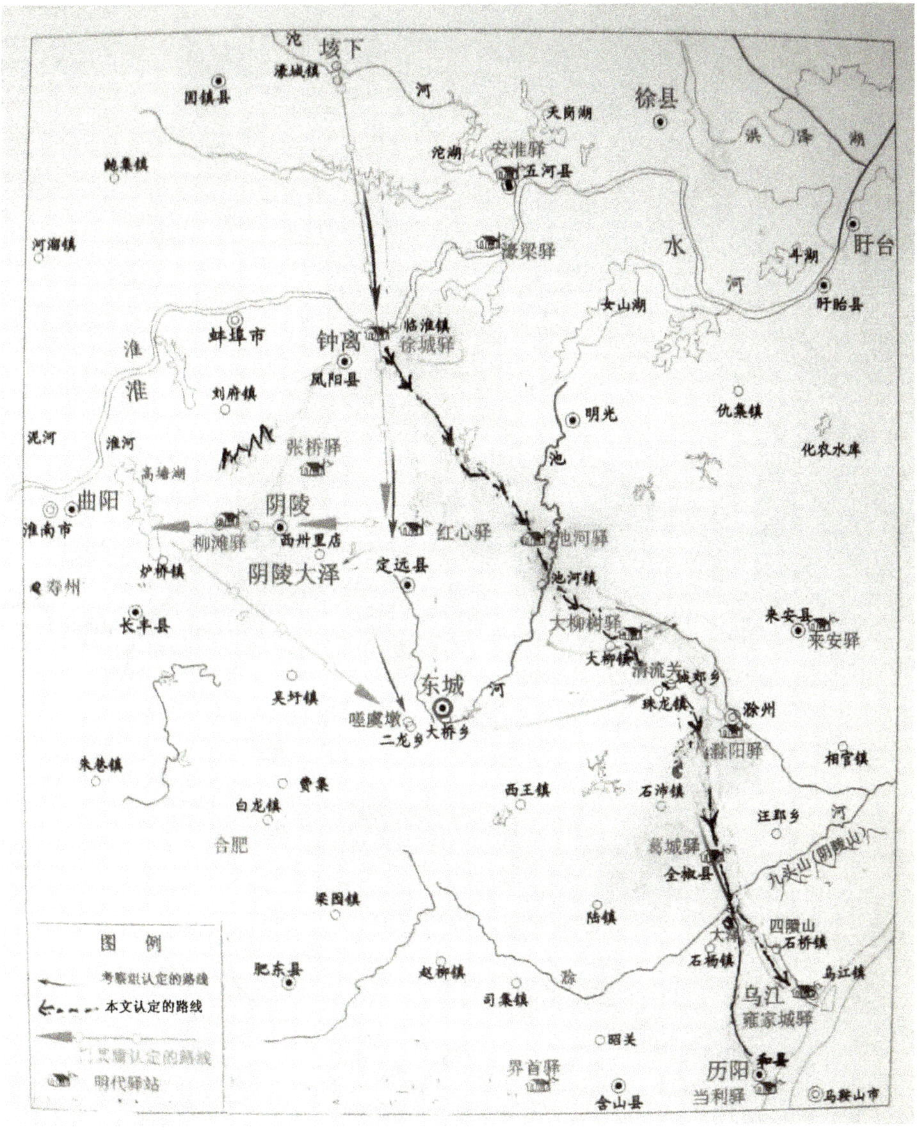

项羽垓下突围南驰乌江路线图

［原载北京大学国学院《国学研究》第31卷，北京大学出版社2013年版，与余恕诚、张劲松合撰］

第 三 编
古汉语语法研究

早年(1956年秋)考入南京大学中文系学习(五年制),聆听方光焘师讲授“汉语语法的广义形态学”专题,对汉语词类研究的方法论获得甚多教益。特别是在1960年的前后,方先生坚持语言没有阶级性,与北京大学高名凯先生等展开激烈的争论,表现出一个共产党员为捍卫学术的真理而无畏的精神,深深地感动我等,鼓舞我辈积极参与学术争论。我在大学中文系执教古代汉语课,结合教学需要撰写几篇古汉语语法论文:《汉语系词“是”出现时代新探》《再论汉语系词“是”的产生时代》《谈“使动用法”》《“使动”与“意动”辨识》,并著有《文言句法常识》一书。着重阐明汉语词类划分的原则,词法与句法区分,文言里“使动用法”“意动用法”属于句法范畴,文言句法的重要性等。现录其要者如下。

汉语系词“是”出现时代新探

关于系词“是”出现时代的问题，以前曾经展开过讨论，各家的看法颇不一致。最先提出的是王力先生，他认为起于南北朝时期范缜的《神灭论》，最早不超过晋陶渊明《桃花源记》“问今是何世”。以后有人认为应起于西汉末或东汉初年，还有人主张起于西汉初年或秦汉之际。现今一般多认为始于《史记》。

“是”的系词用法究竟起于何时？吕叔湘先生曾经指出：“‘是’的系词用法出现时代，或者扩大一点说是上古汉语的系词问题……都还没有确定性的结论，有待于继续探讨。”[①]近年我阅读先秦古籍，发现一些用例。现提出来向语言学界专家求教。

一、系词“是”的性质鉴定

秦汉古籍里“是”普遍是指示代词，这是毫无疑义的；也有些为“是非”之“是”，处于名词或代词前面，当“认为……正确”讲(意动用法)，这也是常见的。如《史记·魏其武安列传》“主爵都尉汲黯是魏其”，《荀子·解蔽》“是之则受，非之则不受”，方光焘先生认为前句中的“是”的表语可以换成“之”字，其原来的意思不变；而有些“是”字，如“此必是豫让也”(《史记·聂政传》语)，与前句用法明显不同，其表语“豫让”(古人名)不能更易为“之”字，否则，不合原意。因此首先要明确上古汉语中系词“是”的性质，辨明它与其他类的(特别是指示代词“是”)不同。

王力《汉语史稿》(中册)说：“在先秦时代，有些‘是’很像系词，例如：‘富与贵，是人之所欲也……贫与贱，是人之所恶也。’(《论语·里仁》)君曰：‘可矣。是真画者也。’(《庄子·田子方》)但是，实际上这种

① 吕叔湘.汉语研究工作者的当前任务[J].中国语文，1961(4)：1.

‘是’并不是系词，而是指示代词，和‘此’的用法相近。就第一个例子来说，指示代词‘是’复指主语‘富与贵’‘贫与贱’；就第二个例子来说，前面没有主语，因为它本身就是主语。”王先生的分析颇为精当。诚然，这一类“是”字位于句首，前面没有名词或代词做主语，同时又不受副词修饰，其性质与指示代词“此”完全相同，而且这一类指示代词“是”在先秦文献里相当普遍。

但是，在先秦文献里，我们发现一些“是”的词性与句法功能与“此”大相径庭，例如：

郑县人有得车轭者，而不知其名，问人曰：“此何种也?”对曰：“此车轭也?”俄而又复得一，问人曰：“此是何种也?”（《韩非子·外储说左上》）

此是欲皆在为王，而忧在负海。（《战国策·中山策》）

君若欲无礼，此是矣。（《晏子春秋·内篇谏上》）

国必有圣人……少顷东郭牙至，管仲曰：“此必是已。”（《吕氏春秋·重言》）

像这一类“此是”连用的例子，在先秦古文里比较少见，过去没有引起学者们重视。但是，尽管它数量很少，却反映出先秦时代有些“是”已和“此”不大相同了。就拿第一个例子来说，“是”的前面已有指示代词“此”来复指上文，做句子的主语；后面又跟着“何种”做句子的表语，因此把它理解为指示代词就难说通了。那末这个“是”究竟是什么性质的词呢？我们认为跟王力先生所举的“问今是何世”（陶渊明《桃花源记》）中的“是”性质完全相同，是系词，而不是指示代词。再拿第四个例子来说，“是”的前面亦已出现“此”字，同时又受副词“必”修饰，这个“是”显然是表示肯定的意思，与指示代词“此”亦多少有点不同了。

应当说明，与“此是”相同的，《左传》等书中还有“今是”连用的例子。例如：

裨谌曰：“是盟也，其与能几何?《诗》曰：‘君子屡盟，乱用是长。’今是长乱之道也。”（《左传·襄公二十九年》）

惠王问于内史过曰：“是何故？固有之乎？”对曰：“是皆神明之志者也。”王曰：“今是何神也？”（《国语·周语上》）

崔杼不悦，直兵造驹，勾兵钩颈，谓晏子曰：“子不变子言，则今是已。”（《吕氏春秋·知分》）

上例中的“今”，不是时间副词，而是指示代词。王引之《经传释词》已有定论，杨树达的《词诠》也是训“今”为“此”。因此，上例中居于指示代词“今”的后面“是”字，显然是系词，“今是”即“此是”也。

必须指出，有人把上面的“今是”解为“今此”。我们认为不确，因为先秦文献里的“今是”义为“今此”，见于复合句。例如：

今是楚王，食于楚之四境之内，故爱楚之人。（《墨子·天志下》）

今是大鸟兽，则丧其群匹，越月踰时焉，则必反巡。（《荀子·富国》）

以上二例皆复句。第一句是因果关系复句，前分句是“因”，“今是”是主语“楚王”的修饰语，应训为“今此”；第二句是假设复句，前分句是假设的条件，“今是”是主语“鸟兽”的修饰语，应训为“今此”。这跟前面两个单句“今是长乱之道也”“今是何神也”不同，可以凭借句型区别开来。

此外，从一些出土的文物资料里也能看到先秦时期有些指示代词“是”已发展成为系词的例证。1978 年第二期《文物》杂志上刊载，马王堆三号汉墓帛书彗星图下分别注上“是是苦彗”“是是竹彗”“是是帚彗”“是是蒿彗”等。据裘锡圭先生鉴定，这幅帛书是汉初人抄录战国时楚国人的。由此可以看出这些句子中第二个“是”字，已经由指示代词“是”演变为系词“是”。这与我们列举先秦文献中的例子相印证，有助于证明先秦已产生系词“是”了。

二、先秦古籍里系词“是”例证

先秦时代的古籍，判断句一般是不用系词，但也不是绝对不用。

正如清马建忠《马氏文通》所言："起、表两词之间无断词为间者，常也。""起词、表词之中亦间有以'是''非''为''即'诸字参之者。"马氏的分析是符合上古汉语实际的。的确，先秦时代的判断句用系词"是"比较罕见，但是也可以觅得一些例子。除上所举"此是何种也""今是长乱之道也"，下面再举一些例子：

骐骝是中，䯄骊是骖。(《诗·秦风·小戎》郑笺：中，中服；骖，两骖)按，此句大意是：骐骝是骏马，一日而驰千里，故在车前的中间拉车；䯄骊，黑嘴的黄毛马，跑力次之，故在车前两边拉车。)

四牡骙骙，载是常服。(《诗·小雅·六月》郑笺：日月为常；服，戎服也。孔颖达疏：载，则也。)

昔有成汤，自彼氐羌，莫敢不来享，莫敢不来王，曰商是常。(《诗·商颂·殷武》郑笺：商王是吾常君也。)

惠公蠲其大德，谓我诸戎是四岳之裔胄也，毋是剪弃。(《左传·襄公十四年》)

韩是魏之县也。(《战国策·魏策二》)

又有无肠之国是任姓，无继子，食鱼。(《山海经·大荒北经》)

十有四世，乃有天乙是成汤。(《荀子·成相》)

诗言是其志也，礼言是其行也，乐言是其和也，春秋言是其微也。(《荀子·儒效篇》)

后桀伐岷山，进女于桀二人，曰琬，曰琰。……刻其名于苕华之玉。苕是琬，华是琰。(《古本竹书纪年》，系战国时期资料。)

故一指非一人也，一人之指乃是一人也。(《墨子·大取》，据王引之校勘。)

礼义积伪者是人之性，故圣人能生之也。(《荀子·性恶》)

上面各句中的"是"，居于名词或名词性的主语和谓语当中，可以算得上典型的系词，完全符合王力先生给系词下的定义和规定的条件："系词是在判断句中把名词谓语联系于主语的词。""其主格为名词，表语亦具备。"按理说，对此看法应该可以统一的。之所以还有分歧，主要原因有：

一是句读不同。王力先生把"谓我诸戎是四岳之裔胄也""礼义积伪者是人之性”这两句从中间读断，前一句在“谓我诸戎”后面加上冒号，后一句在“礼义积伪者”后面加上逗号，把两个“是”字都看成指示代词。而我们对这两句则是这样理解的：第一句是用“谓”字的递系式(即“兼语式”)，“诸戎”身兼二职，既做前面动词“谓”的宾语，又做后面“是四岳之裔胄”的主语，用“是”把“诸戎”与“四岳之裔胄”联系起来，表明两项的相同关系。因此中间不宜读断。它和“曰商是常”的句式一样，中间不能读断。第二句“礼义积伪者是人之性，故圣人能生之也”，这是因果复句。前分句是“因”，是个整体，中间不宜读断；后分句是“果”，用“故”字承接，使前后因果关系紧密相承。

二是对语序理解不同。马忠先生在《“是”的用法演变》一文中说：“‘是’的这种用法的特点是它的后边一定是个动词(如果不是动词而是名词，那么这个名词也是当作动词用的，如上边所举的《诗经》里的‘骐骝是中，騧骊是骖’以及‘熊罴是裘’，‘中、骖、裘’都是作为动词用的)，它的前边一定是动词的宾语。”马先生的意思很明确，“骐骝是中，騧骊是骖”这种句子都是宾语前置，名词“中”“骖”用作动词，属于“主宾谓”型，和“荆舒是惩”同类。但我们以此来分析上面例句的结构，就发生很多困难。第一，“是”后面跟着名词性词组，如“乃是一人也”中的“一人”，怎么能说成用如动词呢？第二，递系式的句子，如“曰商是常”等，前面已有动词“曰”，若把后面的“常”(常，常君)再解释成动词，岂不重复了吗？再者，若把“常”解释为动词，“商”和“常”的同一性又怎么看得出来呢？

毛泽东同志指出：“科学研究的区分，就是根据科学对象所具有的特殊的矛盾性。”根据句法所具有的特殊性，我们认为“荆舒是惩”和“騧骊是骖”是两种不同的句式：“荆舒是惩”是叙述句，“惩”是动词，“荆舒”是前置宾语，“是”是指示代词，用来复指前置宾语(依王力说)；“騧骊是骖”是判断句，中间的“是”是用来联系主语和谓语的。我们这样认定，是根据王力先生所说：“我们鉴别某一名词是不是用如动词，须要从整个句子的意思来考虑，同时还要注意它在句中的地位，以及它前后有哪些词类的词和它相结合，跟它构成什么样的句法关系。”一句话，即依靠结构分析概括出相同的和不同的语法意义。

三、系词“是”的产生条件

系词“是”始于先秦,从它由指示代词演变过程来考察,也可以得到进一步证实。先师洪诚教授曾经指出:“‘是’前面加副词‘则’,指代词性已失”,“就‘是’演变为系词而论,它变的程度已经相当彻底了”。这个看法很有道理。的确,“是”前面加副词“则”,后面带名词或名词性词组,是它由指示代词演变为系词的重要转折点。因为先秦文里的“则是”跟两汉以后的“即是”相同。从古音来说,“则”“即”上古属精母,“则”上古属职部,“即”上古属质部,“职”“质”通转,王引之《经传释词》云:“‘则’与‘即’古同声而通用。”先秦古籍里的“则”“即”的互文和异文,也足以证明。如《墨子·节葬》:“二三子言则相非,行即相反……而言即相非,行即相反。”《大戴礼·曾子立事》:“三十四十之间而无艺,即无艺矣;五十而不善闻,则无闻矣。”王力先生认为“形即是神者”(范缜《神灭论》)中的“是”字是典型系词,那末先秦文里单句中“则是”(后带名词或名词性词组)的“是”,也就带有系词的性质。下面略举先秦文里的“则是”后面带名词或名词性词组的例句,用以佐证系词“是”的形成。

四牡骙骙,载是常服。(《诗·小雅·六月》郑笺:日月为常;服,戎服也。孔颖达疏:载,则也。《诗·载驰》郑笺:“载”之言“则”也。)

得是而喜,则是利也。(《墨子·经说上》)

君加惠于臣,使不得冻馁,则是君之赐也。(《国语·齐语》)

故日易主,今日去礼,则是禽兽也。(《晏子春秋·内篇谏上》)

泯予午以万乘之国为不足悦,以千里之途为不足远,则是千万人之上也。(《晏子春秋·内篇杂下》)

大夫见侮而不斗,则是辱也。(《吕氏春秋·正名》)

人贤而不敬,则是禽兽也。(《荀子·臣道》)

此足以为万世则,则是礼也。(《荀子·礼论》)

情安礼,知若师,则是圣人也。(《荀子·修身》)

彼不能主而使之,则是主暗也。(《荀子·臣道》)

岁虽凶败水旱使百姓无冻馁之患,则是圣君贤相之事也。

(《荀子·富国》)

人不肖而不敬,则是狎虎也。(《荀子·臣道》)

先师洪诚教授肯定“以萧侯侄子之母为质,则是齐侯之母”(《谷梁传·成公二年》)的“是”,是“是认”下文,表示两种事理上或因果上的同异关系。同样,上面例句中的“则是”也应具有这种性质,标志着在先秦时代指示代词“是”有些演变为系词的程度已相当彻底了。

“则是”的“是”既是发展为系词的转折点,那末“是”字前面加上一般副词就是它演变的发端。如:

乃卜三龟,一习吉。启籥见书,乃并是吉。(《尚书·金縢》)

人不敢爱其死,唯与谗人均是恶也。(《国语·晋语》)

无其名又无其实者,王乃是也。(《战国策·秦策四》)

钧是人也,或为大人,或为小人,何也? ……钧是人也,或从其大体,或从其小体,何也?(《孟子·告于上》)

平平左右,亦是率从。优哉游哉,亦是戾矣。(《诗·小雅·采菽》)

辅依车,车亦依辅,虞虢之势正是也。(《韩非子·十过》)

以上例中的副词“并”“均”“钧”“亦”等,在古代汉语里绝大多数都是修饰动词的。这是它们的性质所决定的。就拿“亦”字来说,《十三经索引》二百六十余句,“亦”用在名词前面只有四句(指“亦”居于句首),而用在动词或其他副词前面则是普遍现象(当然,“亦”位于句中,其后则多是名词,如《论语·学而》“人不知而不愠,不亦君子乎?”)。至于副词“钧”“均”“并”的后面几乎都是动词、形容词,很少有例外。这就足以证明,上述例句中的“是”已由指示代词而开始虚化。如《孟子·告子下》“钧是人也”,已变为纯粹的系词,何乐士等编《古代汉语虚词通释》译为“同样是人”。

“是”由指示代词演变为系词,其过程为:“前加一般副词—‘则是’—系词”。这从古籍成书时代的顺序来看,《诗经》出现“亦是”“载是”,其后的《尚书》只出现“并是”“乃是”,《墨子》《孟子》《国语》《荀子》等书出现大量的“则是”,如《孟子·滕文公下》“无父无君,是禽兽也”,这个“是”是指示代词；而《荀子·臣道》“人贤而不敬，则是禽兽也”，这个“是”则有“认是下文”意思；帛书“是是苫彗”，中间的“是”便是典型的系词。

这里顺便提及，王力先生认为：“是”字由指示代词变成系词，是由于“‘是’字经常处在主语和谓语的中间，这样就逐渐产生出系词的性质来”。我们认为这种看法值得商榷。王先生强调鉴别词类要参考词的结合能力，这是非常重要的。先师方光焘教授曾多次强调划分汉语词类要坚持“形态”标准（包括词的基本意义和词的结合能力等）。同理，考察“是”的词性变化，系词“是”的产生条件，也应持这个标准，光凭它在句中的位置来判断是不可靠的。如“汲黯是魏其”（《史记·灌夫传》）、“姊夫黄琬是刘玮祖母之侄”（《三国志·来敏传》），它们在句中的位置是相同的，但词性却不一样，前者“是”为形容词意动用法，后者“是”为系词。何以区别？因为两个“是”的结合能力不同，前者“是”可跟“之”相结合，改为“汲黯是之”，句意不变；后者“是”不能跟“之”结合，如果改为“黄琬是之”，则与原意大相径庭。可见后者“是”是系词，表语“刘玮祖母之侄”不能用代词来替换。因此，我们认为“是”由指示代词演变为系词，是由于结合能力的变化，从而改变它的性质。这是汉语发展的自然趋势，而绝不是凭空突起的偶然现象。

四、两点辨惑

在确认“是”为系词时，还有下面两个问题需要说清楚：

其一，判断句里“是”和“也”的关系问题。马忠先生说：“在句末不用‘也’的句子里，‘是’已经不是代词了。它即使不是系词，也是接近系词的性质了。”马先生以句末有无“也”来确定句中“是”的性质，实在令人费解。我们知道，句末的“也”是语气词，出现在判断句末，帮助谓语进行判断，表示肯定的语气；出现在其他类型的句尾，也是表示对前面论断的肯定和确认，加强全句的语气，实在不能左右句中“是”的性质。例如：“今是长乱之道也”（《左传·襄公二十九年》）、“是是苫彗”（马王堆帛书），前者句末有“也”，后者没有，能否说两句中的“是”字用法就不同呢？又如，前面所举的“汲黯是魏其”“姊夫黄琬是刘玮祖母之侄”，两句末尾都没有“也”字，能否说两句中的“是”性质就相同呢？前一种句式，在宋代文言文中也见有。如宋胡仔《苕溪渔隐丛话》前集卷十三云：“《吕氏童蒙训》云：潘邠老言七言诗第五字要响，如‘返照入江翻石壁，归云拥树失山村’。翻字，失字，是响字。五言诗第三字要响，如‘圆荷浮小叶，细麦落轻花’。浮字，落字，是响字也。所谓响者，致力处也。予窃以为字字当活，活则字字自响。”引文中前面言“翻字，失字，是响字”，句末无“也”字；后面言“‘浮’字‘落’字是响字也”，句末有“也”字，能够说唐宋时期这两句中“是”字性质不同吗？如前所述，鉴定汉语中一个词所属的类别，其方法是看词在句中的结合能力，与句末语气词关系不大，或者说根本就没有关系。由此看来，马先生的说法理论上是说不通的，在实践中也是经不起检验的。

其二，关于“是也”中的“是”字性质问题。先秦文里常见“是也”这类句子。但对这种“是”字的性质历来说法不一。黎锦熙先生《比较文法》说：“‘是’字乃形容词‘是非’之‘是’，则为然否副词耳”（即用作副词）；王力先生《汉语史稿》（中册）说：“上古汉语常有‘是也’的说法，我们认为这种‘是’字是形容词，即‘是非’的‘是’，略等于现代所谓‘对’或‘不错’。”洪诚先生称这种“是”为“肯定词”。《马氏文通》（卷一）说：“曰：‘是鲁孔丘与？’曰：‘是也’。又两句一问一答，则有决辞而兼助字矣。”显然，马建忠认为这两个“是”字性质相同，都是“决辞”（即表决断的语辞）。我们认为可以信从。这种“是也”跟表然否的“然”用法稍有不同：“然”通常独用。试看以下各例：

> 左师公曰：“……岂非计久长，有子孙相继为王也哉？”太后曰：“然。”（《战国策·赵策》）
>
> 曰：“是鲁孔丘之徒与？”对曰：“然。”（《论语·微子》）
>
> 景公饮酒，醒三日而后发，晏子见曰：“君病酒乎？”公曰：“然。”（《晏子春秋·内篇谏上》）

这种用法，在古文里无一例外。而“是也”与此不同，它前面还可以出现“然”字。如：

> 公见其妻，曰：“此子之内子耶？”晏子对曰：“然，是也。”（《晏

子春秋·内篇杂下》)

如果把“是也”的“是”看成表肯定的副词,或形容词(略等于现代的“对”或“不错”),那跟“然”字岂不是重复了吗?此外,《韩非子·解老》还有:“曰:然,是黑牛也。”这就清楚地表明,这种“是”字的确接近于系词,可称为准系词。

还有一种句中“是也”二字不单独用,如“臣闻七十里为政于天下者,汤是也”(《孟子·梁惠王下》)等,一般认为其中的“是”即指示代词,复指上文,近似“就是这个”“就是这样”。不过有些地方也难解释通。如:

> 国必有圣人……少顷东郭牙至。管仲曰:“此必是已。”(《吕氏春秋·重言》。按句中“已”通“矣”。)
>
> 胜怨楚逐其父,将弑惠王及子西,欲得易甲。陈士勒兵以示易甲曰:“与我,无患不富贵;不吾与,则此是也。”(《新序·义勇》)

“此”已是用来复指,后面“是”的指代性就很弱了。

综上所述,我们认为无论从“是”与“此”的异同看,或是从系词的发展过程看,还是从系词“是”的数量与语法体系看,都可以肯定系词“是”定型于战国时期。当然,系词“是”的产生,并不意味着指示代词“是”立即消失。从古文语言资料看到,二者共存,并行相当长的时期,直到唐宋,指示代词“是”才从口语里消失。

注:本文沿用“系词”“表语”旧称,旨在免于讨论时产生枝节。

[原载《安徽师大学报》1980年第2期]

谈“使动用法”

“使动用法”，是古代汉语的一个语法术语。由于对这个术语的含义理解不同，当前的一些语法著作里就出现了很不一致的提法。如有的著作提出“使动词”或“致动词”，也有的著作二者并用，时而提处“使动用法”，时而提出“使动词”。本文试就如何理解“使动用法”的问题谈点个人看法。

一

关于“使动用法”，《马氏文通》“实字（内动字）”一章曾列举过一些例句，并逐一加以注解。这对了解“使动用法”的含义是很重要的。现摘录数例如下：

《史记·信陵君列传》：“然嬴欲就公子之名，故久立公子车骑市中。”“久立公子车骑市中”者，故使公子车骑久立于市中也。“立”字用如外动。

《左传·襄公三十年》：“遂仕之，使助为政。”“遂仕之”者，“使之仕”也，则“仕”为外动字矣。

《左传·定公四年》：“子期似王，逃王而己为王。”“逃王”者，“使王逃”也，“逃”字用如外动。

韩愈《顺宗实录》：“德宗卒不相延龄渠牟，上有力焉。”“不相延龄渠牟”者，“不使之相”也，用如外字矣。

《公羊传·庄公三十二年》：“季子和药而饮之。”《史记·封禅书》：“子孙饮马于河。”《汉书·外戚传》：“告武以箧中物书予狱中妇人，武自临饮之。”三“饮”字皆“使之饮”也，非饮可饮之物也。

从以上例句的释文可以看出，马建忠当时已发现并认为古代汉语中有些动词跟宾语之间的语义关系，不是支配而是使动。他明确指出，这类动宾结构中的动词本为内动词而用如外动词，跟其宾语在语义上构成“使之然”。后来，陈承泽把这种动宾的语义关系概括为“致动用”，正式提出了这一语法术语。继之，杨树达《高等国文法》又做了进一步的阐明。该书“普通外动词”一节中说：“凡外动词对于其宾语有‘使然’或‘致然’之意者，谓之外动词致动用法。（着重号系引者所知，下同。）此种用法之外动词，或由名词转来，或由形容词转来，或由内动词转来，或本是外动词，由普通用法转而为致动用法。”六十年代初，王力先生在他主编的《古代汉语》中对“使动用法”又做了细致的分析。他指出：“使动用法是古代汉语的语法特点之一。它实际上是以动宾式的结构表达了兼语式的内容，我们试把兼语前面的表示“使令”意义的动词去掉，并把兼语后面的动词移到兼语前面去，这样就成了使动。”这段话对我们理解“使动用法”的含义启发很大。

可是有些人不是这样看，他们以为既然提到动词（包括由名词、形容词转来的）的使动用法，那就应该属于词法范畴，于是就创造“使动词”或“致动词”来代替“使动用法”。殊不知这样考虑问题，是把词法和句法混淆了。斯大林说过，词法是词的变化规则。在有词形变化的语言里，词的变化规则是指性、数、格、体、时、人称等语法范畴；在没有词形变化的语言里，是指词的结合能力等语法特征。动词的使动用法，是词类的活用，是指词在句中的临时职务。这种临时职务，不是这个词原来具有的功能，而是当它进入句子结构时才取得的。如“使动用法”中的动词，本来都是名词、形容词、内动词，进入句中以后才变成外动词，并且跟它的宾语在语义上构成使动关系。正因为这个道理，吕叔湘先生的《中国文法要略》把“使动用法”放在“繁句”里，王力先生的《汉语史稿》也把它放在“历史句法学”部分。所以我们认为，把“使动用法”看成词法问题，把其中的动词理解为有“致使”的意义，用“使动词”来代替“使动用法”或者把二者等同起来，都是不妥当的。

二

“使动用法”所包含的这种意思，从古籍注疏和其他材料中也可以得到了解。

众所周知，语言属于历史范畴。先秦时期的书面语经过历史的演变，就不易被后人理解。因此汉以后的文人学士常给古籍作注。古注是我们研究古代汉语的重要材料。据我们所见，陈承泽、杨树达所列举的"使动用法"一类例句，古注中都是注解整个动宾词组而不是解释其中的动词的。试看以下各例：

《尚书·盘庚》："盘庚乃登进厥民。"唐孔颖达疏："登进厥民"即"延之使前。"

《孟子·告子下》："空乏其身。"赵岐注："使其身乏资绝粮。"

《论语·季氏》："故远人不服，则修文德以来之。"邢昺疏："使远人感其德化而来。"

《论语·季氏》："既来之，则安之。"刘宝楠《论语正义》云："使之各遂其生也。"现今的意思是"使他们安定下来"。

《论语·子路》："既庶矣，又何加焉？"曰："富之。"曰："既富矣，又何加焉？"曰："教之。"邢昺疏："曰富之者，孔子言当施舍、薄敛，使之衣食足也。……教之者，孔子言当教以义方，使知礼节。"（按："使知礼节"即"使之知礼节"。）

《韩非子·难二》："叶公子高问政于仲尼。仲尼曰：'政在悦近而来远。'"刘宝楠《正义》引用此句，释为"使近民欢悦，则远人来至也"。

以上各例中的注疏，都是把动宾结构作为一个整体来注释的。由此可见，古人已从实践中觉察到古代汉语中有些动宾结构包含着兼语式的内容。他们把词组的意义和单词的意义区别得很清楚。这一点，从对其他关系的动宾结构的注释中也可以找到旁证。

意动：

《公羊传·僖公二年》："夫人之，我可以不夫人之乎？"注曰："君以为夫人，……主书者不得不以为夫人也。"（按：以"后省略宾语"之"。名词用作动词）

为动：

《左传·桓公十八年》："夏四月丙子，享公。"杜预注："齐侯为公设享燕之礼。"

《史记·陈胜吴广列传》："死国可乎？"

动词与宾语之间在语义上与上例有别，有人称为"向动"关系。如：

《左传·隐公元年》：遂置姜氏于城颍，而誓之曰："不及黄泉，无相见也。"

《左传·僖公三十二年》：蹇叔哭之曰："孟子，吾见师之出而不见其入也。"

《左传·襄公二十一年》：君三泣臣矣，敢问谁之罪也？

上面三例中"誓之""哭之""泣臣"，动词与其宾语在语义上皆"向动"关系。

总之，"使动用法"是指古代汉语中表达兼语式内容的动宾结构语义关系，应属句法范畴。

我们这样论证，也许会有人要问：古注是解释内容的，怎么能作为分析句法的依据呢？我们认为分析语法形式，判断语言现象的性质，必须联系这种形式所表达的内容，这是从内容研究形式的辩证方法。列宁在分析内容和形式的辩证关系时指出："形式是具有内容的形式，是活生生的实在的内容的形式，是和内容不可分离地联系着的形式。"研究语法也是如此。因此，我们认为上面所引的古注材料和它所诠释的原文，正是"使动用法"的语法意义和语法形式的两个方面。原文中的动宾结构是"使动用法"的语法形式，古注中的兼语式是"使动用法"的语法意义，二者的统一体就是"使动用法"这个术语的全部含义。

三

众所周知，古代汉语里的及物动词(包括由形容词、名词、不及物动词转来的)有些不仅可带一个宾语,还可带上两个宾语。《马氏文通》曾提到,“言”“语”“教”“告”“示”等表示“示教”意义的动词,以及“赐”“与”“偿”等表示“授予”意义的动词,可带两个宾语;王力先生主编的《古代汉语》(上册,第一分册)里补充了“为”“闭”“夺”“立”等,指出它们也可以带有两个宾语。除此以外,我们发现“负”“生”“衣”“佩”“失”“饮”等动词也有带两个宾语的。

如果把后面这些动词说成是“使动词”或“致动词”,那么它跟直接宾语的关系就难以理顺了。试看以下各例:

无生民心。(《左传·隐公元年(郑伯克段于鄢)》,“生民心”即“使民生二心”。)

晋侯饮孔悝酒于平阳。(《左传·哀公十六年》)

吾欲辅重耳入之晋。(《韩非子·十过》)

王弗听,负之斧钺。(《左传·昭公十四年》)

宁许以负秦曲。(司马迁《史记·廉颇蔺相如列传》)

如木偶人衣之绮绣。(司马迁《史记·田横列传》)

乃佩之王印。(司马迁《史记·淮南衡山王列传》)

今殴民而归之农。(贾谊《论积贮疏》)

负之不义之名。(《汉书·黥布传》)

公衣之偏衣,佩之金玦。(《左传·闵公二年》)

生二子于郤氏。郤氏亡,晋人归之施氏。(《左传·成公十一年》)

晋侯饮赵盾酒。(《左传·宣公二年》)

公饮之酒。(《左传·襄公十四年》)

饮先从者酒。(《左传·定公三年》)

下马饮君酒,问君何所之?(王维《送别》)

诸人持议,甚失孤望。(司马光《资治通鉴·赤壁之战》)

以上例句中的动词,都带上两个宾语。大家都认为,双宾语中的间接宾语和直接宾语之间既无结构上的关系,也无意念上的联系,都是受动词制约,和动词发生结构关系的。如果称前面的动词为“致动词”或“使动词”(即这个动词含有“致使”意义,或跟其宾语是“使之怎样”），那么它跟直接宾语的结构关系做何解释呢？如果说成是使动关系（即直接宾语也是施事者），这显然是不成话的。说成是支配关系，又与这个“使动词”的定义（即对于其宾语有“使之然”的意思）有矛盾。怎么办呢？是否可以这样理解：“使动词”跟间接宾语是“致使”的意思，跟直接宾语则是“他动”的意思。但是这样一来，这个“致动词”在一个句子结构里就产生了两种含义，这又与语法理论相矛盾。

胡正微先生在《汉语语法场浅探》一文中说：“语言单位（储存单位或静态单位，不同于作为使用单位或动态单位的言语单位），包括词、词组、句子，往往是具有多重性的。”但是，“储存单位一旦变成使用单位就必须具备单义性，即一个词在一定的场合只有一个意义”。可见，把双宾语前面的动词解释为两个意思，或两种性质，是违背词在一个结构里单义性原则的，在语法理论上通不过。

附带指出，近年来有些著作里除了提出“使动词”，还提出“意动词”“为动词”“处动词”等。如果这些词也带双宾语，那就跟“使动词”一样，难以解释它跟直接宾语的关系。请看以下各类例句：

为动：

天生民而立之君。（《左传·襄公十四年》）

是益吕氏资也。（《汉书·高五王传》）

请以秦之咸阳为赵王寿。（《史记·廉颇蔺相如列传》）

君子疾夫舍曰欲之而必为之辞。（《论语·季氏》，按句中“为”是动词，当“寻找”讲，“之”当“它”讲，“辞”当“借口”或“理由”讲。）

处动：

袒而示之背。（《左传·庄公八年》）

窃马而献之子常。（《左传·定公三年》）

如果把上面的“立”“益”“为”说成“为动词”，把“示”“献”说成“处动词”，那么它们跟直接宾语的关系如何解释呢？所以我们认为用“使动词”代替“使动用法”是不妥的，还是提“使动用法”为好。

如前所述，“使动用法”系指动词和宾语之间的语义关系。这对上面例句中的双宾语之间的结构关系就能作出合理的解释：动词跟间接宾语是“使动”（即间接宾语是动作的施事者），跟直接宾语是“支配”（即直接宾语是动作的受事者）。因为大家公认动词跟不同的宾语可以构成不同的语义关系。如“饮”跟指人的宾语“之”或“我”是使动关系，跟指物的宾语“酒”或“之”是支配关系。在双宾语中，动词“饮”跟两个不同的宾语也可分别是使动和支配关系，如《左传·襄公二十二年》“饮我酒”，王维《送别》“下马饮君酒”等。

［原载《中国语文通讯》1983年第2期］

“使动用法”辨识

“使动用法”是指文言里特有的一种动宾关系。意思是“使宾语怎样”。说得细一点，主要有三点内容：一是动词的使动用法。意思是：“使宾语产生某种动作。”如“笑而止之”（《愚公移山》），宾语“之”指称“愚公”，即“笑而使之止”，译为“笑着叫他停下来”（意译为“笑着劝阻他”）。二是形容词的使动用法。意思是“使宾语产生某种性状”。如“春风又绿江南岸”，即“春风又使江南岸绿”。译为“春风又使江南大地变绿了”。三是名词的使动用法。意思是“使宾语变成某种事物”。如“齐威王欲将孙膑”（《孙膑》），即“齐威王欲使孙膑为将”。译为“齐威王想要叫孙膑当大将”。此外，还有数词用作动词的使动用法，如《孙子兵法·军争》“夫金鼓旌旗，所以一人之耳目”。（……是用来使人们的视听统一起来），还有方位名词用作动词的使动用法，如马中锡《中山狼传》“下首至尾。”意思是“使头向下，碰到尾巴”。徐宏祖《游天都》曰：“日渐暮，遂前其足。”意思是“……使其足向首伸”。由此可见，“使动用法”的特点是使宾语为施事者。

弄懂了“使动用法”的含义还不够，最重要的是在于掌握它、运用它，把文言正确译成现代汉语。要做到这一步，必须注意辨别“使动用法”和支配关系语法结构的不同，以下五点可供参考。

一、要注意谓语动词跟宾语的关系

宾语是谓语的连带成分，二者相互联系，互相配合，构成一定的关系。例如“负”（当“背上”讲）这个词，在“宁许以负秦曲”和“肉袒负荆”中，就构成两种不同的语义关系。“负”跟宾语“秦”（国家）是使动关系，即“使秦负理曲”；“负”跟宾语“荆”（是物）则是支配关系，即“背上荆条”。究其原因，是由于不同性质的宾语（人或物）跟谓语配合而成的。因此，在辨别使动和支配关系时，既要注意谓语的词性，也要注意宾语所代表对象的性质，特别是代词“之”充当宾语所指代对象的性质。下面举例说明。

(1)《送东阳马生序》：“录毕，走送之。”“之”指代“书”，而不是指代“人”。

(2)《鸿门宴》：“先破秦入咸阳者王之。”“之”指代“先破秦入咸阳者”(人)，而不是指地点。“破”也是不及物动词的“使动用法”。

(3)《论贵粟疏》：“圣王在上，而民不冻饥者，非能耕而食之，织而衣之……”“之”指“民”，而不是指代“食物”“衣服”。

(4)《论积贮疏》：“可以为富安天下。”“为”，动词，当“做到”“实现”讲。凡名词、形容词后面有宾语，都是用作动词。“富”“安”皆形容词用作动词，使动用法。“天下”，指“国家”。

(5)《游黄山记》：“塞者凿之，陡者级之。”“级”，名词用作动词，使动用法，当“做成石级”讲。“之”，指“陡者”。意即“使之做成石级”。

(6)《左传·宣公十五年》：“华元登子反床，起之。”“之”指人，即子反。

根据谓语跟宾语相配合的原则分析，例(1)中“送之”应译为“把它送回去”。过去高考中有人译为“送还他”，大错。例(2)中“破秦”即“使秦破”，“破”为不及物动词。应译为“把秦国打垮”。“打垮”是动补式结构，能表达“破”这个“使动”的含义。例(3)中的“食”读“sì”，“衣”读“yì”，一般都认为本是动词，因此“食之”即“使之食”，“衣之”即“使之衣”。分别译成“使他们有饭吃”“使他们有衣穿”。例(4)中的“富”“安”是形容词的使动词用法，即“使天下富，使天下安”(两个动词共一个宾语)，使宾语具有“富”“安”原来所表示的性状。例(2)中的“王”(一般认为是名词)、例(5)中的“级”，都是名词的使动用法，使宾语各自变成两个名词原来所代表的内容，即“使之为王”“使之为石级”。

这里要特别注意结构形式与语义关系，表面上看结构形式相同，但语义关系迥然不同，如：“工师得大木，匠人斫而小之，则王喜”，“孔子登东山而小鲁，登泰山而小天下"（《论语》），句中两个"小"字，都是形容词活用作动词，但是与其宾语的语义关系不相同：前一句中的"小"是"使动"，即"使之小"；后一句中的"小"是"意动"，即"以为它小"。究其不同的原因，是宾语所代表的事物对象不同。因为"大木"斫之可以变小，而"鲁国""天下"（按：指疆域）随着所登之山的高度不同只是"以为它小"，事实上"鲁国""天下"不会因登的高度不同而客观上发生变化。

二、要比较主语、宾语所代表的人物的地位

文言里有少数同一个动词带上性质相同的宾语，动宾之间的关系却不完全一样：有的是支配，有的是使动。如果要用谓宾配合的方法来分辨就不灵了。如"从"，在"（鲁肃）乘犊车，从吏卒"（《赤壁之战》）中，"李祐、李忠义……先登，壮士从之"（《李愬雪夜入蔡州》）中，"从"带的宾语"吏卒""之"（指李祐、李忠义）都是人。但是"从吏卒"是"使动"，而"从之"则是支配，为什么这样呢？因为两个宾语所代表的人物地位不一样。所以"吏卒从"是使动句，"吏卒"从"鲁肃"。而"从之"的"之"指将领李祐、李忠义，地位高于主语的"壮士"，所以是"跟随他登城"。这样理解符合事理。试看以下各例：

（1）《鸿门宴》："沛公旦日从百余骑来见项王。""骑"（jì），骑兵。

（2）《西门豹治邺》："其巫，老女子也，已年七十。从弟子女十人所。"

（3）《过秦论》："[秦]致万乘之势，序八州而朝同列。"

（4）《隆中对》："[先主]因屏人。""人"指"随从"。

（5）《淮阴侯列传》："淮阴侯……乃辟左右。"

（6）《公输》："胡不见我于王。"

（7）《论语·阳货》："阳货欲见孔子，孔子不见。"

（8）《李广苏建传》："[匈奴]欲因此时降武。"

（9）《五蠹》："乘势，哀公臣仲尼。""臣"，名词用作动词，当"为臣"讲。

以上各例中的宾语所代表的人物地位都比主语的人物的地位低，所以都是使动关系，即使宾语产生，施行动作。例(5)中的“见我”即“使我见”。例(7)同，但下面的动宾关系就不是这样。如：

(1)《隆中对》：“徐庶见先主。”

(2)《公输》：“子墨子见王。”

(3)《孟子·公孙丑上》：“孟子将朝王。”

(4)《项羽本纪》：“涉间不降楚，自烧杀。”

以上都是支配关系，因宾语所代表的人物地高。

三、要抓住使动用法常用的词类

动词和用作动词的名词、形容词，可以跟宾语是支配关系，也可以是使动或其他关系。但是不及物动词和用作动词的方位名词，跟宾语多是使动关系(少数不及物动词跟宾语是为动关系)。这一点，对辨识动宾之间不同的关系非常有用。试看以下各例：

(1)《廉颇蔺相如列传》：“毕礼而归之。”

(2)《论语·季氏》：“既来之，则安之。”“安”，形容词使动用法。

(3)《赤壁之战》：“北面而事之。”“面”当“脸”讲。“北”用作动词“使动用法”，即“使……朝北”。

(4)《中山狼传》：“下首至尾。”

(5)《游天都》：“日渐暮，遂前其足。”

(6)《诗·小雅·信南山》：“南东其亩。”“亩”当“田垄”讲。

(7)《廉颇蔺相如列传》：“吾所以为此者，以先国家之急而后私仇也！”

(8)《岳阳楼记》：“先天下之忧而忧，后天下之乐而乐。”

(9)《鸿门宴》：“项伯杀人，臣活之。”

(10)《左传·僖公三十年》：“焉用亡郑以陪邻。”

(11)《谋攻》：“破国次之。”

以上例(1)及(2)的动词,是不及物带宾语,即“使之归”“使之来”。例(2)“安”是形容词使动用法,即“使之安”。例(3)“北面”即“使面朝北”。例(4)“下首”即“使首朝下”。例(5)“前其足”即“使其足向前伸”。(6)“南东其亩”,即“使其田垅朝南”“使其田垄朝东”。方位名词的使动用法,都表示宾语所向方位。例(7)即“把国家急事放在前,把个人怨仇放在后”。例(8)意即古代仁者“把天下人之忧放在自己之忧的前头……把自己之乐放在天下人之乐的后头……。”例(9)“活之”即“使之活”(可译为“救活他”)。例(10)“亡郑”即“使郑亡”(可译为“灭亡郑”)。例(11)“破国”即“使国破”,使敌国破损,即“不战而屈人之兵”,或谓本国、敌国均破。

四、要考察上下文义

有些使动用法不能从本句中看出来,如谓宾配合关系,主宾所代表的人物地位,以及词类等,那只有从句子的外部即前后的文义来分析。例如:

(1)《中山狼传》:“先生之恩,生死而肉骨也。”
(2)《李广苏建传》:“单于益欲降之,乃幽武,置大窖中。”
(3)《陈涉世家》:“广故数言欲亡,忿恚尉。”
(4)《论贵粟疏》:“怀敌附远,何招而不至?”
(5)《过秦论》:“焚百家之言,以愚黔首。”

例(1)“生死而肉骨”是陈述“先生之恩”的。只有解为“使死者复生,枯骨上长出肉来”,才与“恩”相合。例(2)是因果关系。如果孤立地把“单于欲益降之”解为“单于更加想投降他”,那与后两句文义不能贯通。因此第一句只能解为“单于更加想使他降服”。例(3)“忿恚尉”,即“使尉忿恚”。因为前后两句是行为和目的关系。例(4)“怀敌附远”即“使敌人怀,使远人附”,这是条件,后面的“何招而不至”是结果。如果前句解释错了,后句就无法搭配。例(5)“以愚黔首”,是表示结果。

五、分清主观心理上与客观行动上

古汉语中使动用法与意动用法的区别是：使动用法侧重于客观行动上，意动用法侧重于主观心理上。如《孟子·梁惠王下》“工师得大木，匠人斫而小之”。“之”指大木，“小”是使动用法，是客观上使“大木变小”了。《史记·管晏列传》：“管仲，世所称贤臣，然孔子小之。”“之”指管仲，“小”是形容词意动用法，属于主观上的看法，即“认为……藐小”。又如“孔子登东山而小鲁，登泰山而小天下”。“小”即“认为……小”。这是主观上感觉，而非客观上发生变化。

此外，“使动用法”还有一种特殊情况，就是宾语省略不出现。碰到这种现象，也应按“使动用法”来理解和翻译。如：“乞丈人一言而生”（《中山狼传》），“可火烧而走也”（《赤壁之战》），“远人不服而不能来也“（《论语·季氏》），“强本而节用，则天不能贫；养备而动时，则天不能病”（《荀子·天论》）等，后面都省略宾语“之”。应补上分别指称宾语所代表的对象来翻译。“生”即“使我生”，“走”即“使之走”（把他们赶跑），“来”即“使之来”，“贫”（形容词使动用法）即“使之（指人）贫”，“病”（名词使动用法）即“使之（指人）生病”。

[原载《学语文》1989年第4期]

再论汉语系词“是”的产生时代

“是”在什么时代开始用作系词（即判断动词，本文沿用旧称，下同），历来说法不一。有人认为“是”作为系词始于西汉末年或东汉初叶，有的则认为起于西汉初年，还有的认为最早见于秦汉之际。目前出版的古代汉语专著，绝大多数都认定系词“是”产生于汉代。笔者怀疑此说，曾提出新的见解。

吕叔湘先生曾经指出：“‘是’的系词用法出现时代，或者扩大一点说是上古汉语的系词问题……都还没有确定性的结论，有待于继续探讨。”[①]近几年来，我又对这个问题进行一番探索，确认“是”用作系词不是始于西汉初年，而是起于西周末年，定型于战国时期。笔者曾提出论证，向语言学界专家和同志们求教，但是有人不以为然，认为宁可看成迟些，也不能肯定战国时期已有系词“是”。为澄清学术上的是非，再次申述己见。

一、“是”和“此”的比较

鉴定先秦时代的“是”是否有系词的用法，首先得考察这个时期“是”和“此”性质的异同。王力先生在《汉语史稿》（中册）里指出：“在先秦时代，有些‘是’很像系词，例如：‘富与贵，是人之所欲也……贫与贱，是人之所恶也’。（《论语·里仁》）‘君曰：可矣，是真画者也。’（《庄子·田子方》）但是，实际上这种‘是’字并不是系词，而是指示代词，和‘此’的意义相近。就第一个例子来说，指示代词‘是’复指主语‘富与贵’‘贫与贱’；就第二个例子来说，前面没有主语，因为它本身就是主语。”王先生的分析甚为精当。他把先秦古籍中许多似是而非的判断

① 吕叔湘．汉语研究工作者的当前任务[J]．中国语文，1961(4)：1.

词"是"排除出去，是很有价值的；从历史发展的观点考察第一个时代的语法系统，确是卓见。诚如王先生所指出，这类"是"字位于句首，前面又没有副词修饰，其性质与指示代词"此"完全相同。而且这种"是"字在先秦古籍里屡见不鲜。

但是，我们在先秦古籍里还发现"是"字的另一种用法，其性质与指示代词"此"迥然不同。例如：

(1)郑县人有得车轭者，而不知其名，问人曰："此何种也?"对曰："此车轭也。"俄又复得一，问人曰："此是何种也?"(《韩非子·外储说左上》)

(2)此是欲皆在为王，而忧在负海。(《战国策·中山策》)

"是"的这种用法在先秦古文里比较少见，过去没有引起广泛重视。但是我们认为，尽管数量不多，却反映出跟"此"的用法大不相同。就例(1)来说，"是"前面有指示代词"此"做主语，后面又跟着"何种"做表语(今称宾语，本文沿用旧称，下同)，如果再把它说成指示代词就很困难了。例(2)的"是"前面也有指示代词"此"，后面虽不是名词性词组做表语，但若将其中的"是"看成指示代词也很勉强。

不仅从"此是"连用中可以看出先秦有些"是"与"此"的性质不同，而且还可从"今是"连用中窥见其差异。试看以下两例：

(1)裨谌曰："是盟也，其与能几何?《诗》曰：'君子屡盟，乱是用长。'今是长乱之道也"。

(2)惠王问于内史过曰："是何故? 固有之乎?"对曰："是皆神明之志者也。"王曰："今是何神也?"(《国语·周语上》)

上例中的"今"与"此"相同，不是时间副词，而是指示代词。王引之《经传释词》、杨树达《词诠》、裴学海《古书虚字集释》，均训"今"为"此"，且有异文佐证。如《韩诗外传》："今何吾子之情也?"《公羊传·宣公十五年》作："是何子之情也?"《吕氏春秋·知分》："崔杼不说，直兵造胸，勾兵钩颈，谓晏子曰：'子变子言，则齐国吾与子共之；子不变子言，则今是已。'"而《新序·义勇》则有："陈士勒兵以示易甲曰：'与我，无患不富贵；不吾与，则此是也。”可见上两例中句首的“今”同“此”。既然如此，那末指示代词“今”后面的“是”应当是系词，而不是指示代词。

当然，也不是先秦古籍里所有的“今是”全训为“此是”，但是确有一些“今是”是“今此”或“今夫”的意思。例如：

(1)今是楚王，食于楚之四境之内，故爱楚之人。(《墨子·天志下》)

(2)今是大鸟兽，则失其群匹，越月踰时焉，则必反巡。(《礼记·三年问》)

上两例中的“今是”出现在复句。例(1)是因果复句。前分句是“因”，后分句“故爱楚之人”是“果”。“今是”是主语“楚王”的修饰语，应训为“今此”。例(2)是假设复句，前分句是假设的条件，后分句“则必反巡”是结果。“今是”是主语“鸟兽”的修饰语，也应训为“今此”。这跟前面的单句“今是何种也”“今是长乱之道也”完全不同，凭借句法可以区别开来。

由此可见，先秦古籍里的“是”确有两种用法：一是指示代词，同“此”；二是系词，联系名词性的主语和谓语。1972年长沙市马王堆三号墓出土的帛书材料，是最有力的证明。据《文物》1978年第二期所载，马王堆三号墓一幅彗星图象帛书下分别注明“是是帚彗”“是是苫彗”“是是竹彗”“是是蒿彗”等，“是是”连用。据有关专家鉴定，这幅帛书是汉初人抄录战国时楚人所写的资料。其后《文物》1989年第2期《天水放马滩秦简概述》一文中亦有这种系词“是”五例，如：

人毋故，鬼攻之不已，是是烈鬼。(《睡虎地秦墓竹简·日书》)

鬼婴儿恒为人号曰：“予我食！”是是哀乳之鬼。(同上)

春子、夏卯、秋午、冬酉，是是人破日。(《天水放马滩秦简·日书乙种》)

毋射、六簇、蕤实之卦曰：是是水火之贫。(同上)

仓门是富井，居西南囷。(同上)

这是秦汉墓出土的文献语料，据专家考证，都是战国后期的作品。

二、先秦系词“是”举例

先秦时代的判断句，一般不用系词，但也不是绝对不用。正如《马氏文通》所云：“起表两词之间无断词为间者，常也。”“起词、表词之中亦间有以‘是’‘非’‘为’‘即’诸字参之者。”马建忠的分析是符合上古汉语实际的。先秦时代判断句用系词“是”比较少，除了前面所举的“此是何种也”“今是何神也”等例句，下面再举一些。

骐骝是中，騧骊是骖。（《诗·秦风·小戎》注：中，中服；骖，两騑。）

四牡骙骙，载是常服。（《诗·小雅·六月》郑笺：日月为常；服，戎服也。孔颖达：载，则也。）

昔有成汤，自彼氐羌，莫敢不来享，莫敢不来王，曰商是常。（《诗·商颂·殷武》郑笺：商王是吾常君也。）

惠公蠲其大德，谓我诸戎是四岳之裔胄也，毋是剪弃。（《左传·襄公十四年》）

韩是魏之县也。（《战国策·魏策二》）

又有无肠之国是任姓，无继子，食鱼。（《山海经·大荒北经》）

十有四世，乃有天乙是成汤。（《荀子·成相》）

诗言是其志也。（《荀子·儒效篇》）

后桀伐岷山，进女于桀二人，曰琬，曰琰。……刻其名于苕华之玉。苕是琬，华是琰。（《古本竹书纪年》，系战国时期资料。）

故一指非一人也，一人之指乃是一人也。（《墨子·大取》，据王引之校勘。）

礼义积伪者是人之性，故圣人能生之也。（《荀子·性恶》）

上面各例中的“是”，居于名词主语和名词性谓语之间，是典型的系词。它符合王力先生给系词下的定义和规定的条件：“系词是在判断句中把名词谓语联系于主语的词”，“其主格为名词，表语亦具备”。按理说，对此看法应该可以统一的。之所以还有分歧，主要原因有：

一是句读不同。王力先生把“谓我诸戎是四岳之裔胄也”“礼义积伪者是人之性"这两句从中间读断，前一句在"谓我诸戎"后面加上冒号，后一句在"礼义积伪者"后面加上逗号，把两个"是"字都看成指示代词。而我们对这两句则是这样理解的：第一句是用"谓"字的递系式，"诸戎"身兼二职，既做前面动词"谓"的宾语，又做后面"是四岳之裔胄"的主语，用"是"把"诸戎"与"四岳之裔胄"联系起来，表明两项的相同关系。因此中间不宜读断。它和"曰商是常"的句式一样，中间不能读断。第二句"礼义积伪者是人之性，故圣人能生之也"，这是因果复句。前分句是"因"，是个整体，中间不宜读断；后分句是"果"，用"故"字承接，使前后因果关系紧密相承。

二是对语序理解不同。马忠先生在《"是"的用法演变》一文中说："'是'的这种用法的特点是它的后边一定是个动词(如果不是动词而是名词，那么这个名词也是当作动词用的，如上边所举的《诗经》里的'骐骝是中，騧骊是骖'以及'熊罴是裘'，'中、骖、裘'都是作为动词用的)，它的前边一定是动词的宾语。"马先生的意思很明确，"骐骝是中，騧骊是骖"这种句子都是宾语前置，名词"中""骖"用作动词，属于"主宾谓"型，和"荆舒是惩"同类。但我们以此来分析上面例句的结构，就发生很多困难。第一，"是"后面跟着名词性词组，如"乃是一人也"中的"一人"，怎么能说成用如动词呢？第二，递系式的句子，如"曰商是常"等，前面已有动词"曰"，若把后面的"常"(常，常君)再解释成动词，岂不重复了吗？再者，若把"常"解释为动词，"商"和"常"的同一性又怎么看得出来呢？

毛泽东同志指出："科学研究的区分，就是根据科学对象所具有的特殊的矛盾性。"根据句法所具有的特殊性，我们认为"荆舒是惩"和"騧骊是骖"是两种不同的句式："荆舒是惩"是叙述句，"惩"是动词，"荆舒"是前置宾语，"是"是指示代词，用来复指前置宾语(依王力说)；"騧骊是骖"是判断句，中间的"是"是用来联系主语和谓语的。我们这样认定，是根据王力先生所说："我们鉴别某一名词是不是用如动词，须要从整个句子的意思来考虑，同时还要注意它在句中的地位，以及它前后有哪些词类的词和它相结合，跟它构成什么样的句法关系。"一句话，即依靠结构分析概括出相同的和不同的语法意义。

此外，有人认为先秦文中这种系词"是"是传抄中混进后代的语法成分，不足为据。说什么“这种高度抽象的语法成分，一旦产生了，不可能在大量古籍中出现一两次。如果只出现一两次，宁可看成是传写的错误。”我们不敢苟同此说。先秦古籍经过辗转传抄，讹误肯定是有的，但是不能因为“（古籍里）只出现一两次”就否认它的产生。众所周知，任何事物的发展总是由少到多。系词“是”的初生阶段也不例外。如前所举的十余例，在先秦古籍中确是沧海一粟，而在口头语言里应该比较多。那末对此应该如何看呢？先师方光焘教授传承瑞典语言学家索绪尔之说是值得我们重视的，他说：“我以为语言现象应该注意与否，不是在这一类现象的数目的多寡，而是在这一类现象究竟有没有‘生产力’。”又说：“我们决不能以发生变化的只是一个孤立要素，便就可以断定与体系无关；因为一子（按指棋子）的走动，影响所及，往往足以构成另一局面。”方先生这一精辟的论述，毫无疑问，对我们考察、确定系词“是”的产生时代，分析先秦时期的语法体系，有着极为重要的指导作用。

三、系词“是”的由来

系词“是”产生于先秦时代，从指示代词“是”的演变过程来考察，也可以得到进一步证实。先师洪诚教授曾经指出：“‘是’前面加副词‘则’，指代词性已失”，“就‘是’演变为系词而论，它变的程度已经相当彻底了。”这个看法很有道理。的确，“是”前面加副词“则”，后面带名词或名词性词组，是它由指示代词演变为系词的重要转折点。因为先秦文里的“则是”跟两汉以后的“即是”相同。从古音来说，“则”“即”上古属精母，“则”上古属职部，“即”上古属质部，“职”“质”通转，王引之《经传释词》云：“‘则’与‘即’古同声而通用。”先秦古籍里的“则”“即”的互文和异文，也足以证明。如《墨子·节葬》：“二三子言则相非，行即相反……而言即相非，行即相反。”《大戴礼·曾子立事》：“三十四十之间而无艺，即无艺矣；五十而不善闻，则无闻矣。”王力先生认为“形即是神者”（范缜《神灭论》）中的“是”字是典型系词，那末先秦文里单句中“则是”（后带名词或名词性词组）的“是”，也就带有系词的性质。下面略举先秦文里的“则是”后面带名词或名词性词组的例句，用以佐证系词“是”的形成。

四牡骙骙，载是常服。（《诗·小雅·六月》郑笺：日月为常；服，戎服也。孔颖达疏：载，则也。《诗·载驰》郑笺："载"之言"则"也。）

得是而喜，则是利也。（《墨子·经说上》）

君加惠于臣，使不得冻馁，则是君之赐也。（《国语·齐语》）

故日易主，今日去礼，则是禽兽也。（《晏子春秋·内篇谏上》）

泯子午以万乘之国为不足说，以千里之涂为不足远，则是千万人之上也。（《晏子春秋·内篇杂下》）

大夫见侮而不斗，则是辱也。（《吕氏春秋·正名》）

人贤而不敬，则是禽兽也。（《荀子·臣道》）

此足以为万世则，则是礼也。（《荀子·礼论》）

情安礼，知若师，则是圣人也。（《荀子·修身》）

彼不能主而使之，则是主暗也。（《荀子·臣道》）

岁虽凶败水旱使百姓无冻馁之患，则是圣君贤相之事也。（《荀子·富国》）

人不肖而不敬，则是狎虎也。（《荀子·臣道》）

先师洪诚教授肯定"以萧侯侄子之母为质，则是齐侯之母"（《谷梁传·成公二年》）的"是"，是"是认"下文，表示两种事理上或因果上的同异关系。同样，上面例句中的"则是"也应具有这种性质，标志着在先秦时代指示代词"是"有些演变为系词的程度已相当彻底了。

"则是"的"是"既是发展为系词的转折点，那末"是"字前面加上一般副词就是它演变的发端。如：

乃卜三龟，一习吉。启籥见书，乃并是吉。（《尚书·金縢》）

人不敢爱其死，唯与谗人均是恶也。（《国语·晋语》）

无其名又无其实者，王乃是也。（《战国策·秦策四》）

钧是人也，或为大人，或为小人，何也？……钧是人也，或从其大体，或从其小体，何也？（《孟子·告子上》）

平平左右，亦是率从。（《诗·小雅·采菽》）

优哉游哉，亦是戾矣。（同上）

以上例中的副词"并""均""钧""亦"等,在古代汉语里绝大多数都是修饰动词的。这是它们的性质所决定的。就拿"亦"字来说,《十三经索引》二百六十余句,"亦"用在名词前面只有四句(指"亦"居于句首),而用在动词或其他副词前面则是普遍现象(当然,"亦"位于句中,其后则多是名词,如《论语·学而》"人不知而不愠,不亦君子乎?")。至于副词"钧""均""并"的后面几乎都是动词、形容词,很少有例外。这就足以证明,上述例句中的"是"已由指示代词而开始虚化。像《孟子·告子下》"钧是人也",已变为纯粹的系词,何乐士等编《古代汉语虚词通释》译为"同样是人"。

"是"由指示代词演变为系词,其过程为:前加一般副词—"则是"—系词。这从古籍成书时代的顺序来看,《诗经》出现"亦是""载是",其后的《尚书》只出现"并是""乃是",《墨子》《孟子》《国语》《荀子》等书出现大量的"则是",如《孟子·滕文公下》"无父无君,是禽兽也",这个"是"是指示代词;而《荀子·臣道》"人贤而不敬,则是禽兽也",这个"是"则有"认是下文"意思;帛书"是是苦彗",中间的"是"便是典型的系词。

这里顺便提及,王力先生认为"是"字由指示代词变成系词,是由于"'是'字经常处在主语和谓语的中间,这样就逐渐产生出系词的性质来"。我们认为这种看法值得商榷。王先生强调鉴别词类要参考词的结合能力,这是非常重要的。先师方光焘教授曾多次强调划分汉语词类要坚持"广义形态"标准(包括词的基本意义和词的结合能力等)。同理,考察"是"的词性变化,系词"是"的产生条件,也应持这个标准,光凭它在句中的位置来判断是不可靠的。如"汲黯是魏其"(《史记·灌夫传》)、"姊夫黄琬是刘玮祖母之侄"(《三国志·来敏传》),它们在句中的位置是相同的,但词性却不一样,前者"是"为意动用法的形容词,后者"是"为系词。何以区别?因为两个"是"的结合能力不同,前者"是"可跟"之"相结合,改为"汲黯是之",句意不变;后者"是"不能跟"之"结合,如果改为"黄琬是之",则与原意大相径庭。可见后者"是"是系词,表语"刘玮祖母之侄"不能用代词来替换。我们认为"是"由指示代词演变为系词,是由于结合能力的变化,从而改变它的性质。这是汉语发展的自然趋势。

四、余　论

1.关于判断句“是”和“也”的关系问题

马忠先生说：“在句末不用‘也’的句子里，‘是’已经不是代词了。它即使不是系词，也是接近系词的性质了。”马先生以句末有无“也”来确定句中“是”的性质，实在令人费解。我们知道，句末的“也”是语气词，出现在判断句，帮助谓语进行判断，表示肯定的语气；出现在其他类型的句尾，也是表示对前面论断的肯定和确认，加强全句的语气，实在不能左右句中“是”的性质。例如：“今是长乱之道也”(《左传·襄公二十九年》)、“是是苦彗”(马王堆帛书)，前者句末有“也”，后者没有，能否说两句中的“是”字用法就不同呢？又如，前面所举的“汲黯是魏其”“姊夫黄琬是刘玮祖母之侄”，两句末尾都没有“也”字，能否说两句中的“是”性质就相同呢？这种句式，在后代文言文中也见有。如宋胡仔《苕溪渔隐丛话》前集卷十三云：“《吕氏童蒙训》云：‘潘邠老言：七言诗第五字要响，如‘返照入江翻石壁，归云拥树失山村’。‘翻’字‘失’字是响字。五言诗第三字要响，如‘圆荷浮小叶，细麦落轻花’。‘浮’字‘落’字是响字也。所谓响字，致力处也。’予窃以为字字当活，活则字字自响。”引文中前面言“‘翻’字‘失’字是响字”，句末无“也”字；后面言“‘浮’字‘落’字是响字也”，句末有“也”字。能够说唐宋时期这两句中“是”字性质不同吗？由此看来，马先生的理论是经不起实践检验的。

2.关于“是也”中“是”字的性质问题

先秦文里常见“是也”这类句子。但对这种“是”字的性质历来说法不一。黎锦熙先生《比较文法》说是“形容词，‘是非’之‘是’，则为然否副词耳”(即用作副词)，王力先生《汉语史稿》(中册)说：“上古汉语常有‘是也’的说法，我们认为这种‘是’字是形容词，即‘是非’的‘是’，略等于现代所谓‘对’或‘不错’。”洪诚先生称这种“是”为“肯定词”。《马氏文通》(卷一)说：“曰：‘是鲁孔丘与？’曰：‘是也。’两句一问一答，则有决辞而兼助字矣。”显然，马建忠认为这两个“是”字性质相同，都是“决辞”(即表决断的语辞)。我们认为可以信从。这种“是也”跟表然否的“然”用法稍有不同：“然”通常独用。试看以下各例。

左师公曰："……岂非计久长，有子孙相继为王也哉？"太后曰："然。"（《战国策·赵策》）

曰："是鲁孔丘之徒与？"对曰："然。"（《论语·微子》）

景公饮酒，酲三日而后发，晏子见曰："君病酒乎？"公曰："然。"（《晏子春秋·内篇谏上》）

这种用法，在古文里无一例外。而"是也"与此不同，它前面还可以出现"然"字。如：

公见其妻，曰："此子之内子耶？"晏子对曰："然，是也。"（《晏子春秋·内篇杂下》）

如果把"是也"的"是"看成表肯定的副词，或形容词（略等于现代的"对"或"不错"），那跟"然"字岂不是重复了吗？此外，《韩非子·解老》还有"曰：然，是黑牛也"。这就清楚地表明，这种"是"字的确接近于系词，可称为准系词。

还有一种句中"是也"二字不单独用的，如"臣闻七十里为政于天下者，汤是也"（《孟子·梁惠王下》）等，一般认为其中的"是"即指示代词，复指上文，近似"就是这个""就是这样"。不过有些地方也难解释通。如：

国必有圣人……少顷东郭牙至。管仲曰："此必是已。"（《吕氏春秋·重言》）

胜怨楚逐其父，将弑惠王及子西，欲得易甲。陈士勒兵以示易甲曰："与我，无患不富贵；不吾与，则此是也。"（《新序·义勇》）

"此"已是用来复指，后面"是"的指代性就很弱了。

综上所述，我们认为无论从"是"与"此"的异同看，或是从系词的发展过程看，还是从系词"是"的数量与语法体系看，都可以肯定系词"是"定型于战国时期。当然，系词"是"的产生，并不意味着指示代词"是"立即消失。我们从古文语言资料看到，二者共存，并行相当长的时期，直到唐宋，指示代词“是”才从口语里消失。

注：本文沿用“系词”“表语”旧称，旨在免于讨论时产生枝节，别无他意。

［原载《语言学论文集》，安徽教育出版社1989年版］

句法与训诂

句法是句子结构的法则。学习任何语言，都要掌握它的结构规律。学习古代汉语当然也是这样，要了解文言词组和句子的结构规律。可是有些初学者不懂这个道理，认为古今汉语句法差别不大，不学文言句法也可以读通古文。这种看法是片面的。训诂学家先师洪诚先生在他的遗著《训诂学》里说："训诂必须掌握古代汉语的句法规律。掌握了句法规律，一些很难懂的句子，就很容易弄懂。"又说："不会分析句法，全句的意思（按指古文）就不能掌握，词汇的意义就不能确定。"充分说明了阅读古文必须掌握文言句法，掌握了文言句法，对读懂古文作用很大。

一、分清古今句法异同，正确理解句意

古今汉语句法，总的说来，差别不很大，但是也存在一些差异。正如著名学者黄侃先生在《尚书条例》一文中所说："古人词言之法，自与今异。……古人之文，非可以后世文法求之。"

的确，古代汉语语法有它自身的结构系统，不少地方跟现代汉语迥然不同。诸如判断句式、被动句式、疑问代词宾语前置、否定句代词宾语前置，用"之""是"复指名词性宾语前置，以及性状、数量定语后置，等等，都是现代汉语所没有的或很少有的。如果不了解这些古今句法的差异，就不能正确理解古文句意，如《左传·僖公十五年》"君亡之不恤，而群臣是忧"。这是古文里常见的宾语前置结构，意即"国君不念自己逃亡在外，却忧虑（国内）群臣的安危"。如果不懂文言句法，就很有可能把"亡""群臣"当成主语，把复指的代词"之"视同"的"，把"是"当成判断词。

不懂文言句子的特殊结构方式，就会误解文言句意，这种情况古

今都曾发生过。如《左传·昭公十六年》:“侨闻为国非不能事大字小之难,无礼以定其位之患。”这是宾语前置结构。“顺装”形式是“侨闻为国非难不能事大字小,患无礼以定其位”;意即:我(“侨”是子产名。这里是谦称)听说治理国家不是难在不能侍奉大国、抚养小国,而是担心没有礼仪来安定他们的地位。可是汉代名儒服虔不明这种结构,把“事大字小之难”,错误地解释成“事大国易,养小国难”,这不仅有“增字解经”之嫌,而且与原意枘凿不入。又如一九八〇年高考有道古文试题:“以是人多假书予余”(《送东阳马生序》),不少考生不明“人多”是偏正结构(“人多”为人中之多者,意即“很多人”),结果望文生义,错译成“人们把很多书借给我”,与原意相去甚远。

学习文言句法,不仅要区分清古今不同的结构,而且还要善于区别相同结构中的不同的语意关系。这对于正确理解句意也是非常重要的。例如古今动宾词组的形式是一样的,而古代的动词跟宾语之间的语意关系则不同,除了有跟现代汉语相同的支配关系,还有跟现代汉语不同的“使动”“意动”“为动”等关系。不了解这些,也会错解句意。如《左传·晋灵公不君》“晋侯饮赵盾酒”,有的人按现代汉语句法结构来解释,说成“晋侯饮赵盾敬的酒”,这就大错特错了。其实这句中的“饮赵盾”是使动关系,即“使赵盾饮酒”。王维《送别》诗“下马饮君酒”,意即“请君下马饮酒”。又如《史记·魏其武安侯列传》“汲黯是魏其”,不了解“是魏其”是古文中的意动关系,即“以魏其(言)为是”,就会误认是判断句,把“汲黯”与“魏其”当成一个人。

此外,古文里还有些固定格式,是用来表示一定语气的。如表感叹语气的“何其……也”“何……之……也”,表测度语气的“无乃……乎”“得无……乎”,表反问语气的“不亦……乎”“何以……为”等,都要了解。只有这样,才能准确体会到古人说话的神情、语气。

二、运用句法分析,辨识词语的语法功能

句子是由词或词组按一定规则组成的。各类词在句中充当什么成分是比较固定的。例如名词经常作主语、宾语、定语,动词经常作谓语,形容词经常作定语、谓语和状语,这些古今都相同。但是古代汉语

有特殊现象，有些词可以按一定语言习惯而灵活运用，临时改变它原来词性和功能。正如清人袁仁林在《虚字说》中所说："实字虚用，死字活用，此等用法，虽字书亦不能遍释。"

认清词在句中的活用，明确它临时的职能，对弄懂句意极为重要。要做到这一步，就要运用句法分析，考察词在句中的地位，前后有哪些词类跟它相结合。试看以下各例：

(1)晋军函陵。(《左传·僖公三十年》)
(2)置人所罾鱼腹中。(《史记·陈涉世家》)
(3)假舟楫者，非能水也，而绝江河。(《荀子·劝学》)
(4)秦师遂东。(《左传·僖公三十二年》)
(5)不耕而食，不蚕而衣。(《盐铁论·相刺》)
(6)孟尝君客我。(《战国策·齐策》)
(7)晋师军于庐柳。(《左传·僖公二十四年》)

从位置和词类的结合情况来分析，可以确定：例(1)"军"用作动词，充当谓语；"函陵"是处所，作它的补语。例(2)"罾"用作动词，因它前面是"所"字，"所"字的用法是跟动词相结合，凡是它后面的名词、形容词一律要用作动词。例(3)"水"用作动词，充当谓语，因它前面有助动词"能"字。例(4)"东"用作动词，充当谓语，因它前面是副词"遂"。例(5)"衣"用作动词，充当谓语，因"而"只联结动词和形容词的并列结构。例(6)"客"用作动词，因后面是代词"我"，意即"孟尝君把我当成宾客"。例(7)"军"用作动词，充当谓语，后面的介词结构作补语。知道句中名词所在位置及其语法功能，就不难确定其词义。

清人阮元在《经传释词序》中说："经传中实词易训，虚词难释。"其实运用句法分析，文言虚词的性质和作用也很容易解释。如兼类繁多的"以"字，处在不同的句法结构中，其"虚""实"是很分明的。试看以下各例：

(1)儒以文乱法，侠以武犯禁。(《韩非子·五蠹》)
(2)属予作文以记之。(《岳阳楼记》)
(3)今民求官爵，皆不以农战，而以巧言虚道。(《商君书·农

战》)

(4)于以求之?于林之下。(《诗·邶风·击鼓》)

(5)古人秉烛夜游,良有以也。(李白《春夜宴桃李园序》)

例(1)两个"以"是介词,跟后面的名词组合成介词结构作状语。例(2)"以"是连词,用于动词性并列结构中,表示承接关系。例(3)"以"是动词,充当谓语。因句中没有别的动词、形容词可作谓语。例(4)"以"是代词,处于介词"于"之后。意即"于何求之"。例(5)"以"是名词,充当动词"有"的宾语。可见,掌握句法分析,无论是"实字虚用",还是"死字活用",都能一目了然,而且万无一失。

三、借助句法规则,确定词的意义

一词多义是语言的普遍现象。古代汉语尤为突出,但是当多义词进入句中之后,它的意义则是单一的。训诂学家陆宗达先生在《训诂简论》中说:"一个词或一个词组的意义,必须通过语法组织才能确定下来。只有正确地分析语言结构,才能准确地理解词和词组的意义。"

的确,词和词组在句中的意义是单一的确定的,是受语言结构所制约的。例"人"在不同结构中,它们的意思就有些差别。《原道》中"人其人,火其书,庐其居",第一"人"后面带宾语,意思是"使……为(常)人";《左传·庄公八年》"豕人立而啼",这个"人"作状语,修饰动词"立"的,就解为"像人一样"。同理,"客"在《战国策·齐策》"孟尝君客我"中,就解为"以……为客";在《史记·孙子吴起列传》"田忌善而客待之"中,就解为"像对待客人那样。"词组也是如此。如:"五十"有两个意思:一是50,一是五或十。但在《论语·述而》"加我数年,五十以学易,可以无大过矣"中,应解为"5"或"10"。清人俞樾在《续论语骈枝》里说:"'五''十'二字承'加我数年'而言,盖不取必所假者几何年,故着二字,言五或十也。使足成其文,曰:'假我数年,五年,十年,以学易,可以无大过矣。'则文义便自了然。因上句已有年字,故五、十下不更出年字。"这就从语言结构上确定它的意义,是非常准确的。

除了从本句结构来确定词义,还可运用“对文”规律来考求词义。我们知道,古人作文往往力求字数相等,结构相同,构成对偶句、排比句。这种句式里位置相同的词,其词性相同,词义也往往相同、相近或相反(当然不是绝对)。例如《滕王阁序》“时维九月,序属三秋”,“三秋”与“九月”相对成文,意义相同。又如《战国策·赵策》“位尊而无功,奉厚而无劳”,“功”“劳”对举成文,义同,《国语·吴语》韦昭注:“劳,功也。”排比句也是如此。如《尚书·舜典》“流共工于幽州,放驩兜于崇山,窜三苗于三危,殛鲧于羽山。”“流”“放”“窜”“殛”四字同义,均训为“放逐”。马叙伦《古书疑义举例校录》云:“‘殛’乃‘极’之借字。《仪礼·大射仪》注:‘极’犹‘放’也。”是非常正确的。

对虚词的性质与作用,也可以运用对文规律来理解。如《归去来兮辞》:“木欣欣以向荣,泉涓涓而始流。”“以”同“而”,连词。《西门豹治邺》:“民可以乐成,不可与虑始。”“以”同“与”,介词。

四、利用句法规则,分析古文句读

鲁迅先生在《点句的难》中说:“标点古文真是一种试金石,只消几点几圈,就把真颜色显出来了。”

要提高句读能力,固然涉及的方面很多。掌握文言句法,也是其中重要一环。因为一个句子是语法结构的具体体现。断句不合文言句法,就不符合古文原意。如《周顺昌传》:“顺昌好为德于乡,有冤抑及郡中大利害,辄为所司陈说。”有的人在“为德”断句,“于乡”连下句。尽管也能解释通,但不合文言句法。因为“于乡”是表处所的介词词组,通常作补语,这是一条规律。同样,有人把《周易》中“公周射隼于高墉之上获之”断成“公周射隼,于高墉之上获之”,也是错的。正确的标点应是:“公周射隼于高墉之上,获之。”

熟悉文言词组的结构,也有助于正确标点古文。如《资治通鉴》:“毅与循战于桑落州,毅兵大败,弃船以数百人步走,余皆为循所虏。”一九五六年标点本标点为“弃船以数百,人步走”,把介词词组“以数百人”断开,使文义扞格不通。同样,动宾词组也不能点破。如刘禹锡《送鲁儒赴举诗引》:“生危冠方袂,浅拱舒拜,且前致词称贽,其文颇涉猎前言。”而上海人民出版社一九七五年出版的《刘禹锡集》,则断成

"……且前致词称，赘其文……"，把"称赘"（意即"献上礼物"）这个动宾词组点破了，结果谁也不懂是什么意思。

总之，掌握文言句法，不仅有助于读懂古文，准确理解文意，而且对句法结构能一目了然，有效地提高阅读古文的速度。

［原载《学语文》1986年第3期］

古代汉语修辞琐议

修辞是提高语言表达效果的特殊手段。我们初学古代汉语，不仅要注意区别古今词义的差别，古今语法的不同，而且还要了解古书里常见的修辞方式，如引用、夸饰、譬喻、代称、并提、互文、倒置、委婉、省略等。这对于读懂古文，准确理解文意，正确译成现代汉语是非常重要的。

要正确理解古文原意，不能不懂古代修辞方式。北齐颜之推《颜氏家训·勉学篇》举过这样一个例子："《汉书·王莽传·赞》'紫色蛙声，余分闰位'。谓以伪乱真尔。昔吾尝共人谈书，言及王莽形状。有一俊士，自许史学，名价甚高，乃云：'王莽非直鸱目虎吻，亦紫色蛙声。'"这个学士由于不懂班固在这里用的是比喻修辞方式，以"紫色"（即杂色）、"蛙声"（即邪音）、"闰月"（即非正式的月份）来比喻王莽政权非正统王室，而按字面理解为王莽的声音形貌，说王莽不仅长着猫头鹰一样的眼睛，老虎一样的嘴唇，而且皮肤是紫色的，说话声音跟青蛙一样。结果与原意相差十万八千里。类似这种不明修辞而曲解致误的，并非绝无仅有。如《诗经·大雅·云汉》"周余黎民，靡有孑遗"，说的是天逢大旱，周民死者甚多，幸存者少。而郑玄不明这是夸张修辞方式，错误地解释为："周之众民，多有死亡者矣，今其余无有孑遗者，言又饿病也。"把"孑遗"（即大难过后幸存的百姓）解为"又饿病"，纯属望文生训，增字解经，与原意大相径庭。又如《汉书·景帝纪》："诸侯王薨，列侯初封及之国，大鸿胪奏谥诔策。"汉儒服虔不了解这是"并提"（或称"合叙"）修辞方式："谥诔"与"诸侯王薨"相承，"策"与"列侯初封及之国"相承（义即"诸侯王薨大鸿胪奏谥诔，列侯初封及之国大鸿胪奏策"），结果误注为："皇帝延诸侯王宾王诸侯皆属大鸿胪，故其薨，奏其行迹赐与谥及哀策诔文也。"

研究理论的目的在于指导实践。我们学习古汉语修辞方式贵在于运用，即弄清楚它们在具体的语言环境中的确切含义，借以疏通文义。如《诗经·小雅·苕之华》“牂(zāng)羊坟首，三星在罶。”光知道词义：“牂羊”即母羊，“坟首”即大脑袋，“三星”即星宿，“罶”即竹篾或苇条编的捕鱼笼子(夜晚放在水堰孔道旁捕鱼，天亮时取回)，这是很不够的，还须辨认出这里用的是“比喻”，以“母羊长着大脑袋”比喻“不可能的事”或“不会有的事”(一般是公羊长大脑袋)，以“三星在冬天天快亮时才出现，太阳一出就沉落”比喻“时间之短暂”。这样就可以进一步弄懂这首诗是以物抒怀，言周室中兴是不可能的，周政权不能维持多久了。又如《尚书·武成》：“罔有敌于我师，前徒倒戈，攻于后以北，血流漂杵。”在弄懂词义的基础上(“罔”，无。“我师”，指周的军队。“前徒”，商的前锋部队。杵，捣衣或捣米的短棒)进一步弄清楚“血流漂杵”是“夸饰”修辞方式，就可以知道它是“极言死者之多”，而不是实际的“血流成河，把捣衣的杵漂走了”。这样就能疏通文义，就不会责难古人记载失实了。

学习古代修辞方式，还要跟现代汉语的修辞进行比较，防止以今律古。古汉语教材(郭锡良等编《古代汉语》)讲了九种常见的修辞方式，其中的“并提”“互文”“倒置”“省略”，是现代汉语少见的。对这些要切实搞清楚它的含义，用以指导古文的阅读。至于古今都有的修辞方式，也不能笼统地画上等号，而应该加以分析和比较。例如“委婉”，现代和古代就相差很远。古代由于阶级的对立和等级的森严，人物对话中普遍使用尊称和谦称，尊称有“君”“子”“吾子”“陛下”“足下”“阁下”“先生”等，谦称有“寡人”“不穀”“臣”“妾”“奴”“仆”“愚”“走”“小人”等，而现代汉语中则很少使用，只有特殊场合才偶尔用“阁下”“先生”等。又如“代称”，古人常常以地名代人名、以官名代人名、以地名代官名，这种代称方式现在非常罕见。另外，古代“引用”中的“引事”跟现代也有所不同，古人常常用“暗引”手法，把用典和本文结合在一起，阅读古文时就要分辨清楚。如李白《与韩荆州书》中“一登龙门，则声价十倍”，“登龙门”用的是东汉李膺的故事。《后汉书·李膺传》云：“膺独持风裁，以声名自高。士有被其容接者，名为登龙门。”这种“暗引”现代多不用了。

弄懂了古代的修辞方式，还要能够根据语言环境正确译成规范的现代汉语。这个问题比较复杂，下面谈几点意见供参考。

一、关于"互文"和"并提"的今译

"互文"包括"互补"和"同义变文"。这种修辞方式一般可以合并起来翻译。如：

(1)雄兔脚扑朔，雌兔眼迷离。两兔傍地走，安能辨我是雄雌？(《木兰诗》)

(2)鄂侯争之急，辩之疾。(《鲁仲连义不帝秦》)

(3)远方不能疑者，并举而争起矣。(《论积贮疏》)

例(1)的"扑朔"(脚乱蹬乱踹)与"迷离"(眼半闭)，相互补充，即："雄兔脚乱蹬乱踹眼睛半睁半闭，雌兔亦是脚乱蹬乱踹眼睛半睁半闭。两兔贴近地面跑，如何能分辨出雄的雌的？"例(2)的"争"和"辩"，"急"和"疾"，在古汉语里是近义词，"争之急"和"辩之疾"意思基本相同，分成两句是为了增加修辞效果。现代汉语"争辩"已成为一个词，因此可合并译成："鄂侯为此争辩很急。"例(3)中的"并"和"争"，"举"和"起"，在古代意义相近，但又有区别。如果直译成"一起举事，争着起兵"，似嫌啰嗦，因此可合并，意译成"纷纷起兵作乱"。

跟"互文"相反，"并提"(或称"合叙")是把两件相关的事件合在一起叙述，以求文辞简洁，结构紧凑。译成现代汉语，应根据词语的搭配分开叙述。例如：

(1)渔樵于江渚之上，侣鱼虾而友麋鹿。(苏轼《前赤壁赋》)

(2)不以规矩不能成方圆。(《孟子·离娄上》)

例(1)中的"渔""江""鱼虾"相搭配，"樵""渚""麋鹿"相搭配，可拆开来译成："在江上捕鱼与鱼虾为伴，在柴洲上砍柴跟麋鹿为友。"例(2)的"规"和"圆"，"矩"和"方"，分别搭配，可译成："不用圆规就不能做成圆形的器具，不用矩尺就不能做成方形的器具。"如果对其中的词语搭配不明，就要查阅有关资料弄清楚。如《出师表》"侍中、侍郎郭攸之、费祎、董允等"，"侍中、侍郎"是两种官职，《三国志·蜀志·董允传》

云:“侍中郭攸之、费祎,侍郎董允”,因此应拆开翻译,使语义明确。

二、关于“代称”和“委婉”的今译

古代“代称”的方式繁多,常见的有:以泛称代特称,以特称代泛称,以特征代称本体,以性状代称本体,以官名、地名代称人物名,以地名、人名代称事物名。凡此种种都要准确译出所指代的名称。如:

(1)似逢我公,车边病是也。(《华佗传》)
(2)迁客骚人多会于此。(《岳阳楼记》)
(3)虽乘奔风,不以疾也。(《江水》)
(4)将军身披坚执锐。(《陈涉世家》)
(5)故豫州遁逃至此。(《赤壁之战》)
(6)何以解忧? 惟有杜康。(曹操《短歌行》)

例(1)“病”是泛称,译为特称“寄生虫”。例(2)的“骚”即《离骚》,“骚人”译为泛称“诗人”。例(3)的“奔”是以特征代物名,译为“马”。例(4)的“坚”“锐”以性状代物名,分别译为“盔甲”“兵器”。例(5)的“豫州”是以地名代人名,译为“刘备”。例(6)的“杜康”是以人名代物名,译为“酒”。如有不清楚的,要查辞典。如《哀郢》“凌阳侯之泛滥兮”,“阳侯”代称“波浪”。《辞海》有解释。

“委婉”是婉言陈辞,不直言其事。译为现代汉语要直截了当说出真意所在。如:

(1)有采薪之忧,不能造朝。(《孟子·公孙丑上》)
(2)一旦山陵崩,长安君何以自托于赵。(《触龙说赵太后》)
(3)假令愚民取长陵一抔土,陛下将何以加其法乎?(《史记·张释之传》)
(4)权起更衣,肃追于宇下。(《赤壁之战》)

例(1)的“采薪之忧”是言已有病,全句译为“我有小毛病,不能上朝”。例(2)“山陵崩”译为“太后去世”。例(3)“取长陵一抔土”译为

“盗先帝的墓”。例(4)的“更衣”译为“上厕所”。此外,“譬喻”中的“隐喻”,有些也要译出所比喻的事物,如《念奴娇》“卷起千堆雪”,“雪”译为“浪花”。

三、关于倒置和省略的今译

古汉语“倒置”修辞方式,同语法的“倒装”是不相同的,它是无规则颠倒成文。译为现代汉语应按现代的语言顺译,如:

(1)夫疾风而波兴,木茂而鸟集。(《淮南子·主术训》)

(2)香稻啄馀鹦鹉粒,碧梧栖老凤凰枝。(杜甫《秋兴八首》)

例(1)的“疾风”与“波兴”结构不同,前者是偏正,后者是主谓,译为现代汉语可以改变成“风急波涛就兴起”。例(2)顺序为“鹦鹉啄馀香稻粒,凤凰栖老碧梧枝”。杜诗原意是描写开元盛世长安城的太平富裕景象。养鹦鹉,以香稻饲之,啄之有馀;凤凰为难得吉祥之鸟,栖于梧桐,终老不去。据此,第一句可译成“香稻之中有鹦鹉啄馀之粒”,第二句可译成“碧梧之上有栖老凤凰之枝”。

“省略”本是语法问题,但句子成分的省略有时也与修辞有关。(我们采用的郭锡良等编的《古代汉语》课本,就是这样认为的。)所以有必要说说关于省略的问题。

古代汉语的省略比起现代汉语要复杂得多。不仅可以省略主语、谓语、宾语,而且还可以省略兼语、宾语、动词“曰”,以及整个句子等。这样就得首先补出省略的内容,然后再根据文意译成现代汉语。试看以下各例:

(1)子曰:“[ ]隐者也”。[ ]使子路往见之。[ ]至,则[ ]行矣。(《论语·微子》)

(2)上医医国,其次[ ]疾。(《国语·晋语》)

(3)屠惧,投[ ]以骨。(《狼》)

(4)以相如功大,拜[ ]为上卿。(《廉颇蔺相如列传》)

(5)以[ ]残年余力,曾不能毁山之一毛……(《愚公移山》)

(6)老圃食我[　],老圃之妻子食我[　]。(《中山狼传》)

(7)曰:“老妇不闻也”。[　:]“此其近者祸及身,远者及其子孙……”

(8)故有国者不可以不知《春秋》:[　]前有谗而弗见,后有贼而弗知。为人臣者不可以不知《春秋》:[　]守经事而不知其宜,遭变事而不知其权。(《太史公自序》)

(9)独乐乐,与人乐乐,孰乐?王曰:“不若与人[　]?”(《孟子·梁惠王》)

例(1)补齐省略的主语,译为:孔子说:“[这个人]是隐居的士者。”[孔子]派子路回去拜见他。[子路]到了那里,原来[他]已经走了。例(2)补出省略的谓语,译为:“上等的医生治好国家,次一等的[医治]疾病。”例(3)补出省略的宾语,译为:“屠夫很害怕,把骨头扔给[狼]吃。”例(4)补出省略的兼语,译为:“因为蔺相如功劳很大,就任命[他]为上卿。”例(5)补出省略的定语,译为:“凭着[你]晚年微薄的力量,竟不能毁掉山上一根草……”例(6)补出省略的中心语,译为:“老园丁吃掉我的[果实],老园丁的妻子和孩子吃掉我的[果实]……”例(7)补出对话中省略的“曰”字,译为:赵太后说:“我未曾听到过。”[触龙说:]“这样看来,那些时间短的人,是灾难降临到他自己的头上;那些时间长的人,是灾难降临到他们子孙的头上……”例(8)补出两处省略的“不知《春秋》”,译为:“所以诸侯不能不知道《春秋》:[不知道《春秋》]面前有进谗言的人就看不见,背后藏着杀害忠良的人就不能发觉。臣子也不能不知道《春秋》:[不知道《春秋》],处理常事就不知道采取相宜的措施,遭到变乱就不知改变措施。”例(9)为1986年高考语文试卷一题,参考答案认为是省略一个“乐”字,但从古注与语境看,应是省略“乐乐”,意即:不如与别人一起欣赏音乐快乐!

从上可见,掌握古汉语的修辞,对正确理解句意至关重要。

[原载《学语文》1986年第5期,题为《谈古代汉语修辞的学习》]

第　四　编
汉语音韵研究

在南大中文系求学期间，黄淬伯师讲授“汉语音韵学专题”，我得到启蒙。黄先生潜心分析《慧琳一切经音义》中的反切，归纳出47类，与北师大白涤洲《广韵声纽韵类之统计》的结论不谋而合，其科学性令人深为折服。隋代陆法言在《切韵序》里说：“凡有文藻，即须明声韵。”实践证明，从事古诗文教学和研究的人，不懂汉语音韵是不行的。1978年我来师大，后因教学工作的需要，1982年秋赴武汉参加“汉语音韵学研究班”，得到严学宭、邵荣芬、唐作藩、李新魁等音韵学专家们的赐教，其后始步入研究汉语音韵的殿堂。先后撰写论文十余篇，并参加中华书局《古汉语知识详解辞典》的撰稿，诠释音韵学术语，并审韵书介绍及训诂学等词条。现选录数篇汉语音韵论稿。

《诗经》"坎坎"音读考

"坎坎"在《诗经》里是模拟鼓声、伐木声的叠音象声词。《诗·小雅·伐木》:"坎坎鼓我,蹲蹲舞我。"郑笺:为我击鼓坎坎然,为我兴舞蹲蹲然。又,《诗·陈风·宛丘》:"坎其击鼓,宛丘之下。"毛传:坎坎,击鼓声。此外,《诗·魏风·伐檀》:"坎坎伐檀兮,置之河之干兮。"毛传:坎坎,伐檀声。但是"坎"这个字在上古时代读为"kǎm"(据今人拟音),现在普通话读为"kǎn"(注音按汉语拼音方案拼写,下同),这与击鼓声、伐檀声相差较远,象声词不像其声了。那末造成二者脱节的原因是什么呢?是物的声响古今不同吗?

古代的鼓声、伐木声与现在差别不大,古籍里很多材料可以证实。东汉刘熙《释名·释乐器》云:"鼓,廓也。张皮以置之,其中空(廓)也。"可见古代的鼓也是外圆中空,蒙以皮革而成,与今天的鼓没有差异,因此,古代的鼓声也应跟现在的鼓声相同或相近。这一点,古籍里也有很多模拟鼓声的象声词可资证明。例如:《诗·邶风·击鼓》"击鼓其镗"的"镗"(毛传:镗然,击鼓声也),《孟子·梁惠王上》"填然鼓之"的"填"(赵岐注:填,鼓音也。按上古的"填"音值近于"dēn"),《说文解字》中的"彭"(许慎注明"鼓声"),《广韵》里注明鼓声的有:东韵的"韸"(薄红切),冬韵的"鼕"(徒冬切),锺韵的"革逢"(符容切),江韵的"韸""鼕"(均为匹江切),等等,这些字的读音都接近现代的鼓声。至于古代的伐木声,古籍里有关材料证明跟现代的伐木声也差不了多少。如:《诗·小雅·伐木》"伐木丁丁",毛传:丁丁,伐木声也。《广韵》里注明伐木声的有"朾""丁"(均为中径切)。"丁""朾"上古属端母、耕部,音值为"dēng"。这与现代的伐木声基本相似。

以上充分说明:"坎(kǎn)坎的读音不能反映击鼓、伐檀的实际音响,不是由于物异境迁,而是字音演变造成的,很可能是发生在古代秦陇一带的方音。

“坎”，普通话里读为“kǎn”，而在《广韵》里属感韵，苦感切，音值拟为“kǎm”（按，韵尾“m”在十六世纪后变为“n”）。古籍里则注明读为“圹”（kuàng）。《礼记·杂记》：“四十者待盈坎。”郑注：坎或为圹。钱大昕《声类》卷二“坎”下云：“坎谓之圹……读为圹。”又，《礼记·中庸》“驱而纳诸罟护陷阱之中”，孔颖达疏：“陷阱谓坑也，穿地为坎。”“坎”，闽监本、卫氏集说同毛本均写作“坑”。“坑”与“圹”古音全同，“坎”写为“坑”证明“坎”即读为“圹”。古音为谈阳通转。

“坎”按音理推求，上古属溪母、谈部，音值为“kǎm”；而“圹”“坑”上古属溪母、阳部，音值为“kàng”。二者韵尾都是鼻音，其韵母的元音完全相同，故能通转。《诗经》里有谈阳合韵可为旁证。如：《诗·大雅·桑柔》中谈部的“瞻”与阳部的“相”“藏”“肠”“狂”合韵。又，《诗·商颂·殷武》中谈部的“监”“严”“滥”，与阳部的“遑”合韵。

“坎”读为“圹”，用来模拟鼓声，与《诗·邶风·击鼓》中模拟鼓声的“镗”虽然一致，但是“圹”“镗”的读音还是不很接近鼓声、伐檀声，因此旁转读为“空”（kōng）。

近人曾广源《戴东原转语释补·释序》里说：“赣即坎字。坎与空相转。”《说文解字》“坎”字下段玉裁注：“毛诗传曰：坎坎，击鼓声。此谓坎坎为竷竷之假借字也。”又，《戴东原转语释补·释序》：“赣为竷之省声。”意即赣从竷得声，赣、竷读音相近（声母为见溪旁纽，同位旁转）。“赣”，《礼记·乐记》“子赣见师乙而问焉”，郑注：赣音贡（按今吴方言“赣”亦读为“贡”）。阮氏《礼记注疏卷三十九校勘记》“子赣”条注：“卫氏集说、释文同宋监本作贡。”“坎”“竷”古音同属东部（即韵母为“-ong”）。又，《说文解字》“竷”字下段玉裁注：《诗·小雅·伐木》作坎坎……鲁诗《伐檀》作“欿欿”。王念孙《广雅疏正》卷九：“欿，空之转声也。”“欿”与“坎”同音，由此可推定“坎”实为“空”之转声。此外，王先谦《释名疏正补》卷七《释乐器》“箜篌”下云：案《风俗通》“空侯亦名坎侯。”吴兢《乐府解题》云：“汉武帝灭南越，祀太乙后土，令乐人侯晖依琴造竷。竷音坎。……《史》《汉》通作空侯。”《汉书·郊祀志》：“益召歌儿，作二十五弦及空侯……”王念孙《读书杂志》第五册卷四之五：“景祐本空侯作坎侯。”

“坎”由读“圹”转为读“空”，是符合音转原理的。王力先生在《汉语史稿》（上册）《上古鼻音韵母的发展》里分析得很清楚：“ong和ang

声音很近。因此,从很古的时候起,东阳就能合韵。"的确,东阳合韵在秦汉韵文里不乏其例。例如:殷周青铜器铭文《大丰毁》"乙亥王又大丰,王凡三方"中的东部"丰"与阳部"方"相押。又,《诗·周颂·烈文》中的东部"公""邦""功",与阳部"疆""皇"通押;《淮南子·精神训》中的东部"聪",与阳部的"明"(上古属阳部、中古属庚韵)、"伤"、"扬"通押;东方朔《七谏》中的阳部"厢""明""翔",与东部的"通"合韵。这些都是阳东旁转,是"坎"读"圹"再转为读"空"的有力旁证。

"坎"字一字数音是什么原因引起的呢?清人戴震(字东原)在《论韵书中字义答秦尚书蕙田》中说:"字书主于故训,韵书主于音声,然二者恒相因。音声有不随故训变者,则一音或数义;音声有随故训而变者,则一字或数音。""坎"的音转就是"随故训而变"的。因为一个声音表示众多的意义会含混不清,不利于交际,故增加读音以区别不同的意义和词性。"坎"为八卦名,古代可能读为"kǎm";训为"坑""墓穴"等可按郑注读为"圹";为象声词,模拟鼓声、伐檀声,则应转读为"空"。这种循义以定音,是符合训诂原则的。戴震《转语十二章序》说:"疑于义者,以声求之;疑于声音,以义正之。"这对于了解"坎"的音转是有启发的。

"坎坎"读为"空空",与《诗经》文义至为顺洽,与古籍中模拟鼓声、伐檀声的"填""鼕"等也较接近。我们考证其音读是为了弄清《诗经》用"坎坎"模拟鼓声、伐檀声的缘由,以便用相应的现代汉语的象声词来译注,使之音响铿锵,语言生动形象,增强艺术的感染力。

[原载《安徽师大学报》(哲学社会科学版)1983年第4期,上海《语文学习》1984年第1期发表拙稿《〈诗经〉里的"坎坎"应读什么音?》,内有"对转"之误,特致歉意,现予更正]

试论古鼻音韵尾[m]的演化

关于古鼻音韵尾演化的问题,历来说法分歧。比如演变的时代就有好几种说法:张琨先生说:"双唇鼻音韵尾转变成为舌头鼻音韵尾早在汉朝秦陇一带和蜀郡就已经发生了。"王力先生说:"到了战国时代,侵部分化为侵冬两部。"严学宭先生则说:"由-m变-ŋ的现象,在谐声和《诗经》中不乏其例"(意即在春秋时期就已演变)。至于双唇鼻音韵尾演化的条件,各家说法也不相同。王力先生认为侵部合口呼(音头为u、iu)的字韵尾首先由-m变为-ŋ;李方桂先生则认为唇音声母和圆唇化舌根音声母使侵部韵母中主元音ə变为u,u促使-m变为-ŋ。本文拟就-m尾演化的起始时代和条件,发表一孔之见,并借以对《诗经》中侵蒸谈东的"合韵"和经籍中这类异文通假作出解释,以期得到海内外专家的指正。

一

考察古代字音韵母的演化,历来都以韵文的押韵为主要依据。凡韵书里不同韵的字在韵文里互押,一般认为这些字在某个时代或在某方言里读音相同。张琨先生说:"在魏、晋时期的韵文中,《切韵》耕庚两韵的字已经可以互押,那就是说上古音的*riŋ、*raŋ和*raŋ已经合流了。"鉴定韵尾的演变亦当如此。我们通检《诗经》《周易》的韵脚,发现其中有一些-m尾字与-ŋ尾字"合韵"。例如:

《诗·大雅·生民》三章侵部"林"与蒸部"冰"合韵。

《诗·大雅·大明》七章侵部"林心"与蒸部"兴"合韵。

《诗·大雅·生民》八章侵部"歆"与蒸部"登升"合韵。

《诗·秦风·小戎》三章侵部"音"与蒸部"膺弓滕兴"合韵。

《诗·小雅·斯干》六章侵部"寝簟"与蒸部"兴梦"合韵。

《诗·鲁颂·閟宫》五章侵部“绶”与蒸部“乘縢弓增膺惩承”合韵。

《诗·大雅·桑柔》八章谈部“瞻”与阳部“相臧肠狂”合韵。

《诗·鲁颂·閟宫》六章谈部“詹岩”与东部“蒙东邦同从功”合韵。

《诗·商颂·殷武》八章谈部“严监滥”与阳部“遑”合韵。

《易·泰彖传》侵部“阴”与东部“通同”,阳部“亨”合韵。

《易·习坎彖传》侵部“枕”,谈部“坎”与东部“凶用功”合韵。

《易·艮彖传》侵部“心”与耕部“正”合韵。

此外还有侵冬合韵(有人认为《诗经》里侵冬为一部)。如:

《诗·秦风·小戎》二章“驂”与“中”合韵。

《诗·大雅·公刘》四章“饮”与“宗”合韵。

《诗·豳风·七月》八章“阴”与“冲”合约。

《诗·大雅·凫医》四章“饮”与“潨宗降崇”合韵。

《诗·大雅·荡》一章“谌”与“终”合韵。

《诗·大雅·云汉》二章“甚临”与“虫宫宗躬”合韵。

《易·比彖传》“禽”与“终”合韵。

《易·屯彖传》“禽”与“穷”合韵。

这种“合韵”,清代学者段玉裁认为“其于古音本有龃龉不合者”,钱大昕认为是“同一字于同时同地的不同读法”。与此相反,顾炎武、戴震等人则认为是古方音。近代学者多持这种看法,方孝岳先生在《关于先秦韵部的合韵问题》里写道:“合韵,对每一部来说都是有的,无论把先秦韵部分得怎样简单,也不能没有,这当然是方音的反映。”严学宭先生指出:“这种-m-ŋ相通,过去学者称为‘合韵’,其实这只能说-m→-ŋ,才符合汉语语音演变的沿革。”王力先生在《诗经韵读》里对“合韵”音读举例解释说:“例如《诗经·小雅·大田》以‘螣’‘贼’为韵,就应读‘螣’如‘特’,而不必认为蒸职合韵;《诗经·桧风·匪风》以‘发’‘偈’‘怛’为韵,《齐风·甫田》以‘桀’‘怛’为韵,就应该读‘怛’为当割切,而不必认为月元合韵;《卫风·竹竿》以‘左’‘瑳’‘傩’为韵,就应读‘傩’如‘那’,而不必认为歌元合韵;《小雅·六月》以‘颙’‘公’为韵,就应该读‘颙’为鱼容切,而不必认为侯东合韵。”虽然这里说的是阴阳入对转,但却说明了合韵的字应当同韵。

应当说明,-m尾变为-ŋ尾在《诗经》时代仅限于秦陇方言。大多数音韵学者认为,《诗经》是综合音系。严学宭先生说:“《诗经》韵系是以丰镐、王洛的北方音系为基础，兼具各地方音，并非代表一个单一的语音系统。”据研究，秦风、豳风是以古代陕甘方言写成的民歌，大雅、小雅也是这一带方言之作，其内容与歌颂周祖先有关。颂诗是宗庙之音，周颂是西周早期敬祖祭祖的诗歌（鲁颂、商颂因受其影响多少带有这一方音的特点）。《周易》过去认为传自孔子，似是以鲁方言写成，其实这是一种误解。《周易》是西周巫人占卜之辞，记载周王室行事的吉凶。如《周易·益》：“中行告，公从，利，用以依迁国。”丁山在《殷商氏族方国志·中行》里说：“此卜辞为周公践奄后，迁殷民于九毕的纪事。”

语音的演变是成系统的。秦陇方言中的-m尾变为-ŋ尾或-n尾，从其相配的入声韵由-p尾变为-k尾或-t尾亦可证实。试看下面雅诗里入声韵-p尾字与-k尾或-t尾的字“合韵”的例子：

《诗·小雅·六月》一章缉部“急”与职部“饬服炽国”合韵。

《诗·小雅·雨无正》四章缉部“答”与物部“退遂瘁谇”合韵。

《诗·大雅·常武》三章盍部“业”与铎部“作”合韵。

《诗·大雅·思齐》四章缉部“入”与职部“式”合韵。

这种阳声韵尾与其相配的入声韵尾同步演变的实例，现代汉语方言里亦有。如江西临川方言“贪探潭南男惨蚕”为-m尾，其相配的入声韵字“狭腊踏塔搭答杂讷合”均为-p尾。而在南昌方言中，上面这些阳声韵字变为-n尾，其入声韵字“狭腊”等均随之而变为-t尾。贵溪方言这些阳声字韵尾变为-ŋ，其入声韵字随之而变为-ʔ尾。厦门话也有这种现象，如唇音声母“凡范泛品禀”等-m尾变为-n尾，与其相配的唇音入声字“法乏”等由-p尾变为-t尾。闽南澄海话亦如此，-m尾变-ŋ尾，-p尾亦随之变为-k尾。现代汉语方言是历史音变的结果，这种成系统的演化，可类比印证上古秦陇方言中-m尾已演化为-ŋ尾或-n尾。

二

严学宭先生说：“举凡异文、通假，莫非方音资料。”我们考察历代一些陕甘文人作品中的异文通假，亦有材料纵向证实秦陇一带-m尾变化为-ŋ尾或-n尾。请看以下各例：

“钦”作“敬”。朱骏声《说文通为定声》云：“虞夏商书言‘钦’，周书则言‘敬’。”按：《尚书》里“钦哉”，陕甘文人司马迁所著《史记》作“敬哉”。“钦”古属侵部，“敬”古属耕部。

“壬”作“佞”。《书·尧典》“而难壬人”，《史记·五帝本纪》作“佞人”《尚书》孔安国传：“壬，佞也。”“壬”属侵部，佞属耕部。

“谈”作“同”。《战国策·赵策》：“知伯因阴结魏，将以伐赵；赵襄子召张孟谈而告之。”《史记·赵世家》作“赵襄子夜惧，乃夜使相张孟同私于韩魏。”《史记索隐》云：“《战国策》作张孟谈，‘谈’者史迁之父名，迁例改为‘同’。”《史记》中人名“谈”，司马迁“为尊者讳”而改为“同”。如《袁盎列传》中“赵谈”均改为“赵同”；《报任安书》“同子参乘，袁丝变色”。中央电视大学“古代汉语”任课教师何九盈讲授其文选时特别强调指出：“同子”指“赵谈”。同样，《平原君列传》中“李谈”改为“李同”。“谈”属谈部，“同”属东部。

“坎”作“空”。王先谦《释名疏证补》卷七《释乐器》“箜篌”下云：案《风俗通》“空侯亦名坎侯”。王念孙《读书杂志》卷四之五云：“坎侯即空侯也。故《封禅书》作空侯。”“坎”属谈部，“空”属东部。

“坎”作“圹”或“坑”。《礼记·杂记》：“四十者待盈坎。”郑注：“坎或为圹。”“坎”闽监本、卫氏集说及毛本均作“坑”。《埤苍》：“坎亦坑也。”“坎”属谈部，“圹”“坑”属阳部。

“临”“林”作“隆”“龙”。《诗·大雅·皇矣》中“与尔临冲”“临冲闲闲”“临冲茀茀”，《韩诗外传》均作“隆冲”。《荀子·强国》“乃至临虑”，《汉书·地理志》“河内郡”下作“隆虑”。后汉殇帝刘隆讳“隆”，其山乃改名为“龙虑”，其县改名为“林虑”。“临”“林”属侵部，“隆”，上古属冬部，“龙”属东部。

“任”“南”或作“胜”“颁”。《吕氏春秋·季春》“戴任降于桑”。《礼记·月令》为“戴胜”。扬雄《方言》云：“戴胜又名戴任、戴南、戴颁。”“任”“南”属侵部，“胜”属蒸部，“颁”属文部。

“窆”或作“堋”“封”。《周礼·乡师》：“及窆，执斧以涖匠师。”《左传·昭公十二年》“朝而堋”。《礼记·檀弓》“悬棺而封”。朱骏声《说文通训定声》云：“《周礼》用‘窆’，《左传》用‘堋’，《礼记》以‘封’为之，皆音同。”“窆”属谈部，“封”属东部，“堋”属蒸部。

“林”作“陵”。《谷梁传·僖公十四年》“诸侯城缘林”，而《春秋·僖公十四年》原作“缘陵”。“林”属侵部，“陵”属蒸部。

"阴"作"兢"。《诗·豳风·七月》"三之日纳于凌阴"。《汉书·扬雄传》"驰闾阖而入凌兢"。颜师古注："凌兢者，言寒凉战栗之处也。"朱起凤《辞通》云："藏冰之室，暗无天日，故曰凌阴。'兢'与'阴'声近通假，非战战兢兢之谓也。颜注失之。""阴"属侵部，"兢"属蒸部。

"阴"作"冰"。《左传·昭公四年》"固阴冱寒"。《易林·震之解》"固冰冱寒"。"阴"属侵部，"冰"属蒸部。

"南"作"隆"。《诗·秦风·终南》："终南何有？有条有枚。"《淮南子·俶真训》："孟门终隆之山不能禁。"高诱注："终隆山则终南山，在扶风。""南"属侵部，"隆"属冬部。

"赣"同"贡"。《礼记·乐记》："子赣见师乙而问焉。"《论语》原为"子贡"。《说文》：赣从贝竷省声；贡从贝工声。段玉裁注："按竷声当在八部(按即谈部)，而读同贡，则音之转也。""赣"属谈部，"贡"属东部。

从上可见，上古其他方言的-m尾字，在秦陇文人作品中多写作-ŋ尾或-n尾字，此外，还有一些因篇幅所限不能一一列举。如《左传·宣公二年》："其御羊斟不与"，《汉书·古今人表》作"羊羹"；《书·大诰》"天棐忱辞"，《汉书·翟方进传》作"天辅诚辞"；《易·豫象传》"勿疑朋合簪"，《经典释文》注："簪"，马融本作"臧"，荀爽本作"宗"等。这些异文，清楚地表明-m尾在秦陇方言演变的连续性。

除了异文通假材料，还有秦汉及其后的韵文押韵和古读的例证。如：

韵文如-m尾字与-ŋ尾互押的有：《国语·周语》引伶州鸠谚"金"与"城"合韵，《管子·心术》"心"与"证"合韵，《汉书》中有"风"与"功"合韵，《东都赋》的"风"与"雍征稜"合韵，赵岐《孟子章句》中有"风、心"与"忠"合韵。《急就篇》有"谈"与"阳桑让庄"合韵。《易林》有二十四个韵段系侵东合韵。与-n合韵的，晋皇甫谧《择功论》中"音"与"莘滨秦屯神伦伸"合韵，"心"与"鳞辰人伦"合韵，"沈衾岑"与"真臣人邻贫滨"合韵。

古读、声训有：《汉书·食货志》"大命将泛"，郑康成注：泛，方勇反；《史记索隐》"泛音捧"。刘熙《释名》："风，汜也……放也。"朱骏声《说文通训定声》云："临"读"隆"，"沈"读如"重"，"音"读如"縢"；钱大昕《声类》云："窆"读"朋"，"坎"读"圹"；朱起凤《辞通》云："南"读如"隆"，"炎"读如"雄"。

应当说明,《诗经》秦陇方言-m尾变为-ŋ尾的有喉牙舌齿四音的字,而《切韵》一系韵书只有唇音中的少数字,如"梵芃污风"等。我们认为这种现象可能与作者坚持"酌古沿今"的原则有关。另外,唐代末年胡曾戏其妻曰:"呼'十'却为'石',唤'针'将作'真',忽然云雨至,总道是天'因'。"这种西南方言的-m尾变为-n尾,也可能是春秋时期秦陇方音扩散到蜀郡的残存现象(胡曾妻是蜀郡人)。

三

关于-m尾演化的条件,历来见解也不一致。王力先生认为-m尾演变最早是从合口一、二、三等开始的,在其著《汉语语音史》里说:"春秋时代侵部有合口一等(、合口二等)和合口三等。合口一等的韵母是[uəm],合口二等的韵母是[oəm],合口三等的韵母是[iuəm],到了战国时代,这些字分化为冬部,这就是:[uəm]→[um]→[uŋ];[oəm]→[om]→[euŋ];[iuəm]→[ium]→[iuŋ]。这是一种异化作用,因为[u][o][iu]([y])都是圆唇元音,[m]是唇音,唇与唇有矛盾,所以韵尾转化为[ŋ]。"[①]王力先生《汉语语音史》"先秦韵部例字表"中"侵部"列举"冬潀宗宋降绛洚风中宫虫螽忡褫穷冲躬戎浓融终崇仲隆丰凡"[②]等字战国以后都变-m为-ŋ了。

上古音是否有"合口呼",目前尚无一致看法。李方桂先生说:"古音时代没有合口开口。"他认为中古的u介音多半是受上古圆唇舌根音和唇音声母的影响而产生的。从保存古音特点较多的闽、粤语看,此说可以信从。黄家教先生在《从历史音韵出发考察汉语方言语音的差异》列举了中古及今北京话中合口呼的字今广州话一律没有u介音。如合一桓韵的"端团酸暖"和合三仙韵的"专川船选"都念为[yu],合二桓韵的"官宽欢"读为[un]。王力先生也承认这一事实,他说:"从前我以为现代广州话有开齐合撮四呼,那是错误的。现代广州话实际上没有韵头。"[③]郭启熹说:"(福建)龙岩话白读音开合口与中古音系性质是不相同的,u不是作为介音而是作为韵母出现的,这点与上古音

① 王力.汉语语音史[M].北京:中国社会科学出版社,1985:614.

② 王力.汉语语音史[M].北京:中国社会科学出版社,1985:59.

③ 王力.汉语语音史[M].北京:中国社会科学出版社,1985:558.

系却是相一致的。”因此，王先生说的侵部合u介音促使-m尾演变也就缺乏今音的印证。

李方桂先生说：“唇音声母或圆唇舌根音声母使*ə变*u，同时也因异化作用使韵尾*-m后来变*-ŋ。”[①]这很符合音变原理。因为唇音声母容易引起央元声ə高化后化为u，圆唇舌根音声母kw等也会产生同样的作用，从而促使-m尾变为-ŋ尾或-n尾。否则，声母和韵尾同一部位，难以宣之于口。但是《诗经》中的“合韵”和秦汉经籍中异文通假的字不限于这两类声母，还有齿音、舌音的字，如“绶寝枕深瞻心骖”等，这应作何解释呢？再说，“今禽饮严”等字在中古都是三等字，一般认为上古应是颚化舌根音声母，不是圆唇化音。这又怎样说明其音变条件呢？看来，李先生提出的-m尾演化理论有一定的局限性。

王力先生说：“某个音素由于各种不同的环境，或者是它的地位和某一类语音相接触。受那语音的影响而发生变化。”[②]按此理论来分析-m尾的演化条件，我们认为除了唇音的首尾异化、圆唇舌根音声母影响-m尾的变化，还有舌音齿音声母的-m尾字是由于受主元音ə、o、a、e作用的结果。上古这类-m尾字在今江西次方言中的变化情况，请见表1。

方言资料转引自张琨《〈切韵〉的前*a和后ɑ*在现代方言中的演变》，从五个方言音读对照中看出：ə、o、a、ɑ的变化是不受声母影响的。至于-m尾变成了-n尾或-ŋ尾在不同方言区情况不一样：奉新、高安一律未变，临川只有一个蚕字元音“o”后-m变-n；别的元音“o”后-m未变；南昌方言发展快一些，元音“o”后的m尾全都变成“n”尾，ə后的-m尾字有两个变为-n尾一个未变；a后的-m尾一个变为-n，一个未变；贵溪则变得彻底，全为-ŋ尾，而且主要元音演化为“a”“ə”“e”三种。这就清楚地表明-m尾的演变是受元音ɑ、ə、o的影响。因为这类元音会促使韵尾舌根鼻音化。这种情况，从侵部谈部相配的入声韵缉、盍两部在上述几个方言区的变化也可证实。如“狭腊踏塔搭答杂讷合”，奉新、高安、临川方言韵尾未变，仍为[-p]，南昌一律变为[-t]，贵溪一律变为[-ʅ]。其主要元音的演变在各方言区基本上

① 李方桂.上古音研究[M].北京:商务印书馆,1980:38.

② 王力.汉语语音史[M].北京:中国社会科学出版社,1985:572.

表1　-m例字在今江西次方言中的变化情况

例字	奉新	高安	临川	南昌	贵溪
耽	tom	təm	tan		taŋ
贪	t'om	t'om(文) hom(白)	t'on	t'om	t'aŋ
潭	t'om	t'om	t'ɑm	t'ən(扬村)	
谭	t'om	t'əm	t'ɑm	t'əm	t'əŋ
探	t'om	t'om	t'om	t'om	t'eŋ
南	lom	lom	lɑm	lɑm	nəŋ
男	lom	lon	lɑm	lɑn	nəŋ
簪	tsom	tsom	tsom	tson(扬村)	
参		ts'om	ts'ɑm	ts'am	ts'əŋ
惨	ts'om	ts'om	ts'ɑm	ts'əŋ	ts'əŋ
蚕	ts'om	ts'om	ts'on	ts'on	ts'eŋ

很整齐，临川方言中的ɑ，南昌方言变为ɑ，“合”字的元音o变为ə；贵溪方言也是变为a，只有“杂”字元音o变为e，“合”字的元音o变为e。由此可见，韵母中元音ɑ、o、e、u是引起“-m”尾变化的一个重要条件。

四

汉语鼻音韵尾演化的沿革情况，一般认为由-m到-ŋ或-n，但是也有人认为现代汉语方言里有-n尾而变为-m尾的。黄家教先生说：“既然-m尾有转化为-ŋ尾的，也可能有-n或-ŋ转换为-m的。厦门话‘熊’读为chim，也是一例。”(按：厦门话“熊”有两读：白读为꜀him，文读为“꜀hiəŋ”。)文中还列举山西祁县话中《切韵》收-n尾、-ŋ尾的字而读为-m尾的，如“文”为[om]，“观”为[kom]，“东”为[tom]，“琼”为[ts'iom]，“弘”为[xom]。

的确，中古音-n尾、-ŋ尾的字在现代汉语方言里有些为-m尾。如江西新喻市方言中宕江两摄的字就是这样。该方言“糖塘”为[xom]，“张涨账胀”为[tom]，“撞”为[t'om]，“长肠场丈”为[t'om]，“仗”为[tom]，“掷”为[tiɑm]，“常裳尝偿上尚商伤赏”为[som]，“畅”为[t'om]，“章樟彰障掌”为[tom]，“昌倡敞厂唱”为[t'om]。但是怎样认识这种现象呢？严学宭先生指出："这-m、-ŋ相通，……其实这只能说-m→-ŋ，才符合汉语语音演变的沿革，在原始汉语里，-ŋ尾的字有好几部是从-m变来的。"这是符合汉语演变史的。以下几点可资证明：

（1）从谐声字的读音演变看，原来同声符-m尾字后来分化为-m、-ŋ两种韵尾。如《集韵》中"凡"，符芝切，-m尾；而从凡得声"芃"字为房戎切，属东韵ŋ尾。"今"，居吟切，侵韵；而从今得声的"矜"为居陵切，属蒸韵。

（2）从方言一些字的文读、白读看，保存古音的白读为-m尾，后起读音的文读为-ŋ尾。例如厦门话的"雄熊"，白读为 ꜀him，文读为 ꜀hiəŋ；"终"，白读为 ꜀tsim，文读为 ꜀tsiəŋ。潮州话中新生词和古词语的不同读音也反映这种演变的轨迹，如古词语"雄"（鸭雄）读为 ꜀him，新生词"英雄"的"雄"则读为 ꜀hioŋ。

（3）从现代汉语方言语音系统的对比看，南方方言保存-m尾较多，而北方方言则变为-ŋ尾或-n尾。

（4）从某一方言内部两种韵尾并存情况看，南方方言存古-m尾字多，如厦门话只有唇音声母的-m尾变为-ŋ，而舌音、齿音字的韵尾仍为-m。山西祁县方言晓义乡中有-m尾只是几个村庄，全县其他地区一律都变为-n尾。

基于上述语音历史演变的事实，我们认为方音是历史语音的沉积，方言词的读音差异隐含着时间的发展序列，应从历史音韵分析其时代的层次，肯定现代汉语方言中的-m尾（包括山西祁县方言）是古音的残存现象，而不是由-n、-ŋ转变为-m，这才符合汉语语音的发展规律。

最后附带讨论"凤"字的上古韵尾问题。"风凤"什么时代变为-ŋ尾存在不同说法。田明先生说："在湖南长沙马王堆出土的西汉帛书《十大经·成法》中，有'昔者皇天使冯下道一言而止'一句，有人认为'冯'字当'凤'，'凤''冯'相通。这个说法值得进一步探讨。"①田先生援引汉代韵文材料，认定"凤"在战国时期不可能变为-ŋ尾，而是在东汉中后期黄河流域才变的。对此，我们不敢苟同。

王力先生在《汉语语音史》里断言"风凤"等字在战国时已由-m尾变-ŋ尾（冬部），我们认为有事实根据。如《楚辞·对楚王问》中的"鸟有

① 田明．秦汉时期"凤"字韵尾的演变[J]//中国社会科学院语言研究所古代汉语研究室．古汉语研究论文集（二）．北京:北京出版社，1984:75.

凤而鱼有鲲,凤凰上击九千里,绝云霓,负苍天,足乱浮云……",与《庄子·逍遥游》"北冥有鱼"一段内容全同,而《庄子》将"凤"写作"鹏"。《经典释文》引《庄子》"其名为鹏",在"鹏"字下注:崔音凤。可见"凤""鹏"古音当同,那末"凤"字究竟是什么韵尾呢?我们认为应是-ŋ尾。根据有二:一是《后汉书·乐成靖王传》中"风淫",《史记·夏本传》写作"朋淫",而《楚辞·天问》则写作"并淫",可证"凤""并"在《楚辞》里当同音。二是《楚辞·天问》里有谈部的"严"与阳部的"亡飨长"合韵,说明这个时期楚方言里有些字-m尾已变为-ŋ尾。此外,古籍中有与"凤"同音的"朋"写作"冯"的。如《战国策·韩策》"公仲朋",《史记·甘茂传》亦有"公仲朋",《史记集解》引徐广云:"朋"又作"冯"。由此推知战国时期"凤""朋""冯"是同一个读音:*pəŋ。从音变条件说,"凤"属冬部(王力说),"冯"属蒸部,*uŋ与*eŋ旁转,"e"高化为"u",如果说"凤"属侵部,e变为u,u促使-m尾变为-ŋ尾,也完全符合音变的原理。

当然,我们这种说法乍看起来似有难以贯通之处。因为认定-m尾"凤"在战国时期楚方言里已演变为-ŋ尾,那末以后的韵文押韵就不该有-m尾字自押而不与-ŋ尾、-n尾互押的现象。田明先生就是这样认为的,他把"凤"字变为-ŋ尾的起始时代推迟到东汉中后期。对此应该如何解释呢?我们认为严学宭先生的说法很有道理,他说:"任何系统,不论横向结构,还是纵向过程,都是连续性和间断性的统一。"诚然,-m尾的演化也应如此。因此尽管目前还不能完全弄清楚这种变化的连续性,但从战国时期楚方言的横向差异中可以作出肯定。至于纵向过程的间断性,要从多方面去考察、分析,诸如民族的迁徙,方言的交融同化等,从复杂的现象中洞察其演变的轨迹。

综上所述,无论从《诗经》秦陇方言诗篇共时的押韵看,或是从古籍中异文通假的历时的"音同"材料看,还是从韵尾演化的条件和沿革看,都足以证明《诗经》时代秦陇方言中-m尾已变为-ŋ(少数字变为-n尾),基于这一事实,我们认为古代韵文里的"合韵"、古籍中的异文通假,如果古声母相同,均应视为方言的同音字。

[原载《安徽师大学报》(哲学社会科学版)1988年第1期]

凿破混沌

——试论段玉裁在古音研究上的贡献

段玉裁(1735—1815)是清代乾嘉年间著名的经学家,杰出的小学家。他幼年即好声韵文字之学,青年时期耽读顾炎武、江永等人音学著作,奋发精进,造诣殊深。他积十余年时间著成的《六书音均表》,是一部重要的古音学专著。清代著名学者钱大昕称赞他"凿破混沌",当代音韵学家周祖谟评价他"审音辨韵名震乾嘉"。

一

我国古音的研究开展很早,持续的时间也很长。东汉刘熙著《释名》,唐陆德明撰《经典释文》,都已注意到古今音的异同。宋代吴棫著《韵补》,开古韵分部之先河。后人依其所注明的"通转"来归类,分古韵为"东、支、鱼、真、先、萧、歌、阳、尤"九部。他的筚路蓝缕之功虽不可抹煞,但"分合疎舛"多为后人所不满意。《四库全书提要》批评他:"泛取旁搜,无所持择""参错冗杂,漫无体例",是非常恰当的。其后郑庠撰《古音辨》,把古韵分为"东、支、鱼、真、萧、侵"六部(详见夏炘《古韵表集说》)。他依《平水韵》的韵目合并成上古韵部,以唐宋音系取代上古音的研究,正如江有诰所指责的那样:"虽分部至少,而仍有出韵,盖专就《唐韵》求其合,而不能析《唐韵》求其分,宜无当也。"明代陈第提出"时有古今,地有南北,字有更革,音有转移"的理论,大破唐宋年间盛行一时的"叶音"说。但他对上古语音没有进行系统的研究,所著《毛诗古音考》只注重一个个字音的考证。其后顾炎武以三十年的精力写成《音学五书》巨著,离析《唐韵》分古韵为十部,成为古韵学的奠基人,有着不可磨灭的功劳。然而他对古韵的考求仍未精密,于古韵的系统性也不甚了了,尤其在入声的分配上"纷如乱丝",江永批评他:"以'月'为'泰'入,'没'为

'卦'入,'曷'为'怪'入,'末'为'夬'入,'黠'为'队'入,'锴'为'代'入,亦非其伦类",是符合实际的。继顾氏之后,江永著《古韵标准》,从顾氏的"真"部分出"元"部,"鱼""萧"二部分出"侯"部,"侵"部分出"谈"部,确比前人前进了一步。但是这三部的分立,不是从《诗经》的押韵考求出来的,而是利用"侈弇"音理(即区分开口元音和闭口元音,a系统和e系统的对立)推测得来的,违反了"审古音,必先求乎古人用韵之例"的基本原则。尽管结论符合古韵系统,但实际意义并不很大。所以音韵学家董同龢指出:"考古音也利用'审音'知识,那是很危险的。例如他(指江永)以侯韵字与尤幽音字为一部而不为后人所接受,就是很好的例。"总之,在段玉裁之前,古音的研究虽取得一些成就,某些方面也有重大的发现,然而从根本上来说,并没有真正弄清楚上古韵部系统,因而所作的古韵分部正如《四库全书提要》所概括的那样:"拘者至格阂而不通,泛者至丛脞而无绪。"

段玉裁继往开来,在总结、继承前人研究成果的基础上,进行新的探索。他全面考察、归纳《诗经》韵语,广泛搜集先秦有韵之文,分析了《说文》谐声系统,相互参验,得出六类十七部,古韵系统昭然若揭。段氏的十七部是:

第一类　第一部之咍(入声:职德)
第二类　第二部萧宵肴豪
　　　　第三部尤幽(入声:屋沃烛觉)
　　　　第四部侯
　　　　第五部鱼虞模(入声:药铎)
第三类　第六部蒸登
　　　　第七部侵盐添(入声:缉叶帖)
　　　　第八部覃谈咸严凡(入声:合盍洽狎业乏)
第四类　第九部东冬锺江
　　　　第十部阳唐
　　　　第十一部庚耕清青
第五类　第十二部真臻先(入声:质栉屑)
　　　　第十三部谆文欣魂痕
　　　　第十四部元寒桓删山仙

第六类　第十五部脂微齐皆灰祭泰夬废(入声:术物迄月没曷末黠鎋薛)

第十六部支佳(入声:陌麦昔锡)

第十七部歌戈麻

表面上看,段氏的十七部只比江永多出四部,似乎不足为奇。其实不然。王力先生在《中国语言学史》里强调说:"古韵学的成就,主要不在于越分韵部越多,而在于越来越把语音系统弄清楚了。"段氏的十七部价值就在这里,它清晰地显示出《诗经》韵部的系统性。首先他按照十七部韵母的性质归并为六类:第一类之部;第二类宵幽侯鱼四部;第三类蒸侵谈三部;第四类东阳耕三部;第五类是真文元三部;第六类是脂支歌三部。经过这样分类,各部的韵母异同显示得非常清楚。如第四类三部韵母今人拟音为"-ong、-ang、-eng",第五类三部韵母今人拟音为"-ən、-en、-ɑn",两类的疆界非常分明,邻韵的概念也就十分清楚了。其次,段氏冲破前人依《唐韵》韵目排列上古韵部次第的樊篱,按《诗经》"合韵"(即通常说的"对转""旁转")重新排列次序,清楚反映出韵部之间远近差异。他在《古十七部合用类分表序》里说:"今韵二百六部,始'东'终'乏',以古韵分之,得十有七部。循其条理,以'之咍职德'为建首,'萧宵肴豪'音近'之',故次之;'幽尤屋沃烛觉'音近'萧',故次之;'侯'音近'尤'(按即幽部,下同),故次之,是为一类。'蒸登'音亦近'之',故次之;……"段氏打破传统的"始'东'终'乏'"的列韵常规,以"之咍"为首,依次列部,从而揭示出《诗经》里的"合韵"不是漫无标准,而是音近(按指韵腹,即今所谓"主元音")才能相转。如"蒸登"音与"之"近,故有谐声字"待""特""等"的阴阳入对转。又如"幽"与"宵"音近,故《诗·大雅·公刘》就有"舟"与"瑶""刀"第二、三部字相押。今人王显先生说:"(段氏)新的分部以及按古韵通转的疏密重新编排的各部顺序,就是段对古韵学一个最重大的发展。我们对上古韵母系统有比较清晰的认识,就是从他的十七部说开始的。钱大昕认为他的整个系统是'凿破混沌',确是公允的评价。"现今的古韵分部,除十一部入声独立和增加"微"部、"冬"部外,其余的都由他定了下来。此外,还参考他的"古合韵"进行音值构拟。

二

王力先生在《中国语言学史》里说："支脂之分立，幽侯分立，真文分立，都是段氏的创获。"的确，段氏增订的"文"部、"侯"部、"脂"部、"之"部，是他研究古韵学的珍贵结晶。

我们知道，唐人支脂之三部通押，以前的学者都据以定为一部。段氏不囿于成见，不轻信盲从，深入考察《诗经》全部韵语，觉察到《诗经》里"支""脂""之"分别最严，特别是三部的入声韵字从不混用，便确定三部分立。他的老师戴震对他这一创见，特别是他从入声韵来辨别三部当分推崇备至，在给他的信中说："今书内举入声以论三部之分，实发昔人所未发。"同时又在《六书音韵表·序》中高度评价说："实千有余年莫之或省者，一旦理解，按诸三百篇划然，岂非稽古大快事欤！"

段氏的三部分立，是符合《诗经》押韵系统的。据统计，支、脂、之三部入声字各自独用的，就有114例，三部舒声韵字各自独用的，共258例（其中支部字8例，脂部字108例，之部字142例）。而三部舒声韵合用的仅有18例。它在支脂之的总的用例中所占的比重，不过百分之六而已。有些人不据百分之九十四的"独用"从其分，而据百分之六的"合用"从其合，这是常识所不容许的。

段玉裁非但明辨三部当分，而且洞察其音值差异。他在《寄戴东原先生书》里说："（三部）何以不列于一处，而以'之'第一，'脂'第十五，'支'第十六？玉裁指十七部次第出于自然，非有穿凿。……'之哈'音与'萧尤'近，亦与'蒸登'近，'脂微齐皆灰'音与'谆文元寒'近，'支佳'音与'歌戈'近，实韵理分劈之大端。"其后戴震认定此说为确论，并高度赞扬说："至支之脂有别，此足下卓识，可以千古矣！"

"幽侯"的分立，段氏也是精审的。顾炎武、江永对"侯"部归属不一。顾氏合"侯"于"鱼"，江氏合"侯"于"幽"。段玉裁鉴于顾氏援引汉以后韵语以为据（汉以后两部不甚区分），江氏以审音代替考古，都不可信从。通检《诗经》用韵，他确认"侯"部当独立，在《第三部第四部第五部分用说》里指出："'侯'古音近'尤'而别于'尤'；近'尤'故入音（按即入声）同'尤'；别于'尤'，故合诸'尤'者亦非也。"起初戴震执意不从，反复论难。后来孔广森从"东"部分出"冬"部，形成"侯"与"屋东"，

“幽”与“觉冬”相配的整齐局面，证实段的分法正确，才最后定了下来。事实上，段的分法完全符合《诗经》韵例。据统计，《诗经》里“幽”部独自为韵113次，“侯”部独自为韵27次。而“鱼侯”合韵在《诗经》里仅6次，“幽侯”合韵仅4次。可见独用是主流，应当分立，合用是支流，不能合并。

“真文”分立，江有诰初不信从，以后细绎《诗经》韵语，见“真”“耕”通用为多，“文”“元”合用为广，才改变原来的看法。其实段玉裁从“真”部分出“文”部是有确凿根据的。他在《第十二部第十三部第十四部分用说》中指出：“三百篇及群经屈赋分用划然。汉以后用韵过宽，三部合用。……顾氏不能深考，亦合“真”以下十四韵为一部，仅可以论汉魏间之古韵，而不可以论三百篇之韵也。”这是十分正确的。据我们统计，《诗经》中“真”部独用73次，“文”部独用29次；而“真文”合用仅5次。

除了先秦韵语可以证明段氏增订的四部确凿无疑，《说文》的谐声字也可以证实其可靠性。董同龢在《汉语音韵学》里说：“如依谐声偏旁把古字归类，结果竟是和古韵的类别大致相同。”四部韵语的谐声情况也是如此。

谐声与分部的关系，宋徐蒇《韵补序》、清江永《四声切韵表·凡例》里都已讲到，但创立“同声必同部”的理论，并用以参证古韵分部，则始于段玉裁。我们从《说文》谐声偏旁的归类也可以看到段氏分出的四部是正确的。例如之部的“母”在《诗·卫风·竹竿》二章中与“右”相押，而从母得声的“敏”在《诗·小雅·甫田》三章中也与“右”相押；脂部“妻”在《诗·卫风·硕人》一章中与“私”相押，而从妻得声的“萋”在《诗·大雅·大田》三章中也与“私”相押；支部的“支”在《诗·卫风·芄兰》一章中与“知”相押，而从支得声的“伎”“枝”在《诗·小雅·小弁》五章中也与“知”相押。又如：幽部的“求”在《诗·大雅·江汉》一章中与“游”相押，而从求得声的“救”在《诗·周南·广汉》一章中也与“游”相押；侯部的“笱”（从竹句声）在《诗·邶风·谷风》三章中与“后”相押，而与“笱”同声旁的“驹”在《诗·小雅·角弓》五章中也与“后”相押。又如：真部的“蓁”（从草秦声）在《诗·周南·桃夭》三章与“人”相押，而与“蓁”同声符的“榛”在《诗·凯风·简兮》四章也与“人”相押；文部的“云”在《诗·小雅·何人斯》一章与“门”相押，而与“云”同声的“雲”在《诗·大雅·韩奕》四章中也与“门”相押。至于四部中其他的谐声偏旁在《诗经》里也多是同部相押。当然也有极少数谐声偏旁有变化，这是因为谐声时代早于《诗经》时代，语音发生了变化。

三

秦汉没有韵书，古人用韵完全本乎自然。而《诗经》三百篇产生的地区又很广，东到齐鲁，西到秦陇，南到江汉流域，北到晋中一带，方言的差异必然反映到韵语上。因此归纳押韵系统就碰到少数不同韵部的字出现互押现象。段玉裁针对这种状况，提出“合韵”说，把同部相押的正例与异部相押的变例区别开来，这也是他的一个创获。

董同龢在《汉语音韵学》里说：“立‘古本韵’与‘古合韵’之说，本末分明，体例谨严。”的确，合韵是《诗经》的自然韵律，据《诗经韵分十七部表》所列，就有117例。例如《大雅·思齐》“士”与“造”相押，“之幽”合韵；《豳风·七月》“蜩”与“萝”相押，“幽宵”合韵；《鄘风·蝃蝀》“雨”与“母”相押，“鱼之”合韵；《大雅·大明》“兴”与“林心”相押，“蒸侵”合韵；《卫风·硕人》“倩”“盼”相押，“真文”合韵；《大雅·抑》“行”与“言”相押，“阳元”合韵。段氏看到了这种特殊现象，所以分析《诗经》韵例就比顾、江二氏正确。如顾炎武认为《思齐》中之“造”“士”无韵，段玉裁就予以驳正，指出：“此正古合韵也。”江永把《匏有苦叶》的“轨”改为“轨”，与“牡”相押；把《大将大车》中的“疷”改为“泯”，与“尘”押韵。对江氏改字以就韵，段氏指出：“其失也诬矣！”

段玉裁强调“古音韵至谐”，“古人用韵精严”，是针对“叶音”说而言的。其实他的《诗经韵分十七部表》中不少部后面都列了合韵字。这样做的目的，他在《答江晋三论韵》里说得很清楚：“谓之合而其分乃愈明，有权而经乃不变。”的确，知道异部相押的变例，就能确定同部相押的正例，使三代之音昭昭在目。

考察“合韵”的多寡及异平同入，可以循古韵之条理，有助于韵部的正确划分与次序的合理排列。如之部的“疚”在《大雅·闵予小子》与幽部的“造、考、孝”合韵，之部的“来”在《郑风·女曰鸡鸣》中与蒸部的“赠”合韵。这就表明上古的之部与幽部相邻，亦与蒸部相近。段玉裁根据这种合韵的多寡进行分析、排比，重新编排上古韵部的次序，使上古韵部远近关系清晰可见。

此外，段氏的合韵说，对孔广森的“阴阳对转”理论，以及今人进行上古音值构拟也有一定的影响。

四

关于上古声调类别，顾炎武、江永主张四声一贯。段玉裁有他自己的见解，在《古四声说》里说道：“考周秦汉初之交，有平、上、入，而无云；洎乎魏晋，上、入声多转而为去声，平声多转为仄声，于是乎四声大备，而与古不侔。”

段氏古无去声说，可成一家之言。《诗经》的押韵情况可以证实这一点。例如《广韵》里鼻音收尾的去声字，在《诗经》里与平声的阳声字（即ŋ、n、m收尾）相押，如中古去声的“庆”字，在《诗经》里就与平声的阳声韵字“祊明皇飨疆梁亦仓霜兄光丧方洋昌藏常”等相押；又如中古去声“信”古读如“神”（平声），在《诗经》里与平声字“人姻薪苓颠天臻身翩”等相押。元音收尾的中古去声“戒”字，在《诗经》里与入声字“翼服棘国”等相押；中古去声的“怒”字，在《诗经》里与上声字“雨旅处圉武虎浦”等相押。王力先生有专文论及，兹不赘述。

段氏古无去声说。王力认为“是可信的。”不过他主张古入声应分为两类：一类是长入，另一类是短入。长入的字中古变为去声，短入的字中古仍为入声。李新魁先生也认为上古无去声，在《古音概说》里说：“（上古）入声韵有甲、丙两类，甲类相当于后代的入声，丙类相当于后代的去声。”他认为丙类入声在汉魏以后因喉塞音韵尾消失而变为去声。我们认为，上古的调类是争议较多的问题，有待于进一步探讨。但段氏的见解不无根据、不无道理。

五

段玉裁在古音学上能作出如此重大的贡献，有“凿破混沌”之大功，是与他坚持历史的、辨证的观点同实事求是的态度分不开的。他在《音韵随时代迁移说》中说：“今人概曰古韵不同今韵而已。唐虞而下，隋唐而上，其中变更正多，概曰古不同今，尚皮傅之说也。音韵之不同，必论其世。约而言之，唐虞夏商周秦汉初为一时，汉武帝后洎汉末为一时，魏晋宋齐梁陈隋为一时。"因为他历史观念很强，所以能明察前人分部是非得失，明确指出郑庠的六部"合于汉魏及唐之杜甫、韩愈所用，而于周秦未能合也"。又说及顾炎武"合'侯'于'鱼'，其所引据皆汉以后之转音，非古本音也"。他自己在研究古音的过程中，严格划清时代界限，始终立足于《诗经》韵语的研核，参以经传子骚，坚持以古语求古音。诸如增定脂之侯文四部，重新编排韵部次序，提出合韵说，同声必同部等，无一不是在这种观点指导下取得的成就。至于对具体字音的审定，他更是注意区别古今。如"岁"在中古读去声，而他鉴于《诗·豳风·七月》里与"发、烈、褐"相押韵，便确认读入声。又如"庆"读"羌"，"戒"读"亟"，"飨"读"香"，如此等等，在《六书音均表》《说文解字注》里屡见不鲜。虽然也曾有过失误，但他处处注意语音的时代性，则是可取的。这与顾炎武以今音律古音，把《诗·秦风·小戎》中的入声字"軜""合""邑"念成平声，把《诗·豳风·七月》中的入声字"发""烈""褐"念成去声，是不能相并论的。

段玉裁实事求是的治学态度也是难能可贵的。在考求古韵的全过程中，他既不像江永、戴震以审音取代考古，凭主观臆测，也不像顾炎武那样，"未取三百篇之文，部分而汇谱之也"，而是扎扎实实地全面考察《诗经》韵语，广泛涉猎秦汉有韵之文以为佐证。据不完全统计，《群经韵谱》《古合韵》中所引资料有三十二种之多，大至全书，小至一篇一首，征引繁富。此外，《古本音》中的各部韵语也都一一注明次数，及出现的篇章。他曾说："一字之误，贻害千古；一字之正，造福子孙。"正由于他这种一丝不苟的严肃认真的治学精神，晚年见到弟子江有诰把从"屋"、从"谷"、从"卜"、从"木"等谐声字归入"侯"部之入声，便深责自己归入幽部的疏漏。此后还特地写信向江请教"支、之、脂"三分的本原："（足下）能确知所以支脂之分为三之本原乎？何以陈隋以前，支韵必独用，千万中不误一乎？足下沉潜好学，当必能窥其机倪，仆老耄，倘得闻而死，岂非大幸也！"

用辨证的方法分析问题，是段氏治古音学又一鲜明特点。他考求古韵既以《诗经》韵语为根据，又以《说文》谐声、群经有韵之文为参证；对韵类的划分，既根据《诗经》本身韵语又用《广韵》韵类来考察《诗经》

的韵脚字；确立韵部，既察“古本音”又明“古合韵”，不以本音蔑合韵，也不以合韵惑本音；考察韵部的分合，毁依异平共入，又依入声分用来裁定；对韵例的分析，既察数章共一韵，又审一章二韵连用。诚可谓灵活多样，不拘一格。

六

段玉裁在古音研究上众多发明，为后人研究古韵开辟了新的途径，提供了新的方法，贡献很大。然而他受到历史条件的局限，也有其不足之处。

入声韵独立的问题，清代学者看法不一。在顾炎武分入声韵四部，附于阴声韵。江永分入声韵八部，独立分部。段玉裁主张异平共入，五部入声韵附于阴声韵，三部入声韵附于阳声韵。戴震在论其得失时指出：“（书内）遗第十二部‘真臻先’，则于‘脂’韵字以‘直栉’为入者，及‘齐’以‘屑’为入，有未察矣。‘真’以下分三部，‘脂微’诸韵与相配者仅一部，又言第十一部‘庚耕清青’与第十二部同入，殊失其伦。”究其原因，是段氏只见到《诗经》韵语里有舒入互押，《说文》谐音字阴入互谐较多，因而入声韵不独分部。其实从《诗经》押韵总的倾向看，分押是常规，在押韵单位总数中占到百分之八十二以上；在《说文》谐声字总和中，阴阳入分谐的占百分之六十四以上。再从发展趋势看，入声韵也应以独立为宜。段氏把入声韵不独立分部，因而导致把“至”部错误地归入“真”部。

段氏提出的“上古有正而无变”说，不符合古音实际。我们从先秦古籍里看到，上古时期确实存在各地方音，《礼记·曲礼下》云：“五方之民，言语异声。”《孟子·滕文公下》：“（楚人）欲其子之齐语也。”汉代古读也足以证实这一点。如《礼记·中庸》“壹戎衣而有天下”，郑玄注：“衣读如殷，齐人言殷如衣。”《吕氏春秋》“夏民亲郼如夏”，高诱注：“郼读如衣，今兖州人谓殷皆曰衣。”段氏对此未察，因而对“古合韵”作出错误的解释：“古之合韵犹今之通韵，以本不在此韵之字而其声相近者可通。”其实古合韵，是古代共同语的语音在方言中流变的反映，我们不能设想，《诗经》中的三百篇产生于辽阔的长江、黄河流域，怎能会没有方言的成分在内呢？段氏不承认或没认识到上古语音的地理差异，因而错误地批评顾炎武“不知转音,有扞格不入者,则谓之方音,不然也。”事实上,顾氏的说法是正确的。方孝岳在《关于先秦韵部的合韵问题》中说过:“合韵,对每一部说来都是有的。无论把先秦韵部分得怎样简单,也不能没有。这当然是方音的反映。”严学宭在《论〈说文〉谐声阴·入互谐现象》中分析“成周国语”的性质说:“《诗经》韵系是以丰镐、王洛的北方音系为基础,兼具各地方音,并非代表一个单一的语音系统,即所谓‘成周国语’,实为上古各地方音的共同框架。考求《诗经》韵读,如果抹去方音色彩,必然本(音)合(韵)倒置。”他们的说法很有见地。段氏的“古合韵”说确有其偏颇之处。

段氏考求上古韵部很强调时代特点,非常正确。然而在解释语音沿革时却提出“音有正变”说,他在《古音十七部本音说》里解释道:“分别古音为十七部。凡一字而古今异部,以古音为本,以今音为音转。”明显不能言之成理。试以上古“之”部为例,段氏以为变入《广韵》的“之止志职”是正音,而变入《广韵》的“哈海代德”“灰贿队”“皆骇怪麦”都是变音,又变入《广韵》的“尤有宥屋”“侯厚候”是音转。这样就把音类和音值给混淆了(因为上古“之止志职”跟中古的音值不一定相同),同时还导致古音简而今音繁的错误结论。此外段氏还在《江氏音学序》中指责“陆氏分配之误”,这就带有几分复古的思想,背离了研究古音的根本目的。

综上所述,段玉裁在古音学上虽有一些罅漏和缺点,但毕竟瑕不掩瑜。正如钱大昕在《六书音均表·序》中所评价的那样:“此书出,将使海内说经之家奉为圭臬,而因文字音声以求训诂,古义之兴有日矣,岂独以存古音而已哉!”

[原载《安徽师大学报》(哲学社会科学版)1986年第2期,为参加江苏金坛县纪念段玉裁学术讨论会而作]

“古无轻唇音”补证

清钱大昕在《十驾斋养新录》卷五与《潜研堂文集》卷十五里提出“古无轻唇音”说。这是研究上古汉语声纽的首创。在钱氏以前，研究古音的人，如明代陈第，清代顾炎武、江永、段玉裁、戴震等，都是只重视古韵，而钱大昕则研究古声纽，他在《潜研堂文集》卷十五中“答问”十二第十八页里说：“凡今人所谓轻唇音，汉魏以前，皆读重唇，知轻唇之非古矣。……轻唇之名大约出于齐梁以后，而陆法言《切韵》因之（王力按《切韵》非但无轻唇之名，且其反切亦无重唇轻唇之分），相承至今。”据研究，至晚唐时期重唇音变成轻唇音。

钱大昕为证其说，在其文（无专著）中列举众多例证，大致可分为以下六类：(1)古籍异文。如《论语·季氏》：“且在邦域之中矣。”唐陆德明《经典释文》：“邦或作封。”《诗·大雅·皇矣》：“天立厥配。”《经典释文》：“配，本亦作妃。”《诗·邶风·谷风》：“凡民有丧，匍匐救之。”《礼记·檀弓下》引作“扶服救之”。《书·禹贡》：“岷山之阳。”《史记·夏本纪》作“汶山之阳”。按：邦、配、匍、岷，分别属于重唇音声母：“邦、滂、并、明”；封、妃、扶、汶，分别属于晚唐时期的轻唇音声母：“非、敷、奉、微”。而在上古载籍里则为“异文”，证明它们是一类。(2)汉魏反切。晋人吕忱《字林》：“穮，方遥反”，“瀑，方沃反”，“邶，方代反”。被切字“穮、瀑”的声母皆重唇音邦母，“邶”属重唇音并母；而切语上字“方”乃晚唐轻唇非母。这就证明上古音轻重唇不分。(3)古注读音。如：《周礼·春官·司几筵》“设莞筵纷纯”，郑众云：“纷读为豳。”纷，晚唐轻唇音敷母；豳，属邦母。许慎《说文解字》（卷四下）“肬读若膜”。肬，晚唐属轻唇音微母，而“膜”字属重唇音明母。足证轻重唇音不分。(4)古人声训。东汉刘熙《释名》：“负，背也”；“房，旁也”；“邦，封也”。“背、旁、邦”的声母皆重唇音；“负、房、封”的声母晚唐皆轻唇音。(5)古方音。钱氏举例说：“今吴人呼‘蚊’如‘门’”，“今江西、湖南方言读‘无’如‘冒’”，

"吴音'亡忘望'亦读重唇音"。(6)古重文。如《说文解字》载:朋、鹏皆古文"凤"字(按:"朋"非古文"凤"字)。晚唐时期,朋、鹏皆並母;凤,奉母;而上古音为同一个声母。

详审钱氏所举诸例,只能说明古音轻、重唇合一,不能有力证明"古无轻唇音"。后来有人提出"古无重唇音"之说。如《联绵字典》的编者符定一、安徽大学的王健庵先生等,分别在书序、论文里都强调钱氏"古无轻唇音"之说不可信。而今研究汉语古音的学者,皆认为清人钱大昕"古无轻唇音"之说是正确的,虽然其证据不能确证其论点,但不能苛求古人,其观点确实符合汉语语音发展史。首创此说,功不可没。

俞敏主编《中国大百科全书·语言文字》分册里说:"人们所以会信从古无轻唇音的结论,是参证了现代方言。在闽方言、吴方言里,普通话的轻唇字大多数仍然读重唇,而普通话的重唇字却没有读轻唇的。另外,印欧语言也有同样的历史音变现象——重唇变轻唇,而不是轻唇变重唇。如梵文 pitar 和德语 vater 对应。因此,钱大昕古无轻唇的说法还是有道理的。"我们从生理实验的情况看,幼儿学话时开头总是将"饭"说成重唇"ban",稍大一些才会说成轻唇"fan"。之所以如此,轻唇音较重唇音难发,所以王力《汉语语音史》等认为直到晚唐时期《广韵》中东钟等十个韵的合口三等字才变为轻唇音声母。

《广韵》中的"轻唇十韵",是指东、钟、微、虞、废、文、元、阳、尤、凡,其中合口三等韵字由重唇变为轻唇。王力说:"凡是真正的唇音合口三等字,到了晚唐(或较早),帮滂並三母全部变为非敷奉,明母也差不多全部变为轻唇微母。"[①]应当说明,尤韵字如"缶富副浮妇复"等本属开口三等,但是,由于韵母是[iou],其中的[ou]是后高复合元音(接近[u]),韵母[iou]也就具有合口三等韵的性质(接近[iu]),能使重唇音变为轻唇。王先生又说:"重唇变轻唇(帮滂並明分化为非敷奉微),是发音部位的变化,也是发音方法的变化。应该是经过唇齿塞擦的阶段,即经过[pf],[pfh],[bv],[mv]的阶段,然后变为唇齿擦音[f],[v],[m]的。"

为什么唇音合口三等字变为轻唇音呢?美国汉学家蒲立本在《中

① 王力.汉语语音史[M].北京:中国社会科学出版社,1985:597.

古汉语唇音的唇齿化》中说:“因为韵头[iu](=[y])是圆唇元音,它往往使牙床骨向前伸,以致上齿接触下唇,所以前面的唇音变为唇齿音(轻唇)。那么,为什么韵头[u]不能使唇音变为唇齿音呢?这是因为[y]比[u]能使牙床骨更向前伸,所以合口一等唇音字没有变为唇齿音,而合口三等唇音字变为唇齿音了。”

基于以上所述,钱大昕提出的“古无轻唇音”说,是符合语音演变事实的,符合汉语语音发展变化的轨迹,毋庸置疑。

[本文根据笔者在中华书局《古汉语知识详解辞典》中所撰写的音韵词条增益而成,1996年版,2004年改出简化字版。之前笔者所撰的音韵学术语诠释,曾得到储泰松教授精心校正,谨致谢忱]

“于是”与“焉”之关系
——兼论新版《国语》等三例“焉”字句读

近几年来，古籍整理取得重大进展，先后出版了许多重要的经籍点校注本。笔者近因查阅古书，偶见新版《国语》等有三例“焉”字句读颇为费解，现提出商榷，以期得到从事这方面工作的专家学者赐教。

其一，上海古籍出版社1988年出版的《国语》点校本（华东师范大学古籍研究所校点），其中《晋语三》几句读为：“吕甥致众而告之曰：‘吾君惭焉其亡之不恤，而群臣是忧，不亦惠乎？君犹在外，若何？’”其“焉”字夹在一句中间，连成一句，令人不解。检《左传·僖公十五年》所载史事，见有述及此事，其文曰：“吕甥曰：‘君亡之不恤，而群臣是忧，惠之至也，将若君何？’”从《左传》略去的“吾君惭焉”四字看，它在《国语·晋语三》中当是独立的一句。这样，上下文意十分贯通。《说文解字》心部下云：“惭，媿也。”（按：“媿”即“愧”之古字。）“焉”当“于是”讲，有异文可证。如《战国策·周策》：“君何患焉？”《史记·周本纪》作：“君何患于是？”据此，这句话的意思是：“吾君对此很羞愧！”（事指晋侯于六年韩秦之战中被秦俘虏而拘于秦。）吕甥先以此传达晋侯战败被俘的内疚之情，继而转入“其亡之不恤，而群臣是忧”（按：此二句皆“宾语前置”），意即“不顾虑自己流亡在外，而担忧国内大臣们的安危”，以表达晋侯对大臣们的关怀。其后一句承上作结：“不亦惠乎？”意思是：“不很仁惠吗？”（即“仁惠之极”的意思）若按新版《国语》点校本的读法，那只能解作“吾君惭愧于不顾虑自己流亡在外”。这不仅与《左传》“君亡之不恤”意思相反，亦与下句“不亦惠乎”扞格难通。由此可见，新版《国语》这句读法，属于当断而不断之误。

其二，上海古籍出版社1988年出版的点校本《国语·晋语二》有“焉”与下一字连接，属于不当断而断之误。如：“尽逐群公子，乃立奚齐焉。始为令，国无公族焉。”句中将“焉始”断开，不合古代构词法，不断而断。清王引之《经传释词》卷二“焉”字下引此句，读为：“尽逐群公子，乃立奚齐。焉始为令，国无公族焉。”今人杨伯峻《春秋左传注·宣公二年》“诅无畜群公子，自是晋无公族”注中引“尽逐群公子”几句，亦以“焉始”连读。“焉始”，为古人习用语，古籍里较常见，如：《山海经·大荒西经》“夏后开三嫔于天，……开焉始得歌《九招》。”《墨子·鲁问》：“公输子自鲁游楚，焉始为舟战之器。”《礼记·月令》：“乃告舟备具于天子，天子焉始乘舟。”

从其异文和同类句子的构造看，可以证实“焉始”不可折开。如：《吕氏春秋·季春》“天子焉始乘舟”，东汉高诱注：“自冬至此，天子于是始乘舟”。《国语·晋语二》“焉始作爰田……焉始作州兵”，而《左传·僖公十五年》作“晋于是乎作辕田……晋于是乎作州兵”。再从“立奚齐”这类句子看，我们通检《国语》晋语部分，“立奚齐”五见，除上述“尽逐群公子”一例句中有“焉”字，其余四句皆无“焉”字，亦证明“立奚齐”后面不用“焉”字煞尾。也许点校者要辩解：“后面末句‘国无公族焉’有‘焉’字煞尾，类比前面一句‘立奚齐’，亦当以‘焉’字煞句。”殊不知两个“焉”字词性不同，前者位于句首的连词（古称发语词，不确），与“始”“使”（详后）连用；而后者是句末语气词，通“矣”。如《晋语二》：“骊姬告优施曰：‘君既许我杀太子而立奚齐矣，吾难里克，奈何？’”也有句末“焉”为代词，当“于之”解，如《孟子·梁惠王上》：“长子死焉。”不可混淆不分。

其三，书目文献出版社1985年出版的林尹《周礼今注今译》，将《周礼·秋官·行夫》几句读为：“居于其国，则掌行人之劳辱事焉，使则介之。”林尹是台湾大学者、黄侃的知名弟子，但将该句中“焉”视为句末语气词，亦值得商榷。唐陆德明《经典释文·周礼音义》云：“‘焉使’，刘（昌宗）‘焉音夷’。”林语堂《周礼方音考》亦是“焉使”连言。按：“焉使”在《礼记》中两见，其《三年问》中云：“然则何以三年也？曰：加隆焉尔也，焉使倍之，故再期之（郑玄注：言于父母加隆其恩，使倍期也）。由九月以下，何也？曰：焉使弗及也（郑玄注：言使其恩不若父母）。”我们通检《周礼》，与《行夫》内容相关（皆陈述百官职守）、句式相同的“则掌”一类的句子，共有336例，除《行夫》有“焉”字外，其余无一例。如《天官·冢宰·大宰》：“祀五帝，则掌百官之誓戒，与其具备。”又，《外饔》“邦飨耆老孤子，则掌其割享之事。飨士庶子，亦如之。师役，则掌其献脯肉之事”。可见《行夫》中“焉”字当为“焉使”连言，不可拆开。

应当说明,《周礼今注今译》是台湾知名学者林尹先生所著,推究其致误的原因,是将汉代郑玄注与清人王引之说法混杂在一起。《周礼·行夫》句中"使"字下郑玄注曰:"'使'谓大小行人也。故书曰'夷使'。郑司农云:'夷使,使于四夷,则行夫主为之介。'玄谓'夷'发声(词)。"按郑司农说未安,详下。而王引之《经义述闻》(卷九)据此指出:"今不言'焉'作'夷',而云'使,谓大小行人也',故书曰'夷使'。是故书'使'上多一'夷'字,而'焉'字属上读明矣。"此可谓"智者千虑,难免一失"。详审郑注,旨在说明对"夷"字解释与郑司农不同,并未言及《周礼》故书"夷"字后面有"焉"字。而王引之据今本《周礼·行夫》中有"焉"字,便断言故书亦当有之,从而肯定属上读。王氏察之未精,产生"焉""夷"重复之误。

"焉""夷"为重复之误,从下面义、音两个方面得到证实。如上所举,"焉"作"于是"解:《吕氏春秋·季春》高诱注"天子焉始乘舟"曰:"自冬至此,(天子)于是始乘舟";又如"异文",《国语·晋语二》"焉作爰田……焉作州兵",《左传·僖公十五年》为"于是乎作辕田……于是乎作州兵",《战国策·周策》"君何患焉",《史记·周本纪》作"君何患于是"。再从古籍注音看,这种为"于是"的"焉"读成"夷"音,《广韵》"以脂切",即余(喻三)母脂韵开口三等。由于脂韵为三等,其上古当为匣母脂部,与东汉郑玄谓"焉"作"夷"声韵悉合,唐陆德明《经典释文·周礼音义》收录刘昌宗《周礼注》"焉"音"夷"可以证明。

明乐绍凤等编《洪武正韵》支部(按"支脂之"三韵已合流为一部)下除收录《周礼注》"焉"音"夷"外,又于其下"东夷"后云:"(夷)亦作'焉'。"按古代东夷在齐地,林语堂《前汉方音区域考》云:"东齐海岱之间为古东夷地。"郭沫若《中国古代社会研究》卷二"序"亦云:"黄河下游是所谓东夷。"由此可知,同属于齐鲁方言的《周礼》,其"焉"与"夷"亦当同音,今本中"焉"即故书"夷"的异文。这类阴声、阳声对转的音变(如"焉"字读音由阳声变为阴声),还见于保存古方言的文献资料。《史记·晋世家》"鄢陵"注:"鄢"作"焉",《清一统志》"鄢水"下云:"此水本名夷水。"又如:扬雄《方言》卷六云:"东齐声散曰斯。""散",上古心母元部;"斯",上古心母支部。《诗·小雅·瓠叶》:"有兔斯首。"东汉郑玄注曰:"齐鲁之间'鲜'声近'斯'。"又如《汉书·地理志》"江夏郡沙羡县"下,唐颜师古引注音曰:"羡音夷。"又如《楚辞·大招》"小腰秀颈,若鲜卑只”，而《楚辞·招魂》将“鲜卑”作“犀比”。“鲜”，上古元部；“犀”，上古脂部。清段玉裁《汉读考》卷四，清钱大昕《声类》卷二皆有此类例子。现今山西方言中亦有“焉”读音近“夷”例，如侯精一编《平遥方言志》中“焉”读为[iE]（上声），“蔫”读为[iE]（平声）。由此可见，“焉”又读为“夷”，在山东古方言里是没有疑问的。

顺便论及，“焉”在句首或句末作“于是”解，当是由它读为“夷”的二音合成。“夷”，中古“以脂切”，由于脂韵为三等，上古音当为“匣母脂部”；而“于”字上古亦是匣母，“是”字上古属“支部”（与脂部相邻，旁转相通），故“于是”二字“急读”便成“夷”音。这完全符合古语中“二声合为一字”（即“急声为一”）、“一声分成二字”（即“慢声为二”）之通则。宋沈括曾列举古语中此类例字，如：“不可”为“叵”，“何不”为“盍”，“如是”为“尔”，“而已”为“耳”，“之乎”为“诸”(按“诸”在句中写作“之于”。“乎”“于”二字古音相同)。王力《汉语音韵学》（中华书局1956年版）第113页“参考资料”中详录清顾炎武《音学五书·音论》的举例，他们认为“二合音”是汉语反切之始，急读则成一音。基于此，周秉钧在《古汉语纲要》中说“焉”作“于是”解，是“于鲜”二字之音合成；而“鲜”又有“此”义，故有“于是”之义。乍听起来字音相近，其实不可信从。我们查阅古籍，未见“焉”作“于鲜”之异文或古注。解说古语，无载籍语料可凭，难以令人置信。再者，如上所述，“焉”字古代又读“夷”音，乃与“于是”二字古合音相同。因此，我们认为应从古音来研究古籍里“焉”又写作“于是”这类现象，“于是”二字之音义当是“夷”音（“焉”字上古又音）“缓读”而成。由于“焉”字古代又音“夷”在古汉语里消失，“焉”为“于是”之异文遂成了不可解释之谜。

[原载《学语文》1994年第2期。原文用笔名“锐声”发表。收入本书，略有删改]

唐代四声与唐诗吟诵问题

已故的余恕诚教授在与笔者合撰《“强韵”考论》时说：“研究唐诗文学性的论著很多，几乎山穷水尽，找不到写作的新论题了。但是研究唐诗音乐性的文章少而又少，找不到一篇成系统分析的论著。这是我们研究唐诗的人一个局限——不很懂音韵学，故而写不出唐诗的文学性与音乐性相结合的一篇像样的文章。”在2014年春节前夕，笔者跟他谈起唐诗的吟诵问题时，他说：“吟诵古诗的风气，正在悄然兴起。江苏古籍出版社出过一本用楚方言吟诵唐诗的书。”他见到笔者带去一本“古诗的吟诵”（是中央民族大学一教师写的，长春出版社出版），便即兴模仿当年学术会上吟起的一首唐诗，并强调说：“朗诵时环境要宁静，没有一点声响，语速要特别缓慢，把诗情从朗诵的声音里传达出来。”曾经研究唐诗美学的已故学者王明居教授亦曾对笔者说过：“从宏观上谈论唐诗的音乐性很容易，而微观上分析唐诗作品中声情相得益彰就难了。时贤应该对这方面多作研究。”二位挚友虽然于去年先后与世长辞了，但他们的话语经常回响在我的耳际。缅怀二友，特撰此文，以期对汉语诗词音乐性进行深入研究，对诗词吟诵引起重视，并希望有关方面多组织开展诗歌吟诵活动，使之走出国门，成为国外汉语学习研究班的一项新的教学内容，使唐诗的声情并茂之美得以广泛传播，发扬光大。

诗歌是富于音乐性的，唐诗亦如是。宋蔡定厚《蔡宽夫诗话》说：“大抵唐人歌曲，本不随声为长短句，多是五言或七言诗，歌者取其辞，与和声相叠成音耳。”诚然，诗是抒情遣兴的。而诗情不同，其诗之节奏疾徐、字调抑扬、音之洪细亦皆随之而异。（诗歌里所谓的“抑扬”，是指字音的高低，调低者为“抑”，高者为“扬”。）诗人为适应抒发情感的需要，在遣词造句时很讲究声义并重，既要精心挑选其情、义相切的词语，又推敲其音高抑扬音响洪细合乎所抒之情的字词，使诗之情、声、义三者兼美，文学性与音乐性高度统一。

一、汉语四声具有音乐性

古诗讲究四声搭配的和谐，有效地抒发情趣，早在南朝齐时的沈约、周颙等就注意到了。沈约见汉语四声有高下之别，可以将不同声调的字（当然包括其意义），有机地组合成句，产生抑扬起伏的旋律美，于是提出“四声八病”说。《南史·陆厥传》云：“永明末……汝南周颙善识声韵。约等为文皆用宫商，以平上去入为四声，以此制韵，不可增减，世呼为永明体。”沈约的声律主张，见于他所撰的《宋书·谢灵运传论》：“夫五色相宣，八音协畅，由乎玄黄律吕，各适物宜。欲使宫羽相变，低昂互节，若前有浮声，则后须切响。一简之内，音韵尽殊；两句之中，轻重悉异。”文中“宫羽（音‘玉’，去声，下同）”，指的是平仄。唐代时日本访华僧人遍照金刚曾抄录我国的文学典籍，在其《文镜秘府论·天卷·调声》引元兢的话说：“声有五声，角徵（读同‘止’音，上声）宫商羽（读同‘玉’音，去声）也。分于文字，平上去入也。宫商为平声，徵为上声，羽为去声，角为入声。”六朝齐李季节根据《周礼》亦认为“五音宫商同律”，即“宫商”为同一个声调（即平声）。清代陈澧《切韵考·通论》亦认为沈氏所言的“宫商”系指平声，“羽”指仄声中的去声，“低昂”与“浮声”“切响”系指平仄。

沈约之说，乃上承晋代陆机《文赋》所言：“其为物也多姿，其为体也屡迁，其会意也尚巧，其遣言也贵研。暨音声之迭代，若五色之相宣。”沈约进而提出作诗要避忌“八病”，其中的“四病”是指声调的运用，即“平头”“上尾”“蜂腰”“鹤膝”是也。日本访华学者遍照金刚所撰《文镜秘府论·西卷·文二十八种病》详细解释说：“平头诗者，五言诗第一字不得与第六字同声，第二字不得与第七字同声。同声者，不得同平、上、去、入四声，犯者名为犯平头。”刘善经援引古诗为证：“芳时淑气清，提壶台上倾。”（有人认为“平头”仅指一联的出句、对句开头二字皆为平声，并不包括上、去、入。）“上尾诗者，五言诗一联中，第五字不得与第十字同声，（犯者）名为上尾。”（有人认为仅指一联的出句、对句末一字为不同韵的上声字，如古诗十九首《行行重行行》“思君令人老，岁月忽已晚”。）“蜂腰诗者，五言诗一句之中，第二字不得与第五字同声。言两头粗，中间细，似蜂腰也。”刘善经援引古诗为证：“闻君爱我甘，窃独自雕饰。”指第二字“独”不得与第五字“饰”同为入声。此条历来解释分歧，刘大白《旧诗新话》认为是指第三字与不得与第八字同声调。“鹤膝诗者，五言诗第五字不得与第十五字同声。言两头细，中央粗，似鹤膝也，以其诗中央有病。”刘善经援引古诗为证：“客从远方来，遗我一书札。上言长相思，下言久离别。”其中“来”与“思”皆平声。此条解说亦多分歧，刘大白《旧诗新话》认为是指第四字不得与第九字同声调。古今虽然对此四条解说不一，但对沈氏强调诗句中平仄的认识是一致的。隋陆法言《切韵序》中亦强调要分清方言与通语（指其时的读书音）的声调，不要混杂不清，他说：“以今声调既自有别，诸家取舍亦复不同。吴楚则时伤轻浅（按：疑为‘清’字之误），燕赵则伤重浊。秦陇则去声为入，梁益则平声似去。”要求诗人按通语的四声正确运用，不要受方言声调的影响而混乱。

前面说过，沈约等强调作诗要避免“平头”“上尾”“蜂腰”“鹤膝”四病，这是消极的防范，而且只求一联诗的出句与对句平仄相对、相反，未涉及上一联与下一联的“异音相从（按：指不同的声调）”，显然不能构成整首诗的声调和谐美。梁刘勰《文心雕龙·声律》提出“异音相从谓之和”。后经隋、唐诗人的创作实践，从积极方面总结出律诗声调分布的“异音相从”法，即一联的出句、对句要平仄相反的“对式”，上联对句与下联出句的第二字平仄相因、后面相反的“粘式”，以及三种“拗”“救”方式等。所谓“粘”“对”，其作用就是使平仄的安排多样化。因为不“对”，上下两句的平仄就雷同了；不“粘”，前后两联的平仄又雷同了。讲究“粘对”能使整首诗的平仄有变化、有回环，对诗的节奏优美能起一定作用，容易做到随情而遣词用字，使其声义兼美。如李白诗《秋浦歌》：“炉火照天地，红星乱紫烟。赧郎明月夜，歌曲动寒川。”《哭宣城善酿纪叟》：“纪叟黄泉里，还应酿老春。夜台无李白，沽酒与何人？”这两首都是五言律绝，虽然平仄句式相同，但随着诗情的不同而四声的组合、音响的洪细相济明显有别（当然节奏也不全同）。稍作比较，不难看出。如第一首是歌颂冶炼工人的欢快、豪迈，其第一、二、四句中第三字皆去声，皆一字一节奏，而且皆洪音字；而第二首则是悼念擅长酿酒的故友，特别是开头一句与末尾第四句皆平、上声字，其音低沉，如泣如诉。再如李白的七言律绝《早发白帝城》：“朝辞白帝彩云间，千里江陵一日还。两岸猿声啼不住，轻舟已过万重山。”《哭晁卿衡》：“日本晁卿辞帝都，孤帆一片绕蓬壶。明月不归沉碧海，白云愁色满苍梧。”稍作比较，即可看出这二首诗的平仄句式之不同。前一首以七言“平起平收”领起，后面则按“对”“粘”规则行文。第一、二、四句的五六两字为一节奏，快节奏地表现出作者沿江而下的愉悦心情。后一首是七言“仄起平收”式，四句中第五字为一节奏，皆平、上声字，其声调中平或中曲皆低沉，正宜表现悼念友人溺水而亡的哀恸之情（后来才得知晁衡经人救起而还长安）。

应当说明，唐人所谓“仄”，指声调之音不平正的上、去、入三声。早期“仄”作“侧”，唐人寒山诗曰：“有个王秀才，笑我诗多失。云不识蜂腰，仍不会鹤膝。平侧不解押，凡言取次出。我笑你作诗，如盲徒咏日。”细析之，唐人说的“平仄”，是从字的声调平正与否来分类的。清人李重华还强调作诗要搭配好四声，他在《贞一斋诗说》第六十九条云：“律诗止论平仄，终身不得入门。即讲律调，同一仄声，须细分上去入，应用上声者，不得误用去入，反此亦然。就平声中，又须审量阴阳清浊，仄声亦复如是。至古体虽不限定平仄，逐句各有自然之音，成熟后自知。”事实正如此，唐代去声、入声跟上声的调值受到诗人的重视，如宋沈义父《乐府指迷》云：去声字“最为紧要”，“上声字最不可用去声字替”；清万树《词律发凡》更明确地说：“上声舒徐和软，其腔低；去声激厉劲远，其腔高。”在古诗中，去声、入声确实很重要。唐代入声是促调，其音斩截、凌厉。赵执信在他的《声调前谱》里引杜牧诗句“苒苒迹始去，悠悠心所期”的后面说：“五字俱仄。中有入声字，妙。”又在《声调后谱》引杜甫《送远》“草木岁月晚，关河霜雪清”的后面说：“五仄字。‘木’‘月’二字入声，妙。五仄无一入声字在内，依然无调也。”《蕙风词话》说得好：“入声字用得好，尤觉峭劲娟隽。”王夫之《薑斋诗话》举例云：“如杨修警句云：‘谁起东山谢安石，为君谈笑净烽烟。’若谓‘安’字失粘（王力按：失粘在这里指不合平仄），更云‘谁起东山谢太傅’，拖沓便不成声响。”都强调诗要从语调来强化它的音乐性。

朱光潜在《诗论》里说，音乐家将音阶有机地组织起来，便成了一首乐曲，表达一定的感情。同理，汉语平、上、去、入四种不同的声调随情而搭配成一定句式，构成一定的腔调，也可表达一定的情感。至于汉语的四声中某一种声调，只代表一定的音高，不包括音响的洪细。

如：唐宋韵书里"东""齐"同属于平声韵，"董""荠"同是上声韵，"送""霁"同是去声韵，与阳声韵相配的"屋韵"是入声调（详后），但是同一声调中其韵的音响洪细就不相同。例如平声调中的"东"韵、上声中的"董"韵、去声中的"送"韵，入声中的"屋"韵，皆属洪音；而平声中的"齐"韵、上声中的"荠"韵、去声的"霁"韵，皆属细音。因此诗人从其中选择所需的声、义相协之词组织成句，可以成为声情一致的悦耳动听的音调。如歌曲《卖报歌》："啦啦啦，啦啦啦。我是卖报小行家，大风大雨满街跑，一边走一边叫，今天的新闻真正好，两个铜板一份报。"这首歌基本上是按普通话的声调（也包括洪细音相济）谱成的歌曲，它生动地说明汉语四种声调本身就有音乐性。因此，将不同声调、音响的词语有机地组织成句，即可产生音乐美。

二、唐代文献中四声调值及今人的解读

首先说明，语音的产生，与自然界的声音一样，起于物体（即声带）的振动。声音的物理属性有以下要素：(1)音高——声音的高低。即在一定的时间里，音波振动的速度快慢。振动速度快的，次数多，声音就高；振动速度慢的，次数少，声音就低。(2)音长——振动时间持续的长短。即一个音自始至终所延长的总时间。音的长短，物理学上以时间计，音乐上以拍子或板眼计，久则长音，暂则短音，如唐代的平声是长音，入声是短音。(3)音量——声音的响度，或称音的强弱，跟波幅的大小有关系，振动的波幅大，音就强就洪亮；波幅小，音就弱，就不响。此外，还有"音色"，即声音的品质。这是声音的个性。有人称之为"音质"或"音品"。如同一首歌曲，分别用笛子、胡琴按同样的旋律来演奏，但声音就不同，一个清脆，一个浑厚。主要是依据发音体以及发音体的发音方法不同而定。这与汉语的声调无关。

汉语四声，对吟诵古诗特别是吟诵唐人律诗极为重要。那么唐宋时期四声的调值如何呢？由于语音一发即逝，古人没有记下（也无法记下）古代声调的确切调值，现今只见到唐人、明人关于四声调值的大致描述（指当时的读书音四声调型）。如唐释处忠（或作释了尊）《元和韵谱》中写道："平声哀而安""上声厉而举""去声清而远""入声直而促"。明释真空《玉钥匙歌诀》亦云："平声平道莫低昂"（不高不低，字

调平正),“上声高呼猛烈强”(明显是上升调),“去声分明哀远道”(是高降调),“入声短促急收藏”(是短促调)。今人对此解说不一。王力《汉语语音史·隋唐时代的声调》说:“隋唐时代的声调和魏晋南北朝的声调一样,仍旧是平上去入四声,没有变化。”①又,《晚唐—五代的声调》说:“晚唐—五代的声调,基本上和隋—中唐时代的声调一样,只是浊音上声字转入去声(所谓‘浊上变去’),与前代不同。”②他认为唐宋是平、上、去、入四声(他说阴声韵的去声字是由魏晋时期的长入字转来。在此以前是平、上、长入、短入)。王力《诗词格律》第一章第二节“四声”中说:“依照传统的说法,平声应该是一个中平调,上声应该是一个升调,去声应该是一个降调,入声应该是一个短调。”③何九盈在其所著《中国古代语言学史》第三章第六节云:“所谓‘哀而安’是出音哀婉而收音平稳,这是一个平调;‘厉而举’是出音激厉而收音扬起,这是升调;‘清而远’是出音轻清而收音悠远,这是降调;‘直而促’是出音直捷而收音短促,当有塞音尾。”④《中国大百科全书·语言文字》“四声”条(俞敏撰)据梵汉对音推测,认为:平声是中平调,上声是高平调,去声自东汉至六朝一直是低平调,入声调值不清楚,从现代汉语方言看,入声字音节末尾是塞音,主元音亦稍短。

我们认为唐宋调型与今北方官话区江淮方言的南京、芜湖等地区的声调近似:该方言的“阴平”是中平调;“阳平”是中升调(唐代读书音没有阳平声调);“上声”调型,是先下降后稍升的中曲调,与唐人所述的“上声厉而举”迥异(将在后面深入讨论);去声是高降调,入声是高促调。此说有文献根据,如前所述,宋沈义父《乐府指迷》云:“去声字最为紧要”,“上声字最不可用去声字替”;清万树《词律发凡》更明确地说:“上声舒徐和软,其腔低;去声激厉劲远,其腔高。”《悉昙集记》附《林记》(宗睿著)说:“上声平声高下虽异,二音相类,以为一类。《韵诠》之意,专同此耳。”诵读古诗时,去声、入声很重要。如黄巢《赋菊》:“待到秋来九月八,我花开后百花杀。冲天香阵透长安,满城尽带黄金甲。”这首诗声情并茂,选用入声“八”“杀”“甲”为韵脚,分别与有关词

① 王力.汉语语音史[M].北京:中国社会科学出版社,1985:227.

② 王力.汉语语音史[M].北京:商务印书馆,2007:289.

③ 王力.诗词格律[M].北京:中华书局,2012:7.

④ 何九盈.中国古代语言学史[M].广州:广东教育出版社,1995:98.

语和谐搭配成句，意象鲜明，音调斩截、凌厉，尽抒诗人豪迈之情，并表明自己的坚定信念、决心。又如柳宗元《江雪》："千山鸟飞绝，万径人踪灭。孤舟蓑笠翁，独钓寒江雪。"亦以入声字为韵脚，与表现他高傲不屈的精神相合，声情相得益彰。

必须指出"四声八调"说缺乏文献依据。需要特别说明，唐宋的韵书、韵图中只有平、上、去、入四种声调，与现代汉语方言中的声调不同，如北京话平声分阴平、阳平、上声、去声，广州话平、上、去、入四声中又各分阴、阳两类。但有学者以唐代反切注音中四声都有清、浊声母字为依据，认为四声应当各分阴、阳声调，共有四声八调，陈振寰就是如是认定的。但这没有文献根据。我们认为，虽然四声中的浊辅音声母的字会引起声调的变化，但它是渐变的，先由个别字调开始，然后到部分乃至大部分，最后全部演变。所以周德清《中原音韵》认为元代中原地区的语音始为"平分阴阳""浊上变去""入派三声"。

陈振寰先生以韵书中的韵部反切注音字的声母有清浊的不同为依据，又参考现代汉语方言，认定隋唐音系是"四声八调"，并且列表明示，肯定中古时期的平、上、去、入四声各分阴、阳。其调值为：阴平44、阳平33，阴上45、阳上23，阴去433、阳去211，阴入44、阳入22[①]。对此我们不敢信从。检《广韵》及《韵镜》等，只见有平、上、去、入四声，并未各分阴阳。此其一。其二，唐宋韵书中的反切注音，亦未见有各韵部内清浊声字在声调上反映出阴、阳两种音读法。《广韵》反切音如：东，德红切，反切上字"德"，端母，清辅音，而反切下字"红"虽然只管韵调，但它的声母匣母是浊辅音，看不出它在声调的区别作用。如果"东"是"德空切"，反切上下字的声母皆清辅音，如"同"字，徒红切，其反切上下字的声母皆浊辅音(定母、匣母)就一致了。又如"洪"，户公切，反切上字"户"是匣母浊辅音，而反切下字"公"字则是清辅音"见"母。可见《广韵》制作反切选字是任意的，并不以此标明一声二调。又，唐宋韵书里声调中有些字声母不管它是清辅音还是浊辅音，《广韵》只有一种声调。如"丈""杖"，《广韵》皆"直两切"，"直"属浊辅音澄母，"两"属上声养韵(声母是次浊音来母)，按其"浊上变去"的规律，《广韵》应当置于去声"漾"韵，可是《广韵》去声里却不见这两个字。又

① 陈振寰．音韵学[M]．长沙:湖南人民出版社，1986:216.

如《广韵》“静”字疾郢切，“疾”是从母浊辅音，今北京话皆读为去声，而《广韵》去声里却不见此字的反切注音。“陛”字傍礼切，并母荠韵，古今只有一种读音。检《广韵》反切中有的浊辅音声母的字有上、去两种读法的，如：“近”巨隐切（或其谨切），群母隐韵；又，巨靳切，群母焮韵。“隐”字於谨切，影母隐韵；又，於靳切，影母靳韵。如此参差不齐，混杂不清，不能证明唐宋时期的字皆因声母清、浊辅音的不同而有上、去声的分别。有鉴于此，《中国大百科全书·语言文字》“切韵音”中邵荣芬先生说：“有人认为《切韵》是四声八调，也就是说4个声调按声母清浊各分为阴阳。不过在《切韵》的反切下字里一点也看不出阴阳分化的痕迹。”其下还附《王三》的四等韵反切上下字清浊配搭关系统计表，“说明清、浊混用的百分比都略大于或接近于半数，这说明《切韵》反切在下字清浊的选择上完全是任意的，一点也没有清选清、浊选浊的倾向。由此可见四声八调说缺乏事实根据”。如果按陈说每韵部中的清、浊辅音声母来分为二调，那末《切韵》音书就分为四百左右韵部了，因为该韵书是以韵统调的，声调是附丽于“韵”的。

三、吟诵唐诗的声调问题

汉语四声是构成唐诗声韵美一个重要元素，朱光潜《诗论》说：“诗讲究声音，一方面在节奏，在长短、高低、轻重的起伏；一方面也在调质，在字音本身的和谐以及音与义的调协。”既然如此，就需要通过吟诵从声义两方面来领略其诗情。如前所述，诗是有声的语言文学艺术，声调在咏诵唐诗时占有极为重要的地位，特别是当今始兴吟诵古诗之际，究竟应该按何种声调来诵读才相宜呢？也就是说按唐代古四声来读，还是按现今的普通话阴平、阳平、上声、去声来读呢？抑或古今声调掺和来诵读呢？据我们研究，吟诵唐诗可依南京话。因为它既有接近于普通话的四声，又有保留塞音收尾的入声，总共是阴平、阳平、上声、去声、入声五个声调。分别申说如下：

（1）平声（按指今普通话“阴平”）是中平调。明真空《玉钥匙歌诀》也说：“平声平道莫低昂”，“莫低昂”即“不高不低”也。今南京、江浦、芜湖以及和县乌江一带的江淮次方言区将普通话中阴平字念成中平调。《中国教育报》2013年12月16日徐健顺《吟诵——中国式读书法》

说："以中古音为例，近体诗平长仄短，平低仄高。"亦认为平声字调在唐诗中为"中平调"。再从《中原音韵》平声的分化看，浊辅音声母的平声字变为阳平调，应是由中平线向上扬起：如果唐代平声调是高平（魏启功先生主此说）的话，那末元代分化出的阳平就难再升高了。附带说明，唐诗里今读为阳平声（即第二声），除了由古入声等变来的，一律按普通话第二声（即阳平调）的调型来读，属于唐代平声字中另一小类。

（2）上（按：读音同"赏"）声是中曲调。这个问题与唐代的平声调型有关，需要详加讨论。沈祥龙《论词随笔》云："沈伯时谓上去不宜相替，故万氏《词律》于仄声辨上去最严。其曰：'上声舒徐和软，其腔低；去声激厉劲远，其腔高。'此说本诸明沈璟。'去声当高唱，上声当低唱'也。"《悉昙集记》附宗睿《林记》云；"上声平声高下虽异，二音相类，以为一类。"认为唐代平声、上声"二音相类"，也说明了它不可能是升调。再从声调发展情况看，陈振寰根据《诗经》里常见平上通押、去入通押的现象而肯定地说："平上接近，去入接近，正是上古声调的特点。"唐代应该也是这样。今人徐顺健《我爱吟诵》第一册中在孟浩然《春晓》诗后的"吟诵建议"中亦说："这首诗用的是上声韵（按指韵脚'晓''鸟''少'），在当时，上声已有转折音了，所以和今天的上声字接近，也有转折之意。"据此，唐代的"读书音"中的"四声"，特别是"厉而举"的"上声"，可能是古代文人"诵读"而世代相传。明代《永乐大典》所录"元人诗话一种"云："昔荆轲歌易水为变徵之声，士皆垂泪涕泣；复为羽声慷慨，士皆瞋目发尽上指冠。"为何歌"徵"（音"止"）之声士皆垂泪涕泣？详审其歌词即见出其字的声调、音响使之如是。据《战国策·燕策（三）》所载：荆轲为燕太子丹复仇，欲以匕首威逼秦王归还诸侯之地。临行时燕太子丹及高渐离、宋意着白衣冠（丧服）送行，"至易水上，既祖取道，高渐离击筑（古代弦乐器，形似筝），荆轲和而歌，为变徵（按读为'止'）之声，士皆垂泪涕泣。又前而为歌，曰：'风萧萧兮易水寒，壮士一去兮不复还。'复为慷慨羽声，士皆瞋目，发尽上指冠"。按"风萧萧兮易水寒"，盖为"变徵"之声，如泣如诉。何以如此？因为六朝沈约以前无平、上、去、入四声之名，常以宫、商、角、徵、羽五种古代乐名以称之。如前所述，"宫商"指平声，"角"指入声，"徵"指上声，从该句的字的音调上来分析，除去声"易"（不在节奏点上），其他六个字中平声五个，上声字一个，且有四个为阴声韵字，其音调纡徐舒缓，声音低沉不宏亮，其凄楚之声使士皆涕泣。而后一句“壮士一去兮不复还”，除韵脚平声“还”字和语气词“兮”，其他六个字中去声字三个、入声字三个，其音高亢，激越，且承上句末的平声字“寒”上升高到去声“壮士”等，故而士皆瞋目、发尽冲冠。可见，字调有机组合尽抒诗人之情。

上声是中曲调，与唐代平声为一大类，从唐诗以韵脚传情也可看出。如李绅《悯农》二首：“锄禾日当午，汗滴禾下土。谁知盘中餐，粒粒皆辛苦。”（其二）“春种一粒粟，秋收万颗子。四海无闲田，农夫犹饿死。”（其一）其韵脚是：“午、土、苦”与“子、死”，皆是上声。其韵字音义与其他词语有机结合，使其诗声义情三者互助互融，相得益彰。反之，若唐代书面语语音（即士人读书音）中上声调是“厉而举”的升调，岂不与元代出现的阳平念升调重合混淆，合二为一了吗？如“美人”与“媒人”（古乐府《焦仲卿妻》中已见），“请人”与“情人”，“两耳”与“两儿”，“丑”与“稠”，“耻”与“迟”等，其音不混同了吗？所以如前所引有唐宋人认为平声、上声系同一大类，在古诗的声调和谐上有一定依据。基于此，吟咏唐诗时要按照唐代韵书规定的上声字来读，如杜牧《清明》诗中最后一句“牧童遥指杏花村”中的“杏”字读为上声。

（3）去声是高降调。宋沈义父《乐府指迷》强调“句中用去声最为紧要”。清万树《词律发凡》云：“去声激厉劲远”，“非去则激不起，用入且不可，断断勿用平上也”。周济《宋四家词选序论》云：“平去是两端，上由平而之去，入由去而之平。”说明平声、去声不同类。清人段玉裁曾在《六书音均表》中说：“考周秦之文，有平上入而无去。洎乎魏晋，上入声多转而为去声，平声多转为仄声，于是乎四声大备。”王力认同此说，并在《汉语语音史》卷上《魏晋南北朝的声调》中补充道：“魏晋以后的四声则是平、上、去、入。魏晋时代产生去声。阴声韵的去声字，多由长入字转来（去声产生后不再存在长入声），少数由平上声转来；阳声韵的去声字由平上声转来。”

王力先生说：“古代平声大约是长音，仄声大约是短音，长短相间构成了中国诗的节奏。”从古人关于声调的论述看，平声长、仄声短的根据似嫌不足。我们认为，一个词（主要指单音词）在诗句中的读音长短，主要是由它在诗句中所处的位置而定，如前所举《秋浦歌》“炉火照天地,红星乱紫烟”,其中“照”“乱”是仄声(去声)字,但读音不能短暂,反而要拖长;又如李白《望庐山瀑布》“遥看瀑布挂前川”的去声“挂”字要拖长,“疑是银河落九天”的入声“落”字也要延宕。反之,有些平声字处于两字一顿中的前一位置,其读音要比后面的仄声字反而短一些,如李商隐《夜雨寄北》“君问归期未有期,巴山夜雨涨秋池。”袁行霈先生说:“这两句诗中的‘君’字、‘巴’字(按都是平声)如果读成长音岂不可笑?”①

(4)入声是高促调。王力《音韵学初步》第四章介绍古代四声,说:“在传统音韵学里,入声是和鼻音韵尾[ŋ,n,m]相配的。[-ŋ]的入声是[-k],因为[ŋ][k]都是舌根音;[-n]的入声是[-t],因为[n][t]都是舌尖音;[-m]的入声是[-p],因为[m][p]都是唇音。”②按:古称此三者为阳声韵。还介绍了“平水韵”中17部入声韵分别与相对应的阳声韵相配情况,包括韵值拟测和调四声法,如;空[khoŋ]孔[khoŋ]控[khoŋ]、哭[khok],兰[lan]懒[lan]烂[lan]辣[lat],监[kam]减[kam]鉴[kam]甲[kap]等等。南京话里的入声是塞音收尾,虽然与唐代入声的收尾音不同,但能表现出其入声“高、促、藏”的特点。

吟诵唐诗时,必须让今人一听就懂,并领略到从语音传出的特定的情感。因此我们认为用南京方言阴平、阳平、上声、去声、入声来吟诵,比较适合;既可读出唐代入声字高、促、藏的特点,又表现出阴平是中平调(阳平调仍为升调)。比起用楚方言来读(古入声多变为上声,如古入声字“辣”,湖北人说成普通话上声,且拖长),或用普通话来读(无入声),更鲜明地表现唐诗的抑扬特点。当然,这种调和古今声调的吟诵方法,可以广泛进行实验,是否可使今天大多数人听得懂、打动其感情,而又不失去唐诗中的四声特点,要经过充分实践来验证。

中国是文明古国,在文化历史的长河里,诗歌占有极为重要的地位。在经济建设高潮迅猛发展的今天,必须加强文化建设,积极开展诗歌的创作和吟诵活动,调节人的心境,陶冶人的情操,培育“温柔敦厚”之风。据徐宏智老人说:“宋代诗人词人陆游,通晓医药,特别推崇阅读疗法。一次,一个朋友患了头风病,整天昏昏沉沉,向他求药。陆游说:‘不用更求芎芷辈,吾诗读罢自然醒。’后来

① 袁行霈.中国诗歌艺术研究[M].北京:北京大学出版社,1987:122.

② 王力.音韵学初步[M].北京:商务印书馆,1980:38.

这位朋友的病果然好了。因为选一些不同情志色彩的诗词朗诵，是一种使身心健康的心理疗法，比中药川芎、白芷除风定神更有效。看了后我心动了，选了一些自己喜爱的古典诗词，开始认真阅读和大声朗诵。如李白《送孟浩然之广陵》、王之涣《登鹳雀楼》，以及陈继儒的‘宠辱不惊，看庭前花开花落；去留无意，望天上云展云舒’。经过一段时间阅读和朗诵，我的心境陡然开朗了许多，特别是读了一些有益于自己的诗词，立刻看到无尽的清风明月和‘行到水穷处，坐看云起时’那种山水之大美大爱，人生高远豁达，对于忧郁、焦虑和一些不顺心的事，都一扫而光了。”徐老还说：“孔子云：‘其为人也，温柔敦厚，诗教也。’因为读诗诵词可以提高人的思想境界，陶冶情操，宣泄情绪，愉悦精神，促进智力开发。自然与健身养生也有关系，节奏抑扬顿挫，力度刚柔相济，增强了肺功能，促进了全身气血运行，经络畅通无阻了……正如一首诗云：‘沧桑坎坷几度秋，余辉乐趣何所求。读诗诵词情怀远，养生健体兴味稠。’”

吟诵唐诗，涉及的问题较多。就声调来说，有些字调只能按《广韵》的韵部来读，千万不能“想当然”。如入声“尺”字，声调“直而促”，朗诵“飞流直下三千尺”时，不能把“尺”字读成“中曲调”（上声，即普通话“第三声”的调型），更不能牵强附会说成其调型与瀑布落下而溅起的飞沫之形正相似。又如朗诵“白日依山尽”“白发三千丈”“纪叟黄泉里”“牧童遥指杏花村”时，“尽”、“丈”、“纪”（人的姓）、“杏”等字要按《广韵》读为中曲调（即上声，普通话第三声），因为当时韵书里反切注音还没有表明已经变为去声的高降调。只有这样，唐诗的整首诗的情感与声调的抑扬就一致了。

［与张茂松合撰］

后　记

经过筛选、审读，这本四编二十三篇论文的集子终于编成。此时我虽然轻松一些，但心里很不安。实在愧对南大中文系五年的培育与老师们的教诲，愧对亲友的关怀与殷切期望，愧对曾经同堂共学古代汉语的安师大学子们的支持。1978级沈多瑞在《天津师大学报》1983年第2期发表论文《古代汉语偏义复词中的两个问题》，其后魏德盛、陆忠发、陶健考入杭州大学等校古代汉语硕士，张振江、储泰松考入北师大等校音韵学硕士，他们感谢我的专业启蒙，同时给我有力的鞭策与鼓励！

在编选过程中，当年老师教导的情景不时浮现在我眼前。回顾在20世纪60年代的岁月里，方光焘师站在西南大楼的教室讲台上，慷慨陈说"语言没有阶级性"，针锋相对地进行论辩。他那种敢于坚持、捍卫学术真理的精神，给我留下了极为深刻的印象。这本选辑里的《再论汉语系词"是"的产生时代》《项羽死于乌江辨》《从〈二十四诗品〉用韵看它的作者》等，就是受方先生的精神鼓舞而先后草成的。洪诚师博览古籍，紧密联系实际，精细辨析疑似，使我在教学、科研生涯中得益甚多。集子里的《诗经"坎坎"音读》《"于是"与"焉"之关系》《句法与训诂》《谈"使动用法"》等，就是效法洪先生紧密结合教学实践而草创的。黄淬伯师甘于寂寞，毕生专治音韵学，亦给我很大影响。1982年秋我在"中国音韵学研究班"里得到严学窘、邵荣芬、唐作藩、李新魁等师的教导，研读韵书韵图，后遂尝试写了《凿破混沌——试论段玉裁在古音研究上的贡献》《试论古鼻音韵尾[m]的演化》以及音韵学术语的诠释（载中华书局《古汉语知识辞典》）等。虽然这些还存在某些疏漏或观点上的偏见，但总算是千虑一得，可备一说。

我要特别感谢同窗五载的师兄许惟贤，他于20世纪70年代后期一直是南大中文系的领导成员，对我无微不至地关怀。我考虑专业久疏而不敢从命，想来师大苟且偷安。但是许兄仍寄给我研究资料，帮助审改论文初稿，拙文《汉语系词“是”出现时代新探》等得力甚多，使我终生难忘。又在1989年后3年内先后接纳我系品学兼优的葛文军、姚莉同学免试入南大攻读硕士学位，充分表示对我们的高度信任，同时也表现出对我们这所地方师范大学的热情关怀与积极支持。

在我调来安师大工作的岁月里，感谢院领导特别是语言组老师们给我以鼓励，使我能够默默进行笔耕。特别使我难以忘怀的是已故的余恕诚教授，当初我们是邻居，得到他多方面照顾，尤其是在我住医院“手术”期间，余先生和他的夫人王瑞华医生对我热情关怀。后来我们住地虽然距离较远，但他经常与我一起研究问题（如合撰《“强韵”考论》等），帮我审阅草创的文稿（如《项羽死于乌江辨》《〈二十四诗品〉用韵的时代特征与个性特征》等），并鼓励我进行研究，给我极大的慰藉。

我还要感谢，中国人民大学周生亚教授给我论著，学友段茂南及其夫人牛静慧同志以及陈毓钗同学给我很多帮助。

江山代有人才出。如今文学院新一届领导班子，不负众望，不辱使命，在学校党委、行政的领导下，敢于作为，奋发前进！他们通力合作，在共抓全院的思想、文化、教学、科研等迅速向前发展的同时，又积极鼓励、支持对诗歌音乐性（即声韵美）进行研究，使其文学性研究与音乐性研究有机地结合起来，使古人所言“凡有文藻，即须明声韵”（隋陆法言《切韵·序》）的文化传统得以发扬！

放眼海内，诵诗之风正在悄然兴起，犹如春潮在汩汩涌动。我衷心希望全院上下共同努力，深入研究，解决诵诗中涉及音韵学的一些问题，并大力开展多样性的诵诗、赏诗等活动，使文学院团结紧张、严肃活泼，生气蓬勃、诗意盎然，使青年学子在这如诗如画的“花津”校区环境里，陶冶高尚情操，潜心钻研学业，树立正确世界观、人生观、价值观，茁壮成长为国家有用人才！

让余恕诚先生培育的师大“中国诗学研究中心”这朵盛开在江南沃土的“映山红”，绽放得更加完美，更加绚丽夺目！

最后我要衷心地感谢安徽师范大学出版社的编辑潘安先生精心审阅、斧正拙稿，对黄金灿硕士认真校正拙著的引文出处，谨此致以谢忱。

张柏青

2015年元月16日

于安师大赭山南麓松柏轩